教育部人文社会科学重点研究基地重大项目（2009JJD810008）

吉林大学哲学社会科学研究精品项目（2005JP009）

吉林大学哲学社会科学学术文库

可持续区域开发问题研究

Study on the Problems
of Sustainable Regional Development

衣保中　邱桂杰　等◎著

社会科学文献出版社
SOCIAL SCIENCES ACADEMIC PRESS (CHINA)

| 摘　要 |

　　区域开发作为人类经济活动在区域空间的拓展过程，必然对环境产生深远的影响，环境污染和生态破坏已经成为危害人民健康、制约经济和社会发展的重要因素。党中央适时提出科学发展观、和谐社会理论以及"生态文明"概念，明确了可持续区域开发的方向。可持续区域开发强调人类的经济活动在区域空间拓展过程中的永续性及其与生态环境的一致性。可持续区域开发理论使区域开发建立在可持续发展的基础上，使区域开发更加具有前瞻性，为生态开发和城市化提供了新的理论基础。

　　人类的经济活动皆由行为主体在一定的动力支配下展开。针对我国区域开发实际，从可持续区域开发的动力分析着手，探索构建社会主义市场经济条件下有利于增强可持续区域开发动力的机制。在既定的技术条件下，不同制度安排将导致不同的环境结果。环境的产品特性和市场现状决定了政府在环境保护工作中应起主导作用。在划分区域开发阶段的基础上提出区域开发的三种模式，即资源指向型开发模式、产业指向型开发模式和高新技术指向型开发模式，系统阐述了三种开发模式的内涵、特点及其实现途径。

　　在上述理论分析的基础上对我国区域开发情况进行了实证分析。首先，采用环境技术效率指标对我国各省级区域经济发展与环境的协调度进行评价；其次，结合区域案例，如高度城市化的长三角地区、处于资源开发阶段的西北地区和长白山自然保护区，提出了具体的区域开发战略；最后，针对东北地区系统阐述了其可持续开发的动力、机制和模式的现状，并提出解决对策。

　　基于上述理论和实证研究结果，对 21 世纪我国可持续区域开发战略的选择问题进行研究，提出了产业集群、区域创新、城乡统筹和生态开发四大发展战略，为实现区域经济社会和生态环境的协调、可持续发展提供新的思路。

| **Abstract** |

As a process of human economic activities expanding in regional scope and in depth, regional development has an intense influence on regional ecological environment. Presently, environmental pollution and ecological damage has been a vital factor damaging human health and restricting economic and social development. Under the background of this, China's central government put forward the scientific development concept, harmonious society theory and the concept of ecological civilization which made clear the direction of sustainable regional development. The concept of sustainable regional development emphasized the sustainability of the process human economic activities expanding in regional scope and in depth and the consistency of the process with ecological environment. Sustainable regional development theory built regional development on the foundation of sustainable development and more forward – looking, and provided a new theoretical foundation for ecological development and urbanization.

Human economic activities are decided by the dynamic of subjects. Considering the actual state of China's regional development, the research analyzed the dynamic of sustainable regional development and tried to establish mechanism to increase the dynamic under the conditions of socialist market economy system. Under the conditions of fixed technology, different institutional arrangements lead to different environmental results. Environmental characteristics and market situation determined the government should play a leading role in environmental protection work. Based on regional development phases, the research proposed three models of regional development which were resource – oriented development model, industry – oriented development model and high – tech – oriented development model, and systematically expounded the meaning, features and approaches of the three development models.

On the basis of the above theoretical analysis, an empirical analysis of China's regional development was made. Firstly, the research used the indicator of environmental technical efficiency to evaluate the coordination of the provincial economic development and environmental. Secondly, combined with regional cases including highly urbanized Yangtze River Delta region, Northwest region being in the resources development stage and Changbai Mountain Nature Reserve, the research proposed specific regional development strategy. Lastly, the research described the current situation of the sustainable development power, mechanism and model for the Northeast region, and put forward countermeasures.

Based on the above theoretical and empirical research results, the research gave some advice on how to choice China's sustainable regional development strategy in the new century. The strategy included industrial clusters development strategy, regional innovation development strategy, urban and rural co – ordination development strategy and ecological development strategy, which provided new ideas for the coordination and sustainable development of regional economy, society and ecological environment.

目 录
C O N T E N T S

目 录
CONTENTS

第一章
绪论

一 课题研究的背景

1978 年中共十一届三中全会以来，随着我国改革开放政策的实施，区域开发大规模展开。从深圳特区的设立，到上海浦东新区的开发，以至目前正在轰轰烈烈展开的西部大开发，我国区域开放开发从点到线，从线到面逐次展开，区域开发也成为我国各级政府和学术界十分重视的课题。但是，在国内外的区域开发的实践中，由于把区域开发看作一个寻求快速发展区域经济的短期行为，忽视对生态环境的保护，结果使得区域开发产生严重的生态环境问题。

人类经济活动对生态环境产生恶劣影响主要始于 18 世纪欧洲的工业革命。以蒸汽机的发明为代表的第一次工业革命一方面大大增强了人类对自然的征服能力，为人类提供了空前丰富的物质产品；另一方面却消耗了同样空前大量的自然资源，并生产出大量的废水、废气和噪音，造成了严重的环境污染和生态破坏。由于人类对生态环境的长期掠夺式开发和利用，特别是 20 世纪 50 年代以来，生产力和科学技术迅猛发展，工业化程度日益加深，城市规模日益扩大，"三废"排放与日俱增，因而发生了严重的环境污染和震惊世界的八大公害事件。自 20 世纪 60 年代以来，环境污染和生态破坏已严重威胁到人类的生存和发展，环境问题日益引起世界各国的普遍重视。

我国早在 1983 年就提出了保护环境是我国的一项基本国策，经过多年努力，虽然环境状况正在发生转变，但是我国环境形势仍然相当严峻。主要表现在以下几方面。

水土流失量大。中国是世界上水土流失最严重的国家之一，20 世纪 50 年代初全国统计水土流失 150 万平方公里，到 90 年代初发展为 179.4 万平方公里，占国土面积的 18.6%。经过 10 余年的治理，水土流失的面积减少了 14 万平方公里，但仍占国土面积的 17.2% 左右。目前中国每年流失土壤 50 多亿吨。

沙化土地与沙漠面积仍在扩大。截至 1999 年底，全国沙漠和沙化土地总面积达 174.3 万平方公里，占国土面积的 18.2%。沙化发展速度加快，据动态观测，20 世纪 70 年代中国土地沙化扩展速度为每年 1560 平方公里；80 年代为每年 2100 平方公里；90 年代前 5 年每年达 2460 平方公里，后 5 年每年则达到 3436 平方公里①。

水资源问题突出。由于人口增长、经济发展、城市化加快，水资源问题更加突出。2005 年，全国 31 个省（自治区、直辖市）中，人均水资源处于 1700 立方米国际水资源紧急警备线以下的省（自治区、直辖市）有 14 个，包括北京、天津、河北、山西、上海、辽宁、江苏、山东、河南、宁夏、安徽、陕西、甘肃、湖北，占全国总数的 45%。其中，北京、天津、河北、山西、上海、辽宁、江苏、山东、河南、宁夏 10 个省（自治区、直辖市）人均水资源处于 1000 立方米严重水荒国际线以下。全国地下水开采量持续增长，20 世纪 70 年代全国地下水开采量为每年 572 亿立方米，80 年代增加到 748 亿立方米，1999 年达到 1116 亿立方米，地下水开采量平均以每年 25 亿立方米的速度增加。全国地下水超采现象普遍，其中华北地区地下水超采为全国之最，浅层地下水利用率已超过 90%，河北超采 126%，北京超采 109.38%，沈阳、石家庄市中心区地下水超采高达 767%、363%②。由于超量开采地下水，许多地区地下水位持续下降，出现了区域性的大范围漏斗，河流断流现象十分严重。

湖泊湿地退化现象严重。中国是世界上湖泊湿地最多的国家之一，由

---

① 中国社会科学院环境与发展研究中心编《中国环境与发展评论》（第二卷），社会科学文献出版社，2004，第 32 页。
② 中国社会科学院环境与发展研究中心编《中国环境与发展评论》（第二卷），社会科学文献出版社，2004，第 33 页。

于经济的发展，近年来天然湿地正在大面积消亡。20 世纪 70 年代初，罗布泊、居延海等干旱区的大型天然湖泊先后干涸。1977～1985 年，中国自然湖泊总数减少了 19%，总面积缩小 11%，目前这种情况还在加剧。近 50 年来，三江平原湿地面积从 536 万公顷减少到 113 万公顷，锐减了 79%。湖泊湿地的退化一方面将随着"退田还湖"政策的落实而有所缓解；另一方面也将随着城镇化进程的加快而不断加剧。

海洋生态问题严重。近年来，由于入海河流输沙量减少、人工滥采滩涂海沙、围垦海洋滩涂、海平面上升等原因，中国不少沿海地区的海岸蚀退现象明显。赤潮是中国近岸海域海洋生态环境严重恶化的结果。20 世纪 60 年代以前，赤潮在中国还是罕见的事件，平均五六年才发生一次；70 年代平均两年一次；80 年代增至平均每年四次；1990 年共监测到 34 次[①]；2001～2005 年平均每年发生 90.6 次。

生物多样性锐减。生物多样性锐减是生态环境退化的主要标志。中国濒危或接近濒危的高等植物有 4000～5000 种，占全国高等植物总数的 15%～20%。已确认有 354 种野生植物和 258 种野生动物濒临灭绝。联合国《国际濒危物种贸易公约》列出的 740 种世界性濒危物种中，中国有 189 种，约占总数的 1/4[②]。

全国污染排放量巨大，高于环境承载能力。我国早在 1983 年就将环境保护确定为我国的基本国策，近年来也加大了环境污染治理投资，虽然取得了一定成效，但总体上看，环境污染依然严重。有资料显示，我国每年环境污染造成的损失已占当年 GDP 的 10% 左右，单位 GDP 能耗比发达国家平均高 47%，产生的污染是发达国家的几十倍。1995 年，全国工业废气排放总量为 107478 亿标立方米，二氧化硫排放量为 1891 万吨；2001 年，上述指标分别为 160863 亿标立方米和 1947 万吨；2005 年，上述指标进一步上升为 268988 亿标立方米和 2549 万吨。2006 年上半年，我国主要污染物排放量不降反升，化学需氧量（COD）、二氧化硫的排放总量分别为

---

① 中国社会科学院环境与发展研究中心编《中国环境与发展评论》（第二卷），社会科学文献出版社，2004，第 34 页。
② 中国社会科学院环境与发展研究中心编《中国环境与发展评论》（第二卷），社会科学文献出版社，2004，第 36 页。

689.6 万吨和 1274.6 万吨，分别比上年同期增长了 3.7% 和 4.2%。据统计，2005 年我国化学需氧量的排放量和二氧化硫的排放量分别超过我国容量的 76.8% 和 112.4%。1995 年，全国废水排放总量为 373 亿吨，其中工业废水排放量为 222 亿吨，生活废水排放量为 151 亿吨；2001 年，上述指标分别为 433 亿吨、203 亿吨和 230 亿吨；2005 年，上述指标分别上升为 525 亿吨、243 亿吨和 281 亿吨。工业废水排放量增势较缓，但生活污水排放量增长迅速。全国 70% 的江河水系受到污染，40% 基本丧失了使用功能，流经城市的河流 95% 以上严重污染①。

此外，20 世纪以来，温室气体的大量排放导致全球气候变暖，也给中国的自然生态系统造成了一系列的影响和冲击。目前已经证实的影响有：西北冰川面积减少、冻土变薄、高原内陆湖泊水面升高、部分牧区牧草产量下降。北方干旱化面积扩大，农业损失加重；南方洪涝增加，经济和生命损失加大。自 20 世纪 80 年代以来，中国春季物候期提前 2 ~ 4 天，沿海海平面平均每年上升 1 ~ 3 毫米，南方部分海域出现珊瑚礁白化现象②。

环境污染和生态破坏已经成为危害人民健康、制约经济和社会发展的一个重要因素。党的十六届五中全会首次把建设资源节约型和环境友好型社会确定为国民经济与社会发展中长期规划的一项战略任务。同时，我国是一个发展中的大国，幅员辽阔，人口众多，各区域发展条件及发展水平差异悬殊，区域开发是我国当前乃至今后长期的重要经济任务之一。因此，对可持续区域开发理论与实践问题展开研究，对于解决区域开发中的经济与生态环境协调发展问题，以及实现可持续区域开发战略，具有重要的现实意义。

二　课题相关研究概述

区域开发是区域经济研究领域的重要内容。从历史上看，对经济与生态环境协调发展问题的研究始于 20 世纪中期。20 世纪 50 年代以来，由于生产力和科学技术突飞猛进，工业化和城市化高度发展，"三废"的排放

---

① 唐虹、王恒涛：《环保重心应作战略调整》，《瞭望》2006 年第 42 期。
② 阮煜琳：《气候变暖致中国主要极端天气气候事件频率增加》，中国新闻网，2007 年 4 月 23 日，http://news.qq.com/a/20070423/003074.htm。

与日俱增，因而发生了严重的环境污染和震惊世界的八大公害事件，到20世纪60年代已发展成为全球性的问题，从而引起了人类对生态环境问题的普遍关注。

生物学、化学、地理学等自然科学家首先对环境问题进行了研究和探索，指出了环境污染的来源、迁移、转化过程和严重后果。尔后，经济学家从经济理论的角度对环境污染产生的经济根源进行了探讨，认为正是由于传统经济学理论的缺陷及其指导下的实践才产生了严重的环境污染与破坏。这种理论缺陷主要有两点：一是不考虑外部不经济性。在生产成本中，没有把废物处理费用计算在内，是以牺牲环境质量为代价来获取高额利润的。二是衡量经济增长的经济学标准——国民生产总值，不能真实反映经济福利。

美国经济学家瓦西里·里昂惕夫（W. W. Leontief）是最早从宏观上定量研究经济发展与环境保护关系的经济学家。他认为，在产品成本中，除了原材料消耗和劳动力消耗外，还包括处理污染物的费用，从而分析研究了环境政策对经济发展所能产生的影响以及促进经济发展与保护和改善环境的相互关系。美国另外两位经济学家杰·托宾（James Tobin）和威廉·诺德豪斯（W. Nordhaus）针对国民生产总值不能反映经济福利的缺陷，提出了"经济福利量"（Measure of Economic Welfare）的概念，把国民生产总值加上闲暇和家庭主妇的劳务价值，减去没有补偿的污染和现代城市化不和谐之处的代价，以及其他一些调整，计算了美国从1925~1965年的经济福利量，说明经济福利量的增长慢于国民生产总值的增长，环境污染与生态破坏的代价越来越大。保罗·萨缪尔森（Paul A. Samuelson）在托宾和诺德豪斯的研究基础上，把经济福利改为经济净福利（Net Economic Welfare），并把估计数延伸到1976年，证明按人口平均计算的经济福利增长比国民生产总值缓慢得多[①]。

20世纪70年代以来，国际上关于生态环境与经济发展关系的预测可以归纳为三类。第一类是悲观派，以"罗马俱乐部"为主要代表。1972年，罗马俱乐部发表了由美国麻省理工学院的D. H. 米都斯等人撰写的

———————————

① 姚建主编《环境经济学》，西南财经大学出版社，2001，第5~6页。

《增长的极限》，通过对人口、农业、自然资源、工业生产和环境污染五个因素的分析，提出了零增长的悲观结论，提出"除非到 2000 年人口和经济增长停止下来，否则社会就会超过极限并垮台"。悲观派将生态环境与经济增长对立起来，没有全面考虑经济与生态环境的关系，也未考虑人的积极作用，从而提出了限制经济增长的片面观点。悲观派观点的积极意义在于着重考虑了经济增长对生态环境的影响，提出了警示，这对于重视和解决日益严重的生态环境问题是具有积极意义的。第二类是乐观派，以美国未来研究所所长赫尔曼、卡恩博士为代表，主要著作有《没有增长的极限》《世界发展——令人兴奋的 1978～2000 年》。他们认为，"近两百年来的经济增长，已增进了人类的福利"，"经济增长不仅是好事，而且是所有人类获得美好生活的先决条件，持久的经济发展的成功将解决人类基本的经济问题——不足"，"对发展中国家来说，环境质量是放在第二位的目标，当富裕时再考虑环境"①。乐观派片面地追求经济增长，不考虑经济发展对环境的影响，认为经济发展本身可以解决环境问题，这同样是错误的。发达国家在发展经济过程中对造成的环境污染和公害事件所付出的沉重代价，就是最好的证明。第三类是现实派，主要代表人物有科尼什和德·如佛内尔、艾伦·科特奈尔等，代表性著作为《第三次浪潮》《未来的振荡》等。他们认为，人口剧增、资源枯竭问题严重，但市场机制有刺激人们解决资源短缺的力量，因此增长可以继续下去；地球的自然资源与人类消费量相比还是很丰富的，之所以出现资源短缺，是由于技术和经济上的限制造成的；世界各国应就环境问题进行全球合作；等等。总之，现实派认为，人类既要清醒地估计到今后的问题与风险，又要认识到正在出现的解决问题的方法和机会。现实派理论为经济与生态环境协调发展理论的提出奠定了基础。

随着对经济增长与生态环境相互关系研究的深入，人们逐渐认识到，人类社会要进步必须发展经济，同时也要处理好经济增长与环境保护的关系，防止环境污染和生态破坏。经济增长与生态环境保护的关系是对立统一的，两者之间既有矛盾的一面，又有可以协调的一面。经济增长带来了

---

① 姚建主编《环境经济学》，西南财经大学出版社，2001，第 153 页。

环境问题，却增强了解决环境问题的能力；环境问题的解决，又增强了经济持续增长的能力。只要采取适当的政策，经济增长和环境保护是可以统一起来的。

具体到区域开发，发达国家较早意识到对生态环境的破坏性开发导致的严重后果，相应的，环境政策由最初的"末端治理"转变为"源头控制"，进而发展为目前的"全过程控制"。早在 20 世纪 30 年代美国对田纳西河流域的开发中，作为区域开发的制度保证，美国国会在 1933 年通过了《田纳西河流域管理局法案》（Tennessee Valley Authority Act）。该法案的前言部分明确指出：法案是为了改进田纳西河的航运条件，提高防洪能力；为田纳西流域的森林再造并有效利用土地；为该地的工业和农业发展；通过成立一个公司来营运该地的政府财产从而保护自然①。日本在区域能源开发方面，大力发展对环境无害的可再生能源。据日本经济产业省公布的数据，计划到 2030 年，风力、水力、生物质能、地热和太阳能发电将占日本用电量的 20%；风力、太阳能和生物质能发电的市场规模，将从 2003 年的 4500 亿日元增长到 3 万亿日元；燃料电池市场规模到 2010 年达到 8 万亿日元，成为日本的支柱产业②。

目前，美国、日本、德国、丹麦等发达国家经过多年的探索，已基本建立起一套行之有效的经济与环境协调发展机制。以德国为例，通过综合运用行政手段、法制手段、经济手段和社会参与监督的方式，德国已建立了完善的环境管理监督机制，实现了环境"良治"（Good Governance）。从行政管理体制来看，德国的宪法、法律及其他规章对环境保护权责有明确规定，其环境行政管理权责体系分 3 级：联邦、州、地方（市、县、镇）。对联邦与地方权限职责划分的基本依据是环境因子的外部性程度，环境因子的外部性越大，环境行政管理机构的级别就越高。中央对州的监督主要依靠法律监督和司法监督，州是环境管理的主要监督机构，州对地方的监督采用法律监督、财政监督、司法监督等多种监督方式和手段，为避免地

---

① *Tennessee Valley Authority Act*，Current as of February 2001.
② 《日本新能源开发与环境保护经验》，《北京农业》2007 年第 1 期。

方保护主义，州有直接监督企业环境违法的权责①。在决策方面，基本法的条款保障了合作与政策协调及决策过程中公众的广泛参与。例如，《联邦污染控制法》第51条规定，"授权批准颁布法律条款和一般管理条例，都要规定听取参与各方意见，包括科学界代表、经济界代表、交通界代表以及州里主管侵扰防护最高部门代表的意见"②。通过环境信息的公开透明，实行公众、媒体和非政府组织予以监督的机制。德国建立了完善的环境财税体系，包括碳排放权交易、生态税在内的环境污染付费体系实现了化石燃料对气候和环境所造成危害的治理成本内部化，有效降低了能耗和二氧化碳排放量；通过财政投资和政策性融资，则保证了环保设施的融资需求。

近年来，我国也开始关注区域开发中的生态环境问题。如余欣荣著的《区域开发与可持续发展：以鄱阳湖区开发研究为实例》一书，通过对鄱阳湖区自然资源和社会经济状况进行分析，提出了鄱阳湖区土地资源、水产资源可持续开发利用的对策，探讨了鄱阳湖区生态环境保护的途径和措施。多数区域开发著作只是作为一章或一节的内容简单介绍区域开发的环境影响，强调可持续发展观点。如张敦富主编的《区域经济开发研究》③，最后一章的第五节为"区域开发中的环境政策"，简要叙述了"要严格控制人口增长，使人口数量保持在环境容量以内""要对全国流动人口进行规划和控制，减少城市和环境脆弱地区的人口压力""农业资源的开发应具有全局观念和系统观念""制定全国各地区的环境保护、治理战略，确定保护、治理的重点和目标"等环境政策。

梁龙男在《论中国区域开发战略与人口、资源及环境的协调发展》④一文中，探讨了在未来的区域开发过程中，如何实现区域开发与人口、资源及环境的协调发展。从总体上概括性地提出了实施可持续的区域开发战

---

① 胡涛、李丽平、田春秀：《德国环境行政管理体制及其启示》，《中国环境报》2005年5月16日，第4版。
② 胡涛、李丽平、田春秀：《德国环境行政管理体制及其启示》，《中国环境报》2005年5月19日，第3版。
③ 张敦富主编《区域经济开发研究》，中国轻工业出版社，2001，第462~465页。
④ 梁龙男：《论中国区域开发战略与人口、资源及环境的协调发展》，《中国人口·资源与环境》1998年第2期。

略应采取的基本措施：第一，以协调人与自然关系、缓解人与自然矛盾为基本导向；第二，以提高综合国力为原则；第三，在维护国家利益的基础上，使整体利益与局部利益相结合；第四，以长远发展利益为根本，使短期目标与长期目标相结合，分阶段加以实施。

与西部大开发与振兴东北老工业基地的国家区域开发政策相适应，有些针对西部和东北区域开发与生态环境协调发展的研究文献，如振兴东北老工业基地战略环评课题组提交的《环境危机让"振兴东北"有了新任务》① 研究报告，分析了振兴东北老工业基地战略潜伏的环境危机，得出振兴东北的关键在于形成经济与环境协调发展的内生机制的结论，认为"战略层面上务必控制高物耗和能耗的产业发展规模，重点发展高附加值的高新技术产业，产业结构调整和布局要量资源和环境而行"。葛少芸在《中国西部地区矿产资源开发与生态环境重建的思考》② 一文中，分析了与西部矿产资源优势一直伴生的生态环境问题，提出了西部矿产资源开发与生态环境重建的对策建议，即"明确政府生态责任，保证生态制度供给；健全矿产资源的有偿使用制度；建立资源利用和生态重建补偿机制；不断建立并逐步完善矿产资源管理的法律、法规"。

还有一些学者对某一区域或领域的开发而造成的环境问题进行定性的描述或者针对区域开发与生态环境的关系进行定量分析，判断其可持续发展程度及主要影响因素，在此基础上提出实现区域开发与生态环境协调发展的具体措施。如汪宇明在《新世纪广西的区域开发与可持续发展》③ 一文中提出了"加强以交通为主的基础设施建设""调整产业结构，进一步确立主导产业的市场地位，提升优势产业的市场竞争力""加快城乡转型进程，提高城镇化水平和质量"等实现区域可持续发展战略的措施。

董岁明等在《陕北能源开发对环境生态及经济可持续发展的影响》④

---

① 振兴东北老工业基地战略环评课题组：《环境危机让"振兴东北"有了新任务》，《环境经济》2006 年第 3 期。

② 葛少芸：《中国西部地区矿产资源开发与生态环境重建的思考》，《社科纵横》2007 年第 11 期。

③ 汪宇明：《新世纪广西的区域开发与可持续发展》，《热带地理》2001 年第 4 期。

④ 董岁明等：《陕北能源开发对环境生态及经济可持续发展的影响》，《西安文理学院学报》（自然科学版）2007 年第 1 期。

一文中，探讨了陕北能源开发所引发的如水土流失、土地沙化、水资源短缺、耕地缺失、环境污染以及资源的浪费和破坏等环境问题，提出了促进陕北能源开发与生态环境保护和经济可持续发展的具体应对策略，即"处理好开发与保护的各种关系，树立科学发展观，坚持以人为本、和谐发展的方针，创建人与自然、人与社会的和谐发展格局，有效控制开发过程中的环境代价问题"。

欧阳慧在《完善石油资源开发的资源和生态环境经济补偿体系建议》[①]一文中，分析了石油资源开发带来的生态环境问题以及当前我国石油资源开发的资源和生态环境经济补偿中存在的问题，提出了"将矿区使用费、资源税和资源补偿费合并为资源补偿费，并提高标准""加大对排污收费制度的收费力度""开征生态补偿费""开征石油城市补偿费"等建议。

王好芳等在《区域水资源可持续开发指标体系的建立及其评价》[②]一文中，把区域水资源可持续开发系统分为人口、经济、生态环境三个子系统，根据三个子系统对区域水资源可持续开发的影响，建立了区域水资源可持续开发的指标体系，并用层次分析法计算了各指标的权重。继而根据指标体系中各指标的相对权重，得出通过提高区域农业、工业、第三产业水资源的重复利用率和以发展第三产业为主的产业结构调整，提高人们的节水意识，保证生态环境需水量，从而实现区域水资源可持续开发与社会、经济、生态环境协调发展的结论。

郑照宁等在《区域可持续开发的自适应决策研究》[③]一文中，引入自适应理论，指出区域可持续开发决策的制定应从自适应思想出发，使决策具有自适应性，便于后来的决策者依据预测的、当前的和反馈的信息进行调整。

王小瑞等在《能源开发地区环境损失的经济分析》[④]一文中，则介绍了环境损失经济分析的理论与方法，提出应在企业"污染者付费原则"的

① 欧阳慧：《完善石油资源开发的资源和生态环境经济补偿体系建议》，《经济研究参考》2007 年第 17 期。

② 王好芳等：《区域水资源可持续开发指标体系的建立及其评价》，《水电能源科学》2003 年第 9 期。

③ 郑照宁等：《区域可持续开发的自适应决策研究》，《中国管理科学》2000 年第 S1 期。

④ 王小瑞等：《能源开发地区环境损失的经济分析》，《学习与实践》2007 年第 5 期。

产业环境政策基础上，对区域之间的资源环境价值转移采取"受益者付费原则"的国家区域环境政策，以弥补能源开发地区的资源环境价值损失。

区域开发是区域经济的重要组成部分，是实现区域经济增长的重要手段，区域开发是一个持续、渐进的过程，在区域开发过程中，同样受到区域经济发展规律的制约。只有实现区域开发与区域生态环境的协调发展，才能保证区域经济持续、稳定、健康发展。针对我国当前的研究现状，有必要探索可持续区域开发理论。区域开发是一个不断深化的持续不断的历史进程。区域开发只有把生态环境因素考虑进去，人类的开发活动才能贯彻可持续发展思想。只有运用可持续发展理论来研究区域开发问题，才能建立可持续区域开发新的理论体系。

三 课题的指导思想和基本思路

区域经济学理论来源与研究对象的确立是在可持续发展观树立之前就完成的，是适应工业经济时代在空间方面的资源配置的需要而建立的。从古典区位论到生产力布局理论，都把提高生产效率和资源配置效率作为区域经济布局的依据，因而在原料产地发展资源指向型产业就成为区域开发的主要模式。当人们开始全面反思工业文明，并从可持续发展的需要来展望未来的生态文明的时候，传统区域经济学已不适应区域经济可持续发展的客观要求。因此，研究区域开发问题必须突破传统的区域经济学的理论模式，突破传统区域经济学仅从区域经济系统内部的经济现象和过程来研究区域经济运动及其规律的局限性，把区域经济系统看成"经济－社会－生态"这一大系统的有机组成部分，以实现区域可持续发展为目标，探讨区域可持续开发的动力、机制、模式与对策。

科学发展观为可持续区域开发理论提供了思想依据。党中央在总结30多年来我国改革开放和现代化建设的成功经验的基础上，吸取世界上其他国家在发展进程中的经验教训，在2003年10月召开的中国共产党十六届三中全会上提出了科学发展观重大战略思想。提出"按照统筹城乡发展、统筹区域发展、统筹经济社会发展、统筹人与自然和谐发展、统筹国内发展和对外开放的要求，更大程度地发挥市场在资源配置中的基础性作用，为全面建设小康社会提供强有力的体制保障"，"坚持以人为本，树立全面、协调、可持续的发展观，促进经济社会和人的全面发展"①。

2004 年 3 月 10 日，胡锦涛主席在中央人口资源环境工作座谈会上，进一步阐释了"以人为本，全面、协调、可持续的发展观"即科学发展观的内涵。"坚持以人为本，就是要以实现人的全面发展为目标，从人民群众的根本利益出发谋发展、促发展，不断满足人民群众日益增长的物质文化需要，切实保障人民群众的经济、政治和文化权益，让发展的成果惠及全体人民。全面发展，就是要以经济建设为中心，全面推进经济、政治、文化建设，实现经济发展和社会全面进步。协调发展，就是要统筹城乡发展、统筹区域发展、统筹经济社会发展、统筹人与自然和谐发展、统筹国内发展和对外开放，推进生产力和生产关系、经济基础和上层建筑相协调，推进经济、政治、文化建设的各个环节、各个方面相协调。可持续发展，就是要促进人与自然的和谐，实现经济发展和人口、资源、环境相协调，坚持走生产发展、生活富裕、生态良好的文明发展道路，保证一代接一代地永续发展。"②

在这次会议上，胡锦涛主席强调指出，要牢固树立节约资源的观念、保护环境的观念和人与自然和谐的观念。"要彻底改变以牺牲环境、破坏资源为代价的粗放型增长方式，不能以牺牲环境为代价去换取一时的经济增长，不能以眼前发展损害长远利益，不能用局部发展损害全局利益。""要倍加爱护和保护自然，尊重自然规律。对自然界不能只讲索取不讲投入、只讲利用不讲建设。发展经济要充分考虑自然的承载能力和承受能力，坚决禁止过度性放牧、掠夺性采矿、毁灭性砍伐等掠夺自然、破坏自然的做法。要研究绿色国民经济核算方法，探索将发展过程中的资源消耗、环境损失和环境效益纳入经济发展水平的评价体系，建立和维护人与自然相对平衡的关系。"③

科学发展观是党中央对我国发展战略的整体构想，既从经济增长、社会进步和环境安全的目标出发，也从哲学观念更新和人类文明进步的理性化目标出发，几乎是全方位地涵盖了"自然、经济、社会"复杂系统的运

① 《中国共产党第十六届中央委员会第三次全体会议公报》，《党建》2003 年第 11 期。
② 胡锦涛：《在中央人口资源环境工作座谈会上的讲话》，《光明日报》2004 年 4 月 5 日第 1 版。
③ 胡锦涛：《在中央人口资源环境工作座谈会上的讲话》，《光明日报》2004 年 4 月 5 日第 1 版。

行规则和"人口、资源、环境、发展"四位一体的辩证关系。

在科学发展观的基础上，十六届四中全会通过的《中共中央关于加强党的执政能力建设的决定》，首次完整地提出了"构建社会主义和谐社会"的理念，其中人与自然和谐相处是构建社会主义和谐社会的总要求之一。科学发展观与和谐社会理论是统一的：只有树立科学发展观，坚持以人为本，全面、协调和可持续发展，才能真正构建社会主义和谐社会；只有不断构建社会主义和谐社会，才能保证科学发展观的真正落实和目标的真正实现。2007年，在党的十七大报告中，又首次提出了"生态文明"的概念，将"建设生态文明"作为全面建设小康社会的新要求，明确提出要使主要污染物排放得到有效控制，生态环境质量明显改善，生态文明观念在全社会牢固树立。建设生态文明，是深入贯彻落实科学发展观、全面建设小康社会的必然要求和重大任务，为保护环境、实现可持续发展进一步指明了方向。

从科学发展观的提出到建立社会主义和谐社会理论，以至十七大报告中"生态文明"概念的首次提出，标志着党和中央政府对环境的重视程度的提高，也标志着党和中央政府对经济发展与环境的关系有了更深层次的认识。科学发展观与和谐社会理论追求以全面发展为主线的社会整体进化，远远超过了"满足人类生存"这一简单诉求，明确了可持续发展的方向，是对可持续发展理论的进一步深化。

科学发展观对区域开发具有重要的指导意义，对区域开发提出了新的要求，区域开发将会出现新的动向。①在区域协调发展战略下，区域开发对优惠政策的依赖性降低。从东南沿海率先开放，到西部大开发、东北振兴、中部崛起，国家的区域倾斜政策逐步涵盖全国。都给政策，等于都没给政策，出现了"特区不特"的局面。因此，今后区域开发不能指望国家再给予新的倾斜政策，而要发挥各个地区的自主性和积极性，尤其东部地区，要用足已有的政策，发挥市场机制的作用，实现率先发展的目标。②在科学发展观的指导下，区域开发将受国家主体功能区规划的硬性约束。今后我国的区域开发将受到主体功能区规划的硬性控制，各地区在制定区域开发规划的时候，首先应该了解本地区属于哪一类功能区。按照形成主体功能区的要求，东南沿海的大部分地区都已经被列入优化开发地区。因此，产业集群和产业升级成为东部区域开发的新趋势。③科学发展观要求区域开发必须统筹城乡发展，县域经济和农村城市化将成为区域开发的重点领域。为了统筹城乡发展，过去以大城市为中心的区域开发空间布局将向中小城市乃至农村地区扩展，农村城市化将成为区域开发的新热点。在区域开发规划中，将会更加重视农村和农民的权益，在土地征用、农村环保方面将实行更加严格的控制，防止开发过程中城乡矛盾的激化。④科学发展观要求区域开发必须走创新之路，科技创新将成为区域开发的新动力。发达国家已经进入信息社会或知识经济时代。知识本身具有非磨损性、可共享性、无限增值的特征，使以知识为基础的经济形态减轻了对自然资源的依赖，从根本上与科学发展观的要求相吻合。科技发展不断拓展人类的生存空间，开发出新的可供利用的资源，提高现有自然资源的利用效率和能源转化率，并大大提高人类治理环境问题的能力。科技创新赋予经济发展以新的动力，促进产业结构的提升，推动经济增长方式从粗放型向集约型转变，从而提高经济发展的可持续性。⑤科学发展观要求区域开发必须重视环境保护，生态开发将成为时代潮流。近年来，国际上兴起了一股绿色浪潮。绿色产品市场需求旺盛，一些国家和国际组织制定了一系列有关环保的法规、管理标准等，绿色壁垒已经成为 WTO 机制下影响国际贸易的主要因素。区域开发必须顺应这股绿色潮流，在开发模式上进行创新。把经济系统纳入生态系统的生态开发，将成为最具有时代特征的新兴开发模式。发展循环经济、绿色产业、清洁生产等，将成为区域开发的创新形式。

科学发展观为区域开发提供了全新的理论视野。所谓"区域开发"，是指人类的经济活动在区域空间的拓展过程。可持续区域开发是指人类的经济活动在区域空间拓展过程的永续性及其与生态环境的一致性。可持续区域开发理论弥补了传统区域开发的短期性，强调了区域开发与生态环境的一致性。可持续区域开发理论使区域开发建立在可持续发展的基础上，使区域开发更加具有前瞻性，为生态开发和城市化提供新的理论基础。

在可持续区域开发理论下，区域开发具有了新的动力，无论是政府层面，还是企业和社会公众，都有促进区域开发与生态环境协调发展的动力。而且在市场经济条件下，区域开发与生态环境协调发展将形成较完善的机制。由于企业是区域开发的主要承担者，企业行为也是导致生态环境破坏的主要原因，因此，构建完善的区域开发与生态环境协调发展机制，主要在于形成能够有效激发企业环境保护动力的机制。鉴于市场机制是最有效率的机制，如何构建有利于区域开发与生态环境协调发展的市场机制至关重要；为保证市场机制有效发挥作用和弥补市场机制失效，提出了完善政府调控机制的措施；鉴于政府机制在环境保护方面同样存在着无效，为弥补政府机制不足和促进政府机制有效发挥作用，还要构建公众监督的民主机制措施。

根据区域开发的一般规律，我们把区域开发划分为资源开发、产业开发和高新技术开发三个阶段，并在此基础上提出区域开发的三种模式，即资源指向型开发模式、产业指向型开发模式和高新技术指向型开发模式。资源指向型开发模式，是农业社会和工业化初期区域开发的主要模式，其特征是开发活动以资源为核心而展开，自然资源和劳动力是区域开发活动的关键因素。产业指向型开发模式，是工业化中期和后期区域开发的主要模式，其特征是开发活动以资本为核心而展开，投资和金融成为拉动区域开发的主要动力，资本和市场则成为影响区域开发的主要因素。高新技术指向型开发模式，是后工业化社会和知识经济时代区域开发的主要模式，其特征是以科技创新为动力的区域开发活动，知识、教育、科技等非物质因素成为影响区域开发的关键要素。

为了在实践中应用可持续区域开发理论，我们还结合具体的区域案例提出了一些具体的区域开发战略。例如，在高度城市化的长三角地区，应该通过区域协调解决环境问题。在尚处于资源开发阶段的西北地区要抓紧转变传统的区域开发模式，才能在区域经济发展中很好地践行科学发展观，实现区域经济社会和生态环境的协调发展和可持续发展。在长白山自然保护区进行开发建设，更应把环境保护放在首位。

本书以理论分析为基础，采取理论分析与实证分析相结合的研究方法。本书主要从理论上对可持续区域开发的动力、机制和模式进行研究，其间搜集了大量案例作为例证，在理论分析的基础上，对东北地区的可持续区域开发问题进行实证分析，描述了当前东北地区区域开发与生态环境协调发展的动力、机制和模式现状，进而提出了具体的对策建议。

本书最后对 21 世纪我国可持续区域开发战略的选择问题提出了新的思路，提出了产业集群、区域创新、城乡统筹和生态开发四大发展战略。产业集群是区域开发的新模式，解决了经济增长方式的可持续发展问题；区域创新是区域开发的新动力，解决了生产方式的可持续发展问题；城乡统筹的城市化是区域开发的新空间，解决了社会发展的可持续性问题；生态开发是区域开发的最高境界，解决了文明的提升和文明的可持续发展问题。只有实行上述可持续区域开发战略，才能在区域经济发展中很好地践行科学发展观，实现区域经济社会和生态环境的协调发展和可持续发展。

第二章

可持续区域开发的概念与理论

第一节　区域开发的概念与阶段划分

一　区域开发的概念

关于区域开发的概念，学术界有各种各样的定义。著名区域经济学家陆大道指出，"在西方语言中，'区域开发'与'区域发展'属于同一个概念，其基本的内涵是：在宏观国民经济增长的背景下，区域经济总量获得增长，人口增加及人均收入水平提高，物质性和社会性的基础设施不断改善，地区间建立合理的经济关系，逐步缩小地区间社会经济发展水平的差距，以及为此目标而制定的区域政策。""我国区域发展过程中的初级活动占很大的比例，运用'区域开发'概念能比较确切地反映我国现阶段工业化初期和中期在区域社会经济发展方面的基本特征。"他特别对"区域开发"与"区域发展"两个概念的内涵进行了深入的辨析。

（1）"区域开发"，主要指地区内各类自然资源的开发（包括开采）、利用（包括加工），如矿产资源、水资源、能源资源、生物资源等，以及新产业的发展、新产品的制造、新设施的建设、新技术的开发等。可以说，"区域开发"所涉及的对象和过程，是物质的、有形的，因而是具体的，其结果是产量和产值的增加、技术的进步等。"区域发展"除了这些内容外，还包括区域内社会和经济及产业总量的增长，内部结构与对外经济、技术、社会联系的合理化，社会、经济要素的空间流动以及社会经济发展水平的地区均衡化、人口城镇化和教育文化水平的提高等。因此，除了包括物质性、有形的活动外，还包括非物质的、抽象的内容。

（2）"区域开发"概念基本上是针对地区经济发展的，而"区域发展"除经济发展外，在社会发展方面，还指人们生活条件和生产条件的改善、福利水平的提高、人口的合理发展等；在环境整治方面，指保持生态条件和生态平衡状况等。因此，"区域开发"概念较多地表述国家或地区工业化发展初期、中期的经济活动，而"区域发展"则全面体现各个发展阶段的社会经济活动，特别是能确切表述工业化高级阶段和后工业化阶段的社会经济活动，是使地区的社会经济发展更加完善、更加高级的发展活动。两者在层次上有所区别，而且"区域发展"概念的外延更为广泛。

（3）"区域开发"概念较多地体现为由一种状态、一个阶段到另一种状态、另一个阶段的过渡，是从无到有的过程，强调"开发""促进""突变"；而"区域发展"概念强调的是渐进的过程和提高的过程。也就是说，前者具有断面的特征；后者表述连续的过程，具有历史性的特征。在空间上，"区域开发"强调新区原始状态的改变或从一种状态到另一状态的"突变"；"区域发展"则强调已开发地区不断地变化、提高和深化。也就是说，"开发"意味着空间的扩大，包括新区的开发；而"发展"一般立足于已开发地区的发展。

（4）"区域发展"涉及的对象和目标，从根本上讲不仅是经济的发展，更为重要的是"人"的发展。这里包括物质、文化生活水平的提高，以及人的价值取向的实现。凡是一切有利于人的发展的事物且与空间有联系的过程即应属于"区域发展"的内容，如城市化过程。在这个过程中，反映出国家或地区产业结构的变动，以及人们生活方式的改变和水平的提高。在不同的文化背景和历史传统下，人们生活、行为的价值观很不相同。因此，对"区域发展"的理解，在不同国家和民族范围内，差别是很大的。这一点与我们通常所说的"区域开发"的内涵显然是不相同的。

除了上述四方面的差异外，"区域开发"所论述的事物内容基本上局限于区域内部，而"区域发展"还涉及较多的区际问题，也就是将研究的区域放在与其有关的区域群体中去考察。另外，从政策角度提问题，往往指"区域发展政策"，简称"区域政策"。尽管在我国"区域开发"与"区域发展"两个概念有以上区别，但它们之间一致的含义仍然是主要的。

而且，"区域发展"概念的内容可以包含"区域开发"①。

　　张敦富认为，"区域开发，即对特定区域的自然、经济和社会资源进行综合利用，在不损害环境与生态效益的基础上，求得最大的经济发展和社会进步。"②

　　叶裕民在对区域开发与区域经济发展的差异进行辨析的基础上，提出了区域开发的定义。她认为，"第一，区域开发有明确的开发主体，该主体自始至终控制着开发进程，一旦开发主体不存在了，该开发活动也就不能够继续，或者只能由另一个主体来执行；区域经济发展则是一个有很多主体共同参与的、持续不断的客观过程，在市场经济条件下，每一个主体都难以完全主宰发展的过程，单一主体消亡了，发展的过程仍然在继续。第二，区域开发是对未被利用的、或未被充分有效利用的资源进行开发利用，或者进行更为充分有效的开发利用，而区域经济发展可以是在原有基础上进行量的扩张和质的提高。第三，区域开发具有时效性，任何区域经济开发活动都在特定的时间和特定的空间进行，各个时期和不同地区的区域开发共同组成区域经济发展中最为重要的内容，区域开发的最终目的是为了促进区域经济发展。"她最后对区域开发的定义是："区域开发是指一定的开发主体对特定区域的自然、经济、技术、文化、社会等各种资源进行综合利用，在保持区域资源、环境、经济、社会和谐统一的前提下，求得最大的经济发展和社会进步。"③

　　以上三位学者从不同的角度对"区域开发"的概念进行了界定。陆大道主要从"区域开发"和"区域发展"概念差异的角度对"区域开发"进行了界定，认为"区域开发"概念较多地表述国家或地区工业化发展初期、中期的经济活动，具有物质性、初级性、突变性等特征，因而"区域开发"的内容可以包含于"区域发展"的概念之中，甚至"区域发展"可以替代"区域开发"这个概念。把区域开发仅仅界定于区域发展特定阶段的经济活动有些狭窄。例如，人类在工业化之前的农业开发活动、发达国家在工业化之后的高新技术产业开发活动都不能包容在区域开发的概念

---

① 　陆大道：《区域发展及其空间结构》，科学出版社，1995，第 1~2 页。
② 　张敦富主编《区域经济开发研究》，中国轻工业出版社，1998，第 1 页。
③ 　叶裕民：《中国区域开发论》，中国轻工业出版社，2000，第 3~4 页。

之中。而且"区域开发"与"区域发展"是两个并行的概念，只是在含义上各有侧重，而不应该看作后者包容前者的关系。张敦富把区域开发概念界定于"对特定区域的自然、经济和社会资源进行综合利用"，是一种传统区域开发的概念，即把区域开发仅仅看作一种资源开发和利用的活动，我们把这种传统的区域开发模式称为资源依赖型或资源指向型开发模式。从区域开发的历史发展过程来看，资源开发只是人类经济活动的初级形式，区域产业开发、市场开发、技术开发等较高级的区域开发模式已经越来越成为区域开发的主流。资源，尤其是自然资源，在人类的开发活动中所占有的地位正在呈下降的趋势。叶裕民则充分注意到了区域开发的主观性，强调"区域开发有明确的开发主体，该主体自始至终控制着开发进程，一旦开发主体不存在了，该开发活动也就不能够继续"。这个论点虽然弥补了以往关于区域开发的资源决定论的缺陷，但她对区域开发主体的单一性、开发活动的原创性以及开发过程的时效性的论述，显然又有失偏颇。因为区域开发并非都是由单一主体控制或实施的，这种情况只是计划经济体制下的特例，而人类的大多数区域开发活动却是在人类追求更加美好生活的本能驱动下，或者在市场竞争的利益驱动下而自发展开的，而且由于开发活动的复杂性和艰巨性，单一主体是很难胜任的，往往是由众多主体共同参与实施的。例如，当前正在进行的西部大开发，不仅中央政府支持，而且由西部地方政府、东部和中部积极参与，甚至广泛吸收海外力量共同实施。西部大开发不仅是政府的行为，而且是企业乃至全民的行为。区域开发也并非仅仅是对未被利用的资源进行开发的原创性活动，如果没有一定的社会经济基础，区域开发就不可能有效地展开。至于区域开发的时效性，也只是计划经济体制下的短期开发行为，并非区域开发的通例。因为区域开发是一个不断深化的历史进程，可以有阶段性，但人类的开发活动是没有止境的，即使在发达地区，同样存在新的开发课题。

关于"区域开发"的概念，应该从历史发展的高度进行深入的思考。鉴于"区域开发"是一个区域经济学的范畴，应该突出"区域"这个核心要素。为了突出概念的学科要求和历史高度，可以对"区域开发"的概念做如下概括。所谓区域开发，是指人类的经济活动在区域空间的拓展过程。这个概念有三个基本含义。首先，这个概念所说的开发活动限定于人类的经济活动，而不包括人类的其他开发活动，如开拓疆土的政治性开发活动、发掘地方文化或民族文化的文化开发活动等，这主要是由这个概念的经济学的学科属性所决定的。其次，这个概念突出了人类经济活动的区域性，区域是这个概念的核心要素，即重点放在人类开发活动在特定区域或区域之间的展开上，而不是泛泛地谈一般的经济开发问题。最后，这个概念细分了"开发"的含义，即开发包括"开"和"发"、"拓"和"展"两层意思，英文在翻译中文"开发"这个单词时，也是用了 Develope、Open up、Exploit 等词汇，表明"开发"不仅仅是指人类原创性的开拓活动，也包含在原有基础上进一步发展的意思。也就是说，人类的开发活动不是特定时期的短期行为，而是具有可持续性的一般经济活动。因此，自从人类开始经济活动以来，区域开发的活动便从未间断过，将来也不会终结。

"区域开发"中的"区域"，也有两层含义。一层含义是指人类经济活动在空间上的扩展，即一种较先进的经济活动逐渐扩大其空间范围，由一个地区向其他地区扩张，使更大的地域范围在先进经济的影响下出现同质化的趋势。例如，区域农业开发就是农业生产逐渐向荒芜地带或游牧渔猎区的扩展、农耕生活逐渐扩展到非农业区域的发展过程；区域工业开发，也叫区域工业化，是工业区域逐渐向农业或牧猎区域扩展的过程。另一层含义是指特定区域的经济由较低的层次向较高的层次不断发展的过程，即一个区域由原始游牧渔猎经济发展为农耕经济，即属区域的农业开发；一个区域由农业发展为工业，即属区域的工业开发（也叫区域的工业化）；一个区域由传统工业区发展为高新技术工业区，即属高新产业开发。

我们认为，从学科要求和历史高度对区域开发的概念进行概括，能更清楚地反映区域开发概念的内涵和特征。它不仅突出了区域开发的区域性、经济性和持续性特征，而且进一步明确了开发的含义。区域开发不仅是指人类原创性的开拓活动，也包含在原有基础上进一步发展。从区域开发的类型来看，包括横向开发和纵向开发两种。例如，人类经济活动逐渐向荒芜地带或游牧渔猎区的扩展过程就是区域空间开发或横向开发；一个区域由原始游牧渔猎经济发展为农耕经济或由农业经济发展为工业经济的过程，就是特定区域的经济由较低层次向较高层次发展的纵向开发。关于区域开发与区域发展的关系，本书认为区域开发是一种动态性的活动，通过对区域自然资源和社会经济资源的充分利用和产业结构的调整和优化、合理生产布局以及重大项目带动等方式，促进相关产业发展，最终实现区域发展的目的。即区域开发是实现区域发展的手段，实现区域发展是进行区域开发的最终目的。可持续发展理论的出现和应用对区域开发提出了新的要求，即要求区域开发符合可持续发展思想，使区域开发建立在可持续发展的基础上，强调区域开发活动的永续性及其与环境的一致性和协调性。

二　区域开发的阶段划分

（一）区域经济发展阶段理论

区域开发是区域经济活动的重要组成部分，而区域经济发展客观上具有阶段性，这是经济发展的客观规律。很多国内外学者从不同角度、按照不同标准对区域经济发展阶段划分提出了不同的理论。

德国经济学家李斯特在 1841 年出版的《政治经济学的国民体系》一书中，以生产部门的发展状况为标准，将区域经济发展划分为五个阶段，即未开化阶段、畜牧阶段、农业阶段、农工业阶段和农工商阶段。

美国区域经济学家埃德加·胡佛（E. M. Hoover）与约瑟夫·费希尔（L. Fisher）在 1949 年发表的《区域经济增长研究》一文中，从产业结构和制度背景出发，指出任何区域的经济增长都存在"标准阶段次序"，都会经历大体相同的过程，并将区域经济发展划分为自给自足、乡村工业崛起、农业生产结构转换、工业化以及服务业输出五个阶段[①]。

约翰·弗里德曼（John Friedman）以空间结构、产业特征和制度背景为标准，将区域经济发展分为四个主要阶段：工业化过程以前资源配置时期、核心边缘区时期、工业化成熟时期以及空间经济一体化时期。

美国经济学家罗斯托（W. W. Rostow）在 1960 年出版的《经济增长的阶段：非共产党宣言》一书中，采用一种介于宏观经济学的总量分析与微

---

① 任启平、王静：《区域经济发展阶段判定方法研究》，《山东理工大学学报》2004 年第 3 期。

观经济学的个量分析之间的部门总量（中观）分析方法，以主导产业、制造结构和人类的追求目标为标准，根据对已经完成工业化的一些发达国家的经济增长过程所做的研究结果，对区域经济发展的阶段性做了颇有影响的探讨和分析，在宏观经济层面上提出一个国家或区域的经济增长需经历的五个阶段，并认为从经济角度将所有社会归于五种类型之一是可能的。这五个阶段是：传统社会阶段、为起飞创造前提条件（起飞准备）阶段、起飞阶段、走向成熟阶段、大众高消费阶段①。在1971年出版的《政治与增长阶段》一书中，罗斯托又补充了一个阶段——追求生活质量阶段。①传统社会阶段。传统社会阶段社会生产力水平低下，大部分人口从事农业，区域内经济活动基本是原始的农业活动。②为起飞创造前提条件（起飞准备）阶段。在这一阶段，以农业为主的社会逐渐向工业、交通、商业及服务业为主的社会转变，主导产业主要是饮食、烟草、水泥、砖瓦等产业部门。③起飞阶段。这是经济发展的关键阶段，经过长期积累，经济增长发生了质变，积累率提高至10%以上，其主导专业化部门是替代进口的消费品制造业综合体系，主要是纺织工业等非耐用消费品的生产。同时，有一种政治、社会和制度结构存在或迅速出现，这种结构利用了推动现代部门扩张冲力和起飞的潜在的外部经济效应，并且使增长具有不断前进的性质。④走向成熟阶段。现代科技得以全面推广到各生产领域，工业化向多样化方向发展，积累率稳定在10%~20%，主导部门为重型工业和制造业综合体系，如钢铁、煤炭、电力、机械等工业部门。⑤大众高消费阶段。工业高度发达，耐用消费品生产占用了越来越多的社会资源，主导部门为汽车工业制造综合体系。⑥追求生活质量阶段。居民消费注重以服务业为代表的生活质量部门生产的无形产品，如教育、卫生保健、旅游业等，建筑业也得到了很大发展。

在国外学者关于区域经济发展阶段理论的研究基础上，我国学者陈栋生、陆大道、蒋清海等对区域经济发展阶段也进行了研究。例如，陈栋生在其主编的《区域经济学》一书中认为，区域经济的成长是一个渐进的过

---

① 〔美〕罗斯托：《经济增长的阶段：非共产党宣言》，郭熙保、王松茂译，中国社会科学出版社，2001，第4页。

程，可以分为待开发阶段、成长阶段、成熟阶段和衰退阶段①。陆大道在《区位论及区域研究方法》一书中，提出区域空间结构的演变要经历四个阶段，即农业占绝对优势的阶段、过渡性阶段、工业化和经济起飞阶段以及技术工业和高消费阶段②，并且每一阶段都有其自身的特点。在《区域发展及其空间结构》一书中，陆大道深化了这一理论，将区域空间结构演变要经历的四个阶段进一步阐述为农业占绝对优势的阶段、由农业经济向工业化的过渡阶段、工业化中期阶段和工业化后期及后工业化阶段③。我国学者蒋清海结合以上区域经济发展阶段的各种划分标准及理论，以制度因素、产业结构、空间结构和总量水平为标准，将区域经济发展分为四个阶段：传统经济阶段、工业化初级阶段、全面工业化阶段、后工业化阶段。他认为，制度因素是划分区域经济发展阶段的背景性标准；产业结构是判别区域经济发展阶段的生产力标准，一般用工业化程度（制造业或工业在国民生产总值中的比重）和第一、第二、第三产业比重及主导产业类别来表示；空间结构是标示区域经济发展阶段不同于其他经济发展阶段划分的标志，一般用城市化水平、城市首位度及城市规模分布类型来表示；总量水平是测量经济发展高度的标准，一般用国民生产总值或国民收入及其人均量来标示④。

也有学者用产业结构深化规律划分区域经济发展的阶段。处于不同发展阶段的区域拥有不同的经济内容，从而有不同的产业结构。基于区域产业结构的变化，将区域经济发展分为以下六个阶段。①传统社会。产业结构以第一产业为主，大部分人口集中于农业生产部门，极少有现代化工业，生产力水平低下，开发的范围主要集中于农业、采矿业等部门。②工业化初期阶段。以食品、烟草、水泥、采掘等初级产品生产为主的工业开始得以发展，对资金的吸收、消化能力逐步增强，但投资主要集中于劳动密集型产业，资金需求量不是很大。③工业化中期阶段。制造业迅速由轻

① 陈栋生主编《区域经济学》，河南人民出版社，1993，第30～33页。
② 陆大道：《区位论及区域研究方法》，科学出版社，1988，第97～98页。
③ 陆大道：《区域发展及其空间结构》，科学出版社，1995，第105～107页。
④ 李娟文、王启仿：《区域经济发展阶段与我国区域经济发展阶段现状分析》，《经济地理》2000年第4期。

型工业为主转向以重型工业为主，工业劳动力开始占主体，第三产业也迅速发展，资金消化吸收能力激增，投资收益高，为资金密集型产业迅速发展的时期。④工业化后期阶段。其主要特点是第三产业呈现持续高速增长，社会经济发展服务化，此阶段最好的投资领域为第三产业的金融、信息、广告、技术咨询等为主的生产性服务部门。⑤后工业化社会。制造业由资金密集型为主转向技术密集型为主，同时生活方式走向现代化，高档耐用消费品迅速发展。⑥现代化社会。第三产业分化出的智能、知识密集型产业占了主导地位，人民的消费开始追求独特的个性与高水平的质量，宜大力发展知识密集型产业和现代化服务业①。

上述国内外学者从不同角度、按照不同标准对区域经济发展阶段划分提出了不同的观点，但主要是以结构变革的标准对经济发展阶段进行划分的，如李斯特是从生产部门结构方面，胡佛是从产业结构和制度结构方面，罗斯托是从空间结构、产业结构和制度结构方面。虽然区域经济结构包括的内容远不止这些，如还包括所有制结构、企业结构、技术结构、要素结构等，但上述理论均有其合理性，丰富了区域经济发展阶段理论。

（二）区域开发阶段划分

按照区域开发的方式不同，大致可以将区域开发划分为三个阶段。

一是资源开发阶段。这是农业社会和工业化初期区域开发的主要模式，开发方式以资源开发为主，以农业、采掘业（矿业）等为主导产业。这里所说的资源是指自然资源，土地、水、森林、矿藏等自然资源是开发利用的主要对象，手工劳动是主要开发手段，开发方式简单、粗放，区域开发主要表现为人类经济活动范围广度的扩展，劳动力和自然资源是区域开发活动的关键因素。

二是产业开发阶段。这是工业化中期和后期区域开发的主要模式，开发方式以产业开发为主，以传统工业为主导产业。自然资源虽然仍是开发利用的主要对象，但资本却成为开发活动的核心，投资是拉动区域开发的主要动力。同时，交通设施、通信、能源等构成区域开发的必要基础条

---

① 衣保中：《区域开发与可持续发展》，吉林大学出版社，2004，第14页。

件。关于资本（概念相当于固定资产、存货等的和，将总要素分为劳动、资本、土地等）对经济增长的贡献，爱德华·F. 丹尼森在《资本对工业国家战后增长的贡献》一文中，通过对美国 1929 ~ 1969 年的相关数据进行研究，认为美国"潜在国民收入增长率从 1929 ~ 1948 年的 2.75% 提高到 1948 ~ 1969 年的 4.02%，资本对此有重大贡献。包括规模经济份额在内的资本贡献在 1929 ~ 1948 年是 0.14 百分点，在 1948 ~ 1969 年为 0.87百分点。0.73 百分点的增长是潜在国民收入增长率增加的 1.27 百分点的57%"。可见，在这个变化中，资本的优势是罕见的。"由于大萧条和第二次世界大战，从 1929 年到 1948 年资本构成非常小。但资本仍然是造成战后时期增长率差别的重要原因"[1]。在这一阶段，产业开发成为主要的区域开发方式，经济组织普遍以面向市场、专业分工、规模经营和社会化生产为导向从事经济活动，资本和市场成为影响区域开发的主要因素。这里所说的传统产业，是相对于信息工业、新材料工业、新能源工业和生物工程工业等新兴的高新技术产业而言的。而通过高科技的应用，传统产业也可以被改造为高新技术产业。

　　资源开发和产业开发的区别具体表现在以下几个方面。①开发的依据和目的不同。资源开发的主要依据是本区域的资源优势，尤其是不可替代的自然资源优势，开发的目的是最大限度地利用本地资源，发展区域经济；产业开发的主要依据是资本和市场，即尽可能多地吸收和组织资本，扩大投资规模，扩大市场份额，从而形成区域产业优势，增强区域竞争力。②开发的基础和条件不同。资源开发对区域的经济基础要求较低，只要具备了必需的劳动力和生产资料，就可满足资源开发的要求，即使在自然经济条件下资源开发也可以进行；产业开发所要求的社会经济发展水平较高，只有在工业化的基础上，在市场经济的条件下，才能够满足产业开发的条件。③开发的广度和深度不同。资源开发由于受到自然资源禀赋的局限，开发的项目和内容等都受到限制，而且由于开发活动主要着眼于当地的资源等条件，不能放眼区域外的资源和市场，因而开发活动的规模和

---

① 〔美〕罗伯特·M. 索洛等：《经济增长因素分析》，史清琪译，商务印书馆，1991，第210 ~ 211 页。

广度也是有限的；产业开发是在开放市场的条件下进行的，投资的领域和项目没有任何限制，而且由于开发和投资面向国内外广阔的市场，因而开发的规模不断扩大就成为必然的趋势①。

三是高新技术开发阶段。这是工业化完成后区域开发的主要模式，开发方式以知识开发为主，以高新技术产业为主导产业。在这一阶段，开发方式发生了本质转变，知识、技术成为第一生产要素和区域开发活动的核心。区域开发主要是对知识和有效信息的积累和利用，通过知识的研究、开发和利用提高资源利用效率，克服边际效益递减规律的约束，获取较多的边际效益。区域开发主要表现为人类经济活动向纵深层次发展，而不是重点针对自然资源和资本的利用数量及规模的开发。在这一阶段，制造业以技术密集型产业为主，少量的基础产业已被现代化的技术设备所武装；第三产业高度发达，为满足社会生产和生活需要的各类服务无所不包；现代化的交通通信和信息服务延伸到每个角落，空间距离不再成为社会生活的障碍。

在此，有三方面内容需要明确。

第一，这里所说的高新技术开发阶段是指这一时期占主导地位的开发方式是高新技术开发方式或称知识开发方式，而不是指这一时期单纯从事高新技术产业开发。

"高技术"一词起源于美国，1971年美国出版的《技术和国际贸易》一书中提到了高技术一词，1983年出版的《韦氏第3版新国际辞典增补9000词》中首次收录了该词，并被定义为"使用或包含尖端方法或仪器用途的技术"②。联合国组织提出高技术主要包括信息科学技术、生命科学技术、新能源与可再生能源科学技术、新材料科学技术、空间科学技术、海洋科学技术、有益于环境的高新技术和管理科学（软科学）技术。随着知识经济的兴起，目前，高技术一词已经超出了纯技术的范畴。从社会科学角度来看，"高技术是科技的尖端性与经济的高效性的统一，是科技的精神性与经济的物质性的统一"③。我国把高技术也通称为高新技术。在高新技术开发方式下，知识、技术等无形资产的积累和使用成为区域开发中最

---

① 衣保中：《区域开发与可持续发展》，吉林大学出版社，2004，第19页。
② 丁溪主编《知识经济》，哈尔滨工业大学出版社，2004，第134页。
③ 丁溪主编《知识经济》，哈尔滨工业大学出版社，2004，第134页。

重要的因素，科技创新成为区域开发活动的主要动力，注重提高产品的知识含量，而不是靠加大自然资源的使用量来推动经济发展，从而使可持续开发成为可能。

就高新技术产业的含义来看，它通常指那些以高新技术为基础，从事一种或多种高新技术及其产品的研究、开发、生产和技术服务的企业集合，这种产业所拥有的关键技术往往开发难度很大，但一旦开发成功，便具有高于一般产业的经济效益和社会效益。

目前，对于高新技术产业的界定存在不同的看法。如美国商务部提出的判定高新技术产业的主要指标有两个：一是研究与开发强度，即研究与开发费用在销售收入中所占的比重；二是研发人员（包括科学家、工程师、技术工人）占总员工数的比重。此外，产品的主导技术必须属于所确定的高新技术领域，而且必须包括高新技术领域中处于技术前沿的工艺或技术突破。根据这一标准，高新技术产业主要包括信息技术、生物技术、新材料技术三大领域。经济合作与发展组织（OECD）出于国际比较的需要，也用研究与开发的强度定义及划分高新技术产业，并于1994年选用 R&D 总费用（直接 R&D 费用加上间接 R&D 费用）占总产值比重、直接 R&D 经费占产值比重和直接 R&D 经费占增加值比重三个指标重新提出了高新技术产业的四分类法，即将航空航天制造业、计算机与办公设备制造业、电子与通信设备制造业、医药品制造业确定为高新技术产业。这一分类法为世界大多数国家所接受。中国目前还没有关于高新技术产业的明确定义和界定标准，通常是按照产业的技术密集度和复杂程度来作为衡量标准的。根据2002年7月国家统计局印发的《高技术产业统计分类目录的通知》，中国高技术产业的统计范围包括航天航空器制造业、电子及通信设备制造业、电子计算机及办公设备制造业、医药制造业和医疗设备及仪器仪表制造业等行业。

从国际和国内对高新技术产业的界定标准可以看出，高新技术产业一词单纯用于第二产业中的制造业。但随着科技的发展，尽管有学者从理论上对第三产业的发展持否定态度，然而从各国的实践来看，无论是就业构成还是国内生产总值构成，第三产业在其中所占的比重均呈上升趋势。如我国1978年三次产业的就业结构为70.5:17.3:12.2，2004年这一结构为46.9:22.5:30.6，2005年为 44.8∶23.8∶31.4；1978 年国内生产总值的产业结构构成为 28.1∶48.2∶23.7，2004 年这一结构为 15.2∶52.9∶31.9，2005 年为 12.6∶47.5∶39.9①。从世界范围来看，各国服务业在产业结构中的比重也呈上升趋势，且高收入国家的服务业比重明显高于低收入国家（见表 2－1）。2004 年服务业占全球 GDP 的比重已达到 68%，美国、英国与法国等服务业比重都在 70% 以上，德国、日本基本与全球水平持平，发展中国家产业结构水平则低于全球，服务业比重在 50% 左右。上述分析表明，工业化完成后，高新技术产业固然在区域经济发展中起到重要作用，但第三产业的作用同样不容忽视。因此，不能将工业化完成后的区域开发简单理解为高新技术产业开发。

表 2－1　世界不同类型国家的产业结构（占 GDP 百分比）

单位:%

国　别	农　业		工　业		服 务 业	
	1990 年	2004 年	1990 年	2004 年	1990 年	2004 年
全世界平均	6	4	33	28	61	68
低收入国家	32	23	26	28	42	49
中等收入国家	16	10	39	37	46	53
下中等收入国家	19	12	39	41	42	46
上中等收入国家	10	4	39	32	51	62
高收入国家	3	2	33	26	65	72

资料来源：世界银行：《2006 年世界发展指标》，中国财政经济出版社，2006。

第二，这三个开发阶段的划分不是截然分开的，它旨在突出一定时期区域开发的主题。

上述区域开发阶段的划分实质上是基于区域工业化进程、根据不同时期占主体地位的开发方式不同所进行的划分。资源开发阶段是对农业社会和工业化初期区域开发特点的概括，其开发方式主要是资源开发，以农业、采掘业（矿业）等为主导产业；产业开发阶段是对工业化中期和后期区域开发特点的概括，开发方式主要是产业开发，以传统工业为主导产业；高新技术开发阶段则是对工业化完成后的区域开发特点的概括，其开

———————————

① 国家统计局编《中国统计年鉴》（2006 年），中国统计出版社，2006。

发方式主要是知识开发，以高新技术产业为主导产业。

一个区域所处的区域开发阶段应是唯一的，不可能既处于资源开发阶段又同时处于产业开发阶段。但作为开发方式，资源开发方式、产业开发方式和高新技术开发方式并不是互斥的。对于一个区域来说，可能同时存在资源开发方式和各种产业开发方式以及以可持续发展为内在要素的高新技术开发方式。即在资源开发阶段可能萌发产业开发的因素，在产业开发阶段也会存在资源开发和高新技术开发的某些内容，即使到了高新技术开发阶段也一定有资源开发和产业开发的遗留。当然，在一定时期，会有一种占主要地位的开发方式。如我国西部山西、内蒙古等矿产资源丰富地区的某些县市，虽然也存在一些轻工业、高新技术产业，但其区域开发活动主要是以矿产资源为核心展开的，采掘业产值比重较大，主要以资源开发为主。以内蒙古为例，1980 年内蒙古工业结构中，加工制造工业（包括轻加工工业与重加工工业）与基础工业（能源、原材料工业）之比为 65∶35；1985 年这一比例变化为 64∶36；1990 年为 62∶38；1993 年为 55∶45①。10余年间，内蒙古的能源与原材料工业增长了 10 个百分点，在人均国民生产总值比较低的水平上，支撑起了一个比较庞大的基础产业，资源开发方式占重要地位。

第三，与产业开发相比，高新技术开发是一种开发方式的变革，通过技术创新，对传统产业也可以进行高新技术开发。

无论到何时，即使是工业化完成之后，农业、纺织等传统产业依然存在，对这些产业进行高新技术改造，通过科技创新达到增产、增收、节约、保护环境的目的，同样属于高新技术开发。以农业为例，我们用高科技的聚合物释放器和输液管来输送水、用计算机控制来保持水的供应的现代滴灌技术改造传统农业就属于一种对农业的高科技开发。早在 20 世纪80 年代，地处荒漠地区的美国亚利桑那州的卡萨格兰德（Casa Crande）河谷的农场就对农田实施了滴灌技术改造。在农业灌溉方面，有些地区水资源的使用效率极低，有些较大的商业农场能够达到 40%~60% 的水资源使用效率，使用地下滴灌技术后，水的利用效率提高到 95%。除节水外，其

---

① 《内蒙古：世纪之交的重大经济选择》，http://www.nxjy.com.cn/xxzxnet/doc/0410101.doc。

他方面的收益更为重要。首先，通过灌溉方式的改变，可以用简单的浅层地表耕种代替耕地、松土、规划，从而能够减少耕种的劳动投入。亚利桑那大学对森丹斯（Sundance）农场的研究表明，滴灌技术把用于耕地的能量节约了50%。简化后的耕种也使得秋后能够迅速地进行翻土工作，这样，在某些年份，就可以收获两季。其次，由于滴灌杜绝了用水的流失，因而所用的除草剂和化肥也就很少流失。除草剂的使用量削减50%，氮肥的施用也减少了25%～50%。同样，由于几乎不需要用深井涡轮机抽水，相应地削减了大约50%的泵用能量。最后，农作物的产量也提高了15%～50%。这主要来自几个方面的贡献：滴灌方式能使水的分布更加均匀；更加高效的杀虫剂通过滴灌管线直接传输到植物的根部；更好的管理减少了盐类物质的产生。这些盐类物质在地表灌溉中很容易富积起来[①]。当然，制造滴灌管线并将其埋在农业机械干扰不到的深度，费用很高，但是，从长期来看，投入的累积削减和产量的累积提高使得这一投资变得越来越划算。

第二节　可持续发展理论的内涵及其对区域开发的指导意义

可持续发展已经成为当代社会经济发展的基本原则，它对区域开发提出了新的要求，即人类的区域开发活动必须遵循与自然生态系统相协调的原则，区域开发应该具有全局性、科学性、前瞻性、系统性和稳定性。为了在区域开发中贯彻可持续发展原则，就要树立新的环境资源价值观，扩大对资源范围的认识，建立合理的资源配置机制，保证资源开发的可持续性，才能实现区域经济与生态环境的协调发展。

一　可持续发展的内涵与原则

关于可持续发展的概念，目前学术界尚无统一的界定。生态学家提出了生态可持续性的概念，主要用来表明自然资源及其开发利用程度间的平

---

① 〔德〕魏茨察克：《四倍跃进》，北京大学环境工程研究所译，中华工商出版社，2001，第118～119页。

衡。1991 年 11 月，国际生态学联合会（INTECOL）和国际生物科学联合会（IUBS）联合举行了关于可持续发展问题的专题研讨会。该研讨会发展并深化了可持续发展概念的自然属性，将可持续发展定义为"保护和加强环境系统的生产和更新能力"，即可持续发展不是超越环境系统更新能力的发展。从生物圈概念出发认为可持续发展是寻求一种最佳的生态系统以支持生态的完整性和人类愿望的实现，使人类的生存环境得以持续。

也有学者从社会属性定义可持续发展。1991 年，由世界自然保护同盟（INCN）、联合国环境规划署（UNEP）和世界野生生物基金会（WWF）共同发表《保护地球：可持续生存战略》（Caring for the Earth：A Strategy for Sustainable Living)[1]。该书将可持续发展定义为"在生存于不超过维持生态系统涵容能力之情况下，改善人类的生活品质"，并且提出人类可持续生存的 9 条原则，既强调了人类的生产方式要与地球承载能力保持平衡，保护地球的生命力和生物多样性，同时，也提出了人类可持续发展的价值观和 130 个行动方案，着重论述了可持续发展的最终落脚点是人类社会，即改善人类的生活品质，创造美好的生活环境。

而有的经济学者则认为可持续发展的核心是经济发展。爱德华·B. 巴尔比（Edward B. Barbier）在其著作《经济、自然资源、不足和发展》中，把可持续发展定义为"在保持自然资源的质量及其所提供服务的前提下，使经济发展的净利益增加到最大限度"[2]。还有的学者提出，可持续发展是"今天的资源使用不应减少未来的实际收入"。当然，定义中的经济发展已不是传统的以牺牲资源与环境为代价的经济发展，而是"不降低环境质量和不破坏世界自然资源基础的经济发展"[3]。

国际社会普遍接受的可持续发展概念是 1987 年世界环境与发展委员会在对世界重大经济、社会、资源和环境进行系统调查和研究的基础上，提出的长篇专题报告——《我们共同的未来》中的定义。该报告采纳了"可

---

[1] IUCN, UNEP, WWF, *Caring for Earth：A Strategy for Sustainable Living*, IUCN Switzerland, 1991.

[2] Barbier E. B., *Economic*, *Natural Resource Scarcity and Development*, London：Earthcan, 1985.

[3] WRI, *World Resources 1992 - 1993*, Washington, D. C., The World Resource Institute, 1993.

持续发展"的概念并进行推广，对可持续发展给出了这样的定义：可持续发展是指既满足当代人的需要，又不损害后代人满足需要的能力的发展。1989 年 5 月，在第 15 届联合国环境规划署理事会期间，经过反复磋商，通过了《关于可持续发展的声明》，对可持续发展的定义是："可持续发展，系指满足当前需要而又不削弱子孙后代满足其需要之能力的发展，而且绝不包含侵犯国家主权的含义。"该定义在 1992 年联合国环境与发展大会上得到世界各国的普遍认同。

我国改革开放初期实施了以高投入、高消耗为特征的高速经济发展模式，造成了严重的生态环境破坏和过度的资源消耗，加剧了人口、资源、环境、经济与社会的矛盾，引起经济社会发展的恶性循环，这样的发展显然不是可持续的。长期流行的"先污染、后治理"观念，不仅对当前的经济发展和人民生活有巨大的负面效应，甚至会祸及子孙，殃及社会，因而也是不足取的。反思上述模糊认识和错误观念，我们应该坚持下述可持续发展的基本原则。

（一）可持续性原则

人类的经济和社会发展必须维持在资源和环境的承受能力的范围之内，以保证发展的可持续性。人类要坚持这一原则，不仅必须约束自己对资源的浪费和对环境的污染行为，而且必须保护和加强资源基地建设，恢复环境质量。这就要求人们在开发和利用自然资源的同时，要补偿从生态系统中索取的东西，使自然生态过程保持完整的秩序和良性循环。过去和现在的污染造成的巨大损失，都有力地说明了空气、水和其他资源并不是免费的。"经济活动的环境费用是在环境的自净能力被超过时出现的。超过了那一点，费用就不可避免了，它们必须偿还"①。为了有效地维护自然生态系统对经济社会发展持久的支撑能力，人类应该对自然资源进行核算，估计由经济活动带来的环境质量的退化所造成的经济损失，把它们计入环境费用，以便用于改善环境质量。事实证明，这样做不仅对于保护环境有积极作用，而且也具有经济效益。

---

① 世界环境与发展委员会编《我们共同的未来》，世界知识出版社，1989，第 205～206 页。

（二）共同性原则

人类生活在同一地球上，地球的完整性和人类的相互依存表现了人类根本利益的共同性。生态危机的全球性表现了人类所遇到的历史挑战的共同性、人类努力的共同性和人类未来的共同性。20 世纪中期，人类从太空中第一次看到了地球，人类在太空中看到的小而脆弱的地球上，最显眼的不是人类的高楼大厦和人的活动，而是一幅由云彩、海洋、森林和土壤组成的图案。在宇宙中，人们所看到的地球是一个有机体的生动形象，它的健康取决于大气、海洋、土壤、森林这些具有生命的组成部分的健康，而这每一个组成部分，都是全人类共有的，而不是哪一个国家和民族单独拥有的。在地球上，人们已经认识到，由于全球性的环境污染、生态破坏引起的种种灾难性后果，如酸雨破坏森林、湖泊、艺术品和建筑物，滥伐森林和过多的矿物燃烧造成全球气候变暖，地球上空出现臭氧空洞使人和牲畜的发病率急剧增高，海洋食物链的破坏使捕捞量减少，工农业将有毒物质排入地下水层，等等，都是危及全人类的。人们不得不承认，各种危机都不是孤立的危机，环境危机、能源危机、发展危机都是同一危机，都是全人类的共同危机。

（三）公正性原则

为了当代人和后代人的利益，保护和利用环境及自然资源必须注重公正性。可持续发展不仅要求代际公正，即当代人的发展不应损害下一代人的利益，而且要求代内公正，即同一代中一部分人的发展不应当损害另一部分人的利益。然而，这两种公正性的维护，现在都还做得很不够。一方面，当代人对资源的过度使用和浪费，剥夺了子孙后代公平地享用资源的权利。例如，当代人采用石油化学农业的经营方式，只顾在土地上获得生物产品，不考虑保持土壤肥力，已经引起了土壤的严重退化。这是当代人过度利用生物圈在千万年中积累起来的土壤肥力，以牺牲后代利益为代价的不公正行为。而制造核武器、在陆地上堆放有毒垃圾、在海洋中倾倒放射性废料，更是用后代的生命做赌注的极端不公正的行为。另一方面，在一个资源有限的世界上，一些国家或地区对资源的挥霍性浪费，限制了另一些国家或地区公平地享有资源的可能性，特别是发达国家对各种资源的高消费，已经远远高出不发达国家人均水平的许多倍，这也是极为不公正的。

二　可持续发展对区域开发的要求

在可持续发展的实践中，一条重要的行为准则是：以全球的高度来思考，以地方的单元来实施（Thinking Globally，Doing Locally）。发展的可持续性最终要靠不同层次的区域实现，各地方行政功能区是可持续发展的基本组织单元。随着我国改革开放的不断深化和市场经济体制的建立，区域发展对体制推动和外部激励的依赖性虽然存在，但已越来越立足于内部推动力，区域自主选择发展模式的主动性和重要性大大增强。在自主选择、内源发展的过程中，可持续发展的观念和意识不断渗透，而全球和上一级区域对可持续发展的要求又形成一种压力，在内在动力和外在压力的作用下，可持续发展的观念和行为对区域开发提出了更高的要求。

（一）可持续发展对区域开发的原则与标准提出新的要求

在可持续发展的思想提出之前，人类虽然有保护环境、回报自然的朴素意识，但并没有也不可能对开发模式进行主动的、有意识的优选，而是自然地承继了一种以人为中心、以经济发展为唯一追求、为增长而增长的开发模式。这种模式在史前文明和农业文明时代表现为低增长、低污染，也被喻为"牧童经济"；而在工业文明时代则表现为发达国家的高增长、高污染与不发达国家的低增长、高污染并存，即"富裕污染"与"贫穷污染"并存。可持续发展的提出从根本上扭转了区域开发模式的选择思路，从哲学的高度为区域开发规定了一个更为合理的基础。在价值观的层面上，正如康德提出的"人是自然的最高立法者"所反映的反自然立场，以往非持续开发模式遵循的是人类中心主义的原则，以对人的利害作为价值的判据。在可持续发展的思维领域里，人们开始探讨人与生物、与自然、与整个地球生态系统的关系，并逐渐认识到，不仅仅是人，动物、植物，乃至没有生命的自然环境和自然资源，都有其内在的、固有的价值与"权利"。人并不是地球的主宰，只是构成地球生态系统的一个部分，不可能凌驾于自然之上，必须求得与自然和生态系统的和谐与平衡才能最终实现自身的生存与发展。从非持续到可持续，从以人为中心、单纯追求经济发展到追求经济、社会、生态环境的综合协调发展——这种进步最明显的表现就是其评价标准的变化。在传统的发展模式下，使用以 GNP（或 GDP）作为主要指标的国民经济核算体系，没有与环境生态指标和社会发展指标有机结合，造成的实际结果，一是将经济发展等同于发展，二是即使在经济核算的范围内，也忽视了资源环境退化损耗的代价和环保的成本。这造成了整个社会范围内的不真实成本，以至有人将 GNP 戏称为垃圾（Garbage）、噪声（Noise）和污染（Pollution）的代名词。为此，联合国设计了引入环境因素的国内生产总值（Environmental Adjusted Domestic Product，EDP）指标进行弥补。这一指标通过从 GDP 中扣除环境消耗成本来反映全社会范围内经济活动的真实效果，因此又被称为"绿色 GDP"。同时，许多研究机构从不同角度提出指标，测度可持续发展，如生态需求指标、人类活动强度指数、人文发展指数、国家财富计量标准等。而中国科学院依照人口、资源、环境、经济、技术、管理相协调的基本原理，设计出了复合型、具有理念性结构的指标体系。1999 年选取了 249 项基本要素群，计算了 45 项变量层指数，构建了 16 组状态模型，经过 5 个层次逐级递归和 2 亿次有效计算，获得了全国省级区域的可持续发展能力总评价，并据以编制了各地区可持续发展能力资产负债表①。评价标准的变化必将对区域开发模式的选择和实施产生深远的影响。

（二）可持续发展要求区域开发应该具有全局性与科学性

可持续发展使区域开发不再"就区域论区域"，开始重视区域对全局的影响以及全局对区域的制约，开发战略应该有"高屋建瓴"的高度。旧的开发模式中，区域要么是遵照"全国一盘棋"的原则，完全听从上级区域指令；要么是完全"眼光向内"，仅仅针对本区域内部的发展条件制定政策，"靠山吃山，靠林伐木"。而可持续发展是强调协调性的发展，要求不同层次区域间和同一层次不同区域间达到协调，从而实现更大区域的发展。一方面，各区域应根据自己在当代中国经济社会发展水平梯度、自然

---

① 中国科学院可持续发展研究组：《2000 中国可持续发展战略报告》，科学出版社，2000，248 页。

资源、生态条件梯度以及在城乡连续体中的位置确定自身发展依赖的条件和依赖程度确定本区域对全局的影响。这是"外"的问题。另一方面，考察本区域经济、生态、社会的具体条件，制定发展策略，这是"内"的问题。在这方面最典型的例子莫过于我国西部大开发中体现的区域性与全局性的有机结合。在西部大开发的规划和实践中，国家突出强调了合理开发利用资源、保护生态环境的重要性和紧迫性，并将长江、黄河中上游地区7000万亩25度以上的耕地全部退耕还林还草作为西部大开发的切入点。短期来看，这对于一些地区的经济发展的确会产生一定的不利影响，然而，这一决策的背后恰恰是基于全局的战略性分析——我国西部地区自然条件恶劣，生态系统脆弱，可持续发展能力较低，而这一地区又是我国许多大江大河的发源地。西部地区生态系统和环境的破坏不仅会影响本地的生存与发展，甚至会对全国的生态系统、对中华民族的命运产生不可挽回的影响，1998年的大洪水就已经为我们敲响了警钟。"皮之不存，毛将焉附"，区域的开发必须首先立足于全局之中，着眼于国家、民族，乃至人类的利益，从可持续发展的角度长远考虑。

（三）可持续发展要求区域开发应该具有前瞻性和先进性

知识经济的发展扩大了人类的生存空间，为人类提供了新的发展机遇。它所指明的方向在一定意义上代表了人类的发展未来。虽然知识经济也会给可持续发展带来一定的挑战，但从本质上来说，二者是一致的。第一，知识本身具有非磨损性、可共享性、无限增值的特征，使以知识为基础的经济形态脱离了对资源耗竭的担忧，从根本上与可持续发展的要求相吻合。第二，知识和技术的发展不断拓展人类的生存空间，开发出新的可供利用的资源，提高现有资源的利用效率和能源转化率，并大大提高人类治理环境问题的能力。第三，知识经济赋予经济发展以新的动力，促进产业结构的提升，推动经济增长方式从粗放型向集约型转变，从而提高经济发展的可持续性。第四，知识经济时代人类对自然界物质资源的依赖性减轻，更多转向对人力资源特别是智力资源的消耗，人的主体性、自主性和创造性得到充分的体现，进而带动社会各方面的整体发展，这与社会可持续发展的目标与要求是一致的。总之，知识经济在客观上谋求自然资源、环境资源、资本资源、智力资源和社会资源的相互补充、综合平衡及整体水平的提高，使自然可持续性、经济可持续性和社会可持续性彼此结合，保证整个系统的可持续发展。这种先进性的另一表现是绿色产业和绿色营销概念的引入、发展和实践。伴随着可持续发展原则的广泛采纳，国际上已兴起了一股绿色浪潮。一方面，人们的环保意识加强，符合环保要求、有利节约和回收能源的绿色产品市场前景广阔。调查表明，美国大约有78%的人愿为购买绿色产品多支付5%的费用；在荷兰，大约70%的人会选择有绿色标志的产品。另一方面，标志某种产品从研发到生产以至回收利用的全过程符合生态和环境标准的环境标志制度不断发展。据统计，各国环境标志覆盖了545个产品类别①。此外，一些国家和国际组织也制定了一系列有关环保的法规、管理标准等，直接或间接涉及贸易和一些产品的生产、使用。这场绿色浪潮既带来了机遇，也提出了挑战。海尔集团在其产品获得欧洲环境标志之后，出口量不断增加。如果不适应这个趋势，将越来越严重地影响我国的出口。有人曾计算过，如果我国企业没有获得环境标志，按照1996年的数据，将受到严重影响的产品总额高达240.88亿美元，占出口总额的30.6%。巨大的压力必然迫使各地区和企业顺应国际潮流，从而极大增强竞争力、主动性和创新意识。

（四）可持续发展要求区域开发应该具有系统性和稳定性

中国学者在可持续发展的理论研究和实证研究中创造性地提出，可持续发展除经济学、社会学、生态学三个方向以外，还应有系统学的方向，以综合协同的观点，有序地演绎发展度、协调度和持续度的时空耦合和三者互相制约、互相作用的关系。以此为基础，区域可持续开发中，经济、社会、生态子系统的目标应按系统论的观点加以协调。这种协调不是各个子系统目标的简单相加，而是强调各个目标之间有相互作用部分的相互依存和有机统一。因此，经济发展目标和社会公正目标通过就业、收入再分配联系起来；经济发展目标和生态管理目标通过资源、环境价值的成本内在化联系起来；社会公正目标和生态管理目标通过不同利益群体的公众参

---

① 李文臣、路祥正：《影响日趋巨大的全球绿色浪潮》，《生态经济》2000年第3期。

与和民主协商联系起来。各个方面目标的相互联系和最终统一保证了区域开发模式的整体性和系统性。为了实现这一系列目标，必须同时采用包括经济、行政、法律和宣传教育在内的多种手段，并对多种手段进行协调，使其各尽其能，相互补充支持。一旦建立起一种多角度、多层次、相互支持促进的目标体系和执行手段体系，一旦全社会真正形成一种可持续发展的意识，一旦真正建立起完善一致、有坚强执法保障的可持续发展法律体系，这种可持续的区域开发模式才能不因时移、不以地易，也不因领导人或领导人的注意力不同而不同，真正扎根于全社会。

三　在区域开发中贯彻可持续发展的原则

区域开发的出发点，是要克服市场机制对地区优势资源的认识和开发时滞，尽早和更加充分地挖掘地方经济资源的潜力，启动地方经济系统的运行，并以此为契机优化经济结构，推动区域经济和社会系统健康、快速发展。区域开发的定位不应局限于资源的开采和利用，还应从整体的、全局的、发展的角度出发，在经济增长的基础上兼顾其与社会进步、生态质量优化及人的全面发展之间协调统一，在区域开发中贯彻可持续发展的基本原则。

（一）　树立新的环境资源价值观

按劳动价值论的观点，在自然生态平衡下，环境资源只有使用价值，而不包含价值量，所以也不包含交换价值。人类不需要付出"社会机会成本"就可以（在某种范围内）无偿无限地开采和利用自然资源。但是如果人类的活动超过了资源的自然再生速度和环境对污染的自我净化能力，从而破坏了生态平衡，那么自然资源的日益枯竭必然会制约经济发展的速度，环境恶化也将对人类的健康造成损害。人类为了寻找替代资源和修复环境就不得不付出更多的社会劳动，自然资源与环境的商品化属性和交换价值便以再开发成本和重置成本等形式表现出来。而且，环境具有区域性的特点，在被污染和破坏的区域，生产者必须支付额外的生产成本。可见，资源、环境都是有价值的。应克服传统资源观的错误认识，避免对自然资源的掠夺式开采和对生态环境容量的无限占用，把经济和社会系统的运行建立在资源有限性、有价性的基础之上，相应地进行开发方式、生产方式、消费方式的变革。

（二）扩大对资源范围的认识

在资源体系中，既包括自然和人文资源，也涵盖资本、技术、智力等资源形式。传统的区域开发模式对非自然性资源的开发和挖掘不够充分，开发资源时往往只看重对有形的物质资源的发现和利用，而忽视对日益重要的非物质资源的开发和培育，这使得区域开发在发展到一定程度后常常会受到资金、技术、人才短缺的困扰，陷入混乱和低效的局面。随着科技的进步及地区间经济交往的日渐方便和频繁，各种资源的可替代程度和流动性大大增强。自然资源在经济发展中的重要地位正日益下降，以资本、技术、制度、管理和人才等为代表的非物质性生产要素在资源体系中的作用却与日俱增，成为支撑经济发展和提高经济运行质量的重要支柱。特别是在知识经济时代，信息、知识、智力作为新的资源逐渐成为经济发展的主要动力，人类社会的进步正逐步从主要依靠自然资源投入转向主要依靠知识要素的生产、分配和应用。人造资源代替自然资源的趋势和速度都是不可阻挡的。这给可持续发展赋予了新的内涵，必须在区域开发中重视对非物质要素的培育和利用，实现资金流动、制度革新、管理高效、技术和人才的引进与创新激励的良性循环，只有这样才能保持竞争优势。应在保持原有资源优势稳定性的基础上，努力探索和加速资源基础的替代，只有这样才能最终摆脱自然资源有限性的束缚，形成可持续发展的有力保证。

（三）建立合理的资源配置机制

一些区域开发不能实现可持续发展，表面上看是由于缺乏资金、技术，其实关键在于缺乏能激励可持续发展的制度安排。首先，资源开发中产权界定不清，普遍存在所有者与具体开发者之间权、责、利关系不清及管理不规范的现象；在运行机制上，也没能引入价值规律进行产业化经营，资源消耗得不到补偿。其次，有关资源开发和生态环境保护的法制环境、价格体系不健全，缺少与市场经济相融合的经济手段，难以保证人们自觉地、合理地、节约地开发和利用资源。另外，行政、执法力度也远远不够，地方保护痕迹仍较深。一些地方政府为了确保财政收入，仍在包容污染严重的"五小"企业的生存和扩张，为其营造区域市场，并且支持其将生产过程中高污染成本向外转移给消费者。地方保护，还使得许多法律条文流于形式。这样，不仅环境污染没有得到有效治理，而且扰乱了正常的市场秩序，破坏了公平竞争。由于某些地区在发展经济中存在地方保护主义的倾向，各区域重复建设和产业结构"同构"现象严重，合理的市场竞争机制与区域合作体系还不完善，也加剧了某些无效竞争和资源浪费现象。在一定意义上说，经济增长的效果不仅取决于资源的量与质，更重要的是取决于资源配置是否合理，是否得到了充分利用。在现代，只有市场经济才能为可持续发展的资源配置要求提供体制上的支持，这就要求在地区开发中加快市场机制的培育，尽快以完善的价格体系引导资源的合理配置。

（四）保证资源开发的可持续性

在认清资源有价性的基础上，要实现资源的可持续开发和永续供给，就应该彻底改变粗放、低效的传统开发模式，在资源环境承载能力的范围内合理地对其进行开发。在传统的区域开发模式下，资源开发大多停留在开采和初加工上，忽视了资源的合理配置和有效利用。这种开发模式主要靠高投入、高消耗来堆积产出和经济增长率，准确地说这不是"开发"，只能算是"采掘"，它对启动区域经济系统的良性循环作用不大。出于对扩大经济规模的渴望和政绩的追求，各地政府在区域开发的过程中往往表现出"急功近利"的思想，在指导资源利用和生产方式时也带有明显的"粗放性"特征。同时，由于资源的市场价格机制尚未形成，人们对资源价值认识不够，没有自觉提高资源利用率的激励。这样，区域开发中普遍存在只重产出数量、不顾经济效益，只重眼前利益、不顾长远发展的"短视化"行为，这是对资源的巨大浪费，削弱了地区经济持续发展的资源优势。因此，应该特别注重对资源节约利用，注重以科技进步为依托提高资源利用效率。节约利用也是一种开发，也是资源积累的重要途径，而且降低单位物耗也有助于保护环境。从某种意义上说，建立可持续发展新模式的过程，也是科技化的过程。只有依靠科技进步，革新生产工艺，才能减少生产中的能耗、物耗，提高资源的利用效率和综合效益；只有依靠科技进步，才能发现新的资源和找到替代性资源，从而扩大资源的范围和数量，减缓日益严重的资源、环境威胁。

（五）经济发展与生态环境的协调

"可持续发展"引入了整体的、系统的和持续的思维方式，使人们对经济系统、生态系统、社会系统之间的关系有了全面而准确的把握。首先，人与自然界及社会系统应是相互支持、相互作用的。只有实现各个子系统的协调发展、齐头并进，才能实现真正的良性循环和持续发展。提醒人们不能把人与自然的关系单纯理解为向自然界索取，不应将生产看成以自然资源"单向式"消耗换取物质产出的过程，同时要克服经济发展中的"短视化"行为。为此，在区域开发中要改变单纯追求经济效益而忽视生态效益和社会效益的观念。应鼓励采用新的生产方式，把对环境的危害降到最低程度，并将废弃物再资源化，实现生产与消费之间的还原与再生循环。同时，要努力缩小贫富差距，维护代内和代际公平，创造一个平等、自由、人权的环境，促进人的全面发展。在协调好各系统发展关系的基础上，也应认识到中国可持续发展的核心仍是发展。对中国这样一个发展中大国来说，贫困和不发达是可持续发展的最大障碍，要打破贫困、人口过度增长、环境持续恶化的恶性循环，根本出路在于保持适度经济增长，消除贫困，增强环境保护的能力。只不过要转变发展方式，由粗放转向集约，同时兼顾生态平衡与社会进步，走可持续发展的区域开发之路。

第三节　生态环境的概念与特点

一　生态环境的概念

（一）环境的概念

环境的概念有广义和狭义之分。狭义的环境是指自然环境，如《中国大百科全书》（环境科学卷）指出，"环境"一词一般是指"围绕着人群的空间，以及其中可以直接、间接影响人类生活和发展的各种自然因素的总体"。我国环境保护法规中使用的就是狭义的环境概念，《中华人民共和国环境保护法》明确指出："本法所称环境，是指影响人类生存和发展的各种天然的和经过人工改造的自然因素的总体，包括大气、水、海洋、土地、矿藏、森林、草原、野生动物、自然遗迹、自然保护区、风景名胜区、城市和乡村等。"

广义的环境则不仅包括自然要素，还包括社会要素，如《韦氏新大学词典》（第9版）就列举了"环境"的a、b两项词义。a项词义是"作用于生物或生物社会并最终决定其形式和生存的物质的、化学的和生物的因素（如气候、土壤和生命体）"；b项词义是"影响个人或社会生活的社会和文化条件的总和"。即一切影响人类生存和活动的外部世界，皆属于广义环境范畴。

环境保护法规通常使用的是狭义的自然环境概念，这是因为作为法律保护对象的环境，其概念和范围必须明确和具体，才能具有可操作性，保证法律的准确实施。而广义环境的范围则过于宽泛，语意比较模糊，难以控制和准确衡量。因此，环境保护法规中通常使用的是狭义的自然环境的概念，而我们通常所说的环境则是包括自然要素和社会要素在内的广义的环境概念。

（二）生态环境的内涵

生态环境是指由生物群落及非生物自然因素组成的各种生态系统所构成的整体，主要或完全由自然因素形成，并间接地、潜在地、长远地对人类的生存和发展产生影响。在这一定义中，人作为生物群落的组成部分，与其他生物处于同等重要的地位，人类只有与其他生物和谐共处，才能维持生态系统平衡。同样，人类和其他生物也是大自然的有机组成部分，生物只有与自然建立协调的关系，才能形成良性的生态循环系统。生态环境的破坏，最终会导致人类生活环境的恶化。因此，要保护和改善生活环境，就必须保护和改善生态环境。

生态环境与环境在内涵上有很大的区别。首先，环境作为以人类社会为主体的外部世界，突出了人类的主体性和环境的客体性；而生态环境则不强调主体与客体的划分，而是强调人类、生物和自然的一体性和协调性。其次，由于环境是在肯定人的主体性的基础之上形成的概念，因而相应的环境客体也具有综合性的特点，不仅包含自然要素，也包含社会要素；而生态环境的概念则更加侧重于自然属性，与自然环境的概念具有更多的一致性。

由于生态环境与自然环境在含义上十分相近，因此有时人们将其混用，但严格说来，生态环境并不等同于自然环境。自然环境的外延比较广，各种天然因素的总体都可以说是自然环境，但只有具有一定生态关系构成的系统整体才能称为生态环境。仅有非生物因素组成的整体，虽然可以称为自然环境，但并不能叫作生态环境。从这个意义上说，生态环境仅是自然环境的一种，二者具有包含关系。

（三）环境问题

环境问题是目前世界人类面临的主要问题之一。概括地讲，环境问题是指全球环境或区域环境中出现的不利于人类生存和发展的各种现象。环境问题是多方面的，但从产生原因来看，大致可分为两类：原生环境问题和次生环境问题。

原生环境问题也称第一环境问题，是指由自然力引起的环境问题，如火山喷发、地震、洪涝、干旱、滑坡等引起的环境问题。

次生环境问题也称第二环境问题，是指由于人类的生产和生活活动引起生态破坏和环境污染，反过来危及人类自身的生存和发展的现象。次生环境问题包括生态破坏、环境污染和资源浪费等方面。

生态破坏是指人类活动直接作用于自然生态系统，造成生态系统的生产能力显著减少和结构显著改变，从而引起的环境问题。其表现形式多种多样，按对象性质可分为两类：一类是生态环境的破坏，如过度砍伐引起的森林覆盖率锐减，因过度放牧引起的草原退化，因滥肆捕杀引起的许多动物濒临灭绝，等等；另一类是非生物环境的破坏，如盲目占地造成的耕地面积减少，因毁林开荒造成水土流失和沙漠化，地下水过度开采造成地下水漏斗、地面下沉，因其他不合理开发利用造成地质结构破坏、地貌景观破坏，等等①。

环境污染则指人类活动的副产品和废弃物进入物理环境后对生态系统产生的一系列扰乱和侵害，特别是当由此引起的环境质量的恶化反过来又影响人类自己的生活质量时。环境污染不仅包括物质造成的直接污染，如工业"三废"和生活"三废"，也包括由物质的物理性质和运动性质引起的污染，如热污染、噪声污染、电磁污染和放射性污染。由环境污染还会衍生出许多环境效应，如二氧化硫造成的大气污染，除了使大气环境质量下降外，还会造成酸雨。

目前人们所说的环境问题一般是指次生环境问题，本书也采用这种用法。应当注意的是，原生环境问题和次生环境问题往往难以截然分开，它们之间常常存在着某种程度的因果关系和相互作用，如人类对森林植被的破坏和乱垦滥挖就可能导致洪涝灾害和干旱的频繁发生。

二 生态环境的特点

（一）系统性

生态环境的系统性是指生态环境各构成要素或生态环境各组成部分之间不是孤立存在的，而是相互影响、相互作用而形成的具有特定结构和特定功能的有机整体。生态环境的各构成要素在整个生态环境系统中都处于一定的位置，并通过能量流动、不同的组织方式和组织程度等形成一定的状态和功能。各要素之间相互关联，一个要素发生变化就可能影响整个区域生态环境的结构和功能。例如，某个区域的森林植被遭到破坏，必然会减少当地的水源涵养量，降低对大气污染物的净化能力，破坏鸟类、昆虫、动物的生存空间，导致水土流失、风沙增加、生物量减少、气候恶化等连锁反应，最终导致整个生态环境发生变化。

（二）区域性

生态环境的区域性是指在不同区域内，由于生态环境的构成要素不

---

① 王淑莹、高春娣主编《环境导论》，中国建筑工业出版社，2003，第4页。

同、各要素的多少不同、要素之间相互作用关系以及作用强度等差异导致
生态环境呈现不同的地域性特征。区域性是生态环境的典型特征。我国东
南沿海地区与西北内陆地区生态环境的区域性差异就十分显著。从水、大
气、生化矿物和阳光等构成生态环境的几个主要部分来看，东南沿海水资
源丰富，华南沿海年降水量通常在 1600~2000 毫米，而西北内陆水资源短
缺，年降水量一般仅为 100~200 毫米；东南沿海气温较高，西北内陆气温
较低，广州市年平均气温通常为 22 摄氏度以上，而兰州市 2005 年平均气
温仅为 7.2 摄氏度；东南沿海森林覆盖率高，西北内陆森林覆盖率低，广
东省森林覆盖率为 45.81%，活立木总蓄积量为 21325.15 万立方米，森林
蓄积量为 19726.70 万立方米，而青海省的森林覆盖率仅为 0.43%，活立
木和森林总蓄积量分别为 3728.46 万立方米、3270.36 万立方米；东南沿
海日照时数较低，西北内陆日照时数普遍较高，广州市 2005 年日照时数仅
为 1288.5 小时，银川市则为 2813.4 小时[①]。

（三）动态性

生态环境的动态性是指由于自然力或人类社会的活动导致环境的内部
结构和外在状态始终处于不断变化之中。环境是由生物群落及非生物自然
因素组成的各种生态系统所构成的整体，即使没有任何外力作用，各生物
群落内部个体的规模、状态、结构也在时刻发生变化，如动物都要经历生
老病死的过程，植物随着时间和季节变动而经历萌芽、生长、枯萎等过
程；而非生物的自然因素，如大气、水、岩石、土壤等，受地球自身活动
的影响也处于不断的变化之中，具有动态性。人类社会的活动则进一步增
强了环境的动态性特征。

（四）承载力的有限性

环境承载力又称环境承受力或环境忍耐力，是指在一定时期内，在维
持相对稳定的前提下，环境资源所能容纳的人口规模和经济规模的大小。
生态环境是一个大系统，它既为人类活动提供空间和载体，又为人类活动

---

① 国家统计局编《中国统计年鉴》（2006 年），中国统计出版社，2006。

提供资源并容纳废弃物。对于人类活动来说，环境系统的价值体现在它能对人类社会生存发展活动的需要提供支持。地球的面积和空间是有限的，它的资源也是有限的，由于环境系统的组成物质在数量上有一定的比例关系，在空间上具有一定的分布规律，所以它对人类活动的支持能力有一定的限度。

（五）　自调性

生态环境的自调性是指作为一个有机的系统，当生态环境在自然力和人类社会活动的作用下所发生的变化控制在一定限度时，生态环境可以凭借自身的调节功能使这些变化逐渐消失，从而使生态环境保持原有的结构和状态。如人类生产和生活活动产生的废气、污水等污染物，在不超过一定数量（环境容量）时，生态环境就可以借助自身调节功能，使其净化。自调性是生态环境的一个极为重要的特性，人类要生存发展，不可避免地要对周围环境产生影响，这一特征强调人类活动对生态环境的影响必须控制在一定限度内，否则就将改变生态环境原有的结构和状态，使其发生质变。

（六）　资源性和价值的不易计量性

生态环境为人类提供了生存所必需的空间和物质及能量，相对于人类的生产过程而言，生态环境就是具有使用价值的资源，如水、阳光、土地、生物等构成生态环境的基本要素就是人类生产和生活不可缺少的资源，这一点毋庸置疑。按照西方经济理论，物品的效用和稀缺性是物品具有价值的决定性因素，并以此将所有物品分为两类：自由取用物品和经济物品。自由取用物品数量丰富，任何使用者都可以无偿使用；经济物品则具有稀缺性，使用者必须付出一定代价才能使用。生态环境作为资源，随着人类需求数量的增加和破坏程度的加深，很多可再生资源，如水、森林等，也具有了稀缺性，无须支付代价、可以自由取用的物品越来越少，绝大部分资源——包括洁净的空气——都已具有了稀缺性，成为经济学意义上的经济物品，具有了价值。但生态环境资源的价值却不易准确衡量，这主要是因为它具有无形的、难以量化的生态价值。以树木为例，其价值绝不仅仅是市场供求决定的价格，树木涵养水源、调节气温、净化空气、防风固沙的生态价值是无形的，却是不可忽视的，同样也是不易准确计量的。20 世纪 70 年代初，日本用替代法计算出全国的树木的生态价值为 12 兆 8 亿日元，相当于 1972 年日本全国的经济预算；印度加尔各答一位教授用类似方法计算了一棵生长 50 年的杉树的生态价值为 20 万美元①。

第四节　区域开发与生态环境协调发展理论

一　区域开发与生态环境协调发展的内涵与意义

（一）区域开发与生态环境协调发展的内涵

区域开发与生态环境协调发展理论来源于经济与生态环境协调发展理论。经济与生态环境协调发展，包含两层意思："一是只有保持环境与经济协调，才能保持经济的稳定和持续发展；二是正确处理环境与经济的关系，环境与经济是可以协调发展的。"② 综合可持续发展理论与科学发展观思想，总的来看，区域开发与生态环境的协调发展应包括两方面的含义：一方面，生态环境是区域开发的基础，对区域开发具有巨大的反作用，区域开发的根本目的就是更好地满足区域人类生产与生活需要，因此区域开发必须顺应生态环境的发展规律，开发的规模和强度应以生态环境承载力为限，注重开发质量，才能保持区域经济的稳定和持续发展；另一方面，自然环境是可以被认识和利用的，人类作为生态环境系统中的一员，在系统中起着特殊作用，不仅是系统的构成者，而且是系统的调控者，具有认识、利用、改变、保护自然环境的调控能力，随着科学技术水平的提高，人类对生态环境的调控能力不断增强，即区域开发与生态环境是可以协调发展的。也就是说，区域开发并不意味着一定要破坏环境，同样的，保护环境也并不是不要开发利用资源，而是要合理开发，按经济规律和自然规

---

① 姚建主编《环境经济学》，西南财经大学出版社，2001，第 115 页。
② 姚建主编《环境经济学》，西南财经大学出版社，2001，第 155 页。

律办事，如对生态环境比较脆弱的地区实行恢复性开发和保护性开发。事实上，历史上并不乏区域开发与区域生态环境协调发展的实例，如我国西汉时期，战胜匈奴后，西汉大量向河西走廊移民屯垦，开渠筑坝，并引进先进的农业技术，使得那里的绿洲不断扩大，以后的几个朝代也加强了这一带的水利建设，使得酒泉、敦煌等古城周围变成农业发达的绿洲①。目前，发达国家生态环境保护的实践也证明，区域开发与生态环境并不是单纯对立的关系，只要措施得当，二者是可以协调发展的，发展循环经济的典范——丹麦卡伦堡生态工业园区便是一个典型事例。

（二）区域开发与生态环境协调发展的意义

1. 区域开发与生态环境协调发展的现实意义

过去，由于人类对于自身与生态环境之间的关系认识上的偏差，导致区域开发往往是单纯地扩大资源开发规模，片面追求经济增长速度，其结果是导致了区域人类生态系统内部各个部分、各个环节之间的关系失调，系统功能受损，造成了资源浪费、环境破坏、效益低下的局面。就我国来看，由于多年来对自然资源不计后果的野蛮开发，导致了一系列的生态环境问题：水土流失严重、土地沙化面积扩大、河流断流、水资源严重短缺、湖泊湿地退化、生物多样性锐减、矿产资源枯竭……生态环境恶化，不仅制约了经济的进一步发展，而且严重威胁到人们的健康和生存，与经济增长的最终目的相背离。而区域开发与生态环境的协调发展，不仅重视经济增长速度，而且注重经济增长质量，追求区域开发与生态环境的和谐，反对以牺牲环境为代价的片面经济增长，谋求人与自然的全面、协调和持续发展。只有真正实现了区域开发与生态环境的协调发展，才能遏制生态环境继续恶化，促进经济持续发展，保证人们生活质量和生存质量的稳步提高。因此，区域开发与生态环境协调发展具有重要的现实意义。

2. 区域开发与生态环境协调发展的理论价值

许多人（包括许多政府官员）对于区域开发与生态环境的关系存在误解，认为二者是对立的，区域开发必然会导致生态环境破坏，区域经济增

---

① 吴海鹰主编《中国西部经济与地区可持续发展》，中国经济出版社，2006，第411页。

长必然以牺牲区域生态环境为代价，要保护生态环境，就要放弃区域开发，而要实行区域开发，就必然会破坏生态环境。区域开发与生态环境协调发展理论的提出，从理论上澄清了区域开发与生态环境的关系，即区域开发与生态环境不仅存在对立关系，同时也存在统一关系，生态环境的破坏最终只能导致区域开发无以为继，丧失发展的可持续性。而通过建立区域开发与生态环境协调发展的良性机制，对开发方式、开发项目、开发配套措施等进行选择和有效的监督、控制，区域开发与生态环境协调发展是可以实现的。从这一角度来看，区域开发与生态环境协调发展具有重要的理论价值。

总之，区域开发与生态环境协调发展理论是一种宏观的、指导性的理论，可以据此确定区域开发战略和制定资源开发利用、环境保护治理等方面的具体对策。

二 区域开发与生态环境协调发展的理论渊源和依据

（一）人地关系理论

人地关系理论是当代理论地理学的核心理论之一，这里所说的人地关系，就是指人类与地理环境的关系。作为地理学理论概念的"人地关系"应当是："这里所指的'人'，是指在一定生产方式下从事各种生产活动或社会活动的社会人，他们有意识地同自然界进行物质交换，组成了社会，因此，他们既有自然属性，也有社会属性；所谓'地'，指的是与人类活动有密切关系的地理环境，由岩石图、水圈、大气圈、生物圈组成。在地理环境中，无机的与有机的自然界诸要素有规律地结合，在空间上存在着地域的差异。并且，在人类的活动中不断地被改变着，逐渐地形成了经济、文化、社会化的地理环境。""人地关系，是指生活在不断地向前发展的社会中的人们，为了生存的需要，不断广泛地和深刻地改造、利用地理环境，增强适应地理环境的能力；同时，地理环境也更加深刻地影响着人类活动的地域特征和地域差异。"[①] "从系统论的角度看，人地关系就是由

---

① 李振泉等编《中国经济地理》（第四版），华东师范大学出版社，1999，第12页。

人类与地理环境两子系统耦合而成的系统，即人地关系系统。"①

　　地理学关于人地关系的研究具有悠久的历史。被推崇为地理学祖师的荷马，其所著《奥德赛》（Odyssey）最早论述了边远地区的土地和居民状况；被称为"地理学之父"的埃拉托色尼（Eratosthenes，约公元前 275 年 ~ 公元前 193 年），把地球作为人类的家乡来研究；我国著名史学家司马迁所著《史记·货殖列传》，把全国分为江南、山东、山西和龙门、碣石以北四区，并分别记述了各地区的自然条件和物产特点，对人和自然的关系也有一定的分析。近代地理学区域学派的创立者赫特纳（A. Hetter，1859 ~ 1941 年）主张把自然各要素和人结合起来的区域地理看作地理学的主体，提出了"区域地理模式"。19 世纪后期，法国的维达尔·白兰士发展了古典的人文地理学，认为人类不但受环境的影响，同样也改变和调节自然现象；地理对人类活动提供了若干发展的可能性，究竟采取哪一种，取决于人。

　　人地关系理论高度重视人类活动与地理环境之间的相互关系，认为人类活动与地理环境之间存在着对立统一的、动态的、互为因果的复杂关系。"一方面，地理环境是人类赖以生存和发展的唯一物质基础和空间场所，一定的环境只能容纳一定数量和质量的人以及一定形式与强度的人类活动，地理环境经常地影响着人类，制约着人类社会经济活动的深度、广度和速度；另一方面，人类活动与地理环境之间的关系协调与否取决于人类本身，地理环境是可以被认识、利用、改造和保护的，而且这种认识、利用、改造和保护的能力随着人类科学技术的进步而提高。"②

（二）外部性理论

　　外部性概念是由英国著名经济学家阿尔弗雷德·马歇尔（Marshall Alfred）最先提出的，在其所著的《经济学原理》一书中，首次使用了"外部经济"（External Economies）概念③。他的学生庇古（A. C. Pigou）对外部性问题做了进一步研究，庇古应用边际分析方法，从社会资源最优配置

①　吕拉昌：《地理学人地关系的新探讨》，《云南教育学院学报》1994 年第 2 期。
②　徐建华、段舜山主编《区域开发理论与研究方法》，甘肃科学技术出版社，1995，第 1 页。
③　Marshall A.，*Principles of Economics*，London：Macmillan，1920.

的角度出发，提出了边际社会净产量和边际私人净产量的差异，最终形成了外部性理论。庇古认为，某人 A 在向 B 提供已经给予支付的某种服务的过程中，同时也对其他人提供了服务或者造成了损害，当 A 既未能从受益方获取支付，也未对受损方做出补偿时，即产生了外部性问题。外部性包括两种情况。一是正外部性。他举例对此进行了说明。"资源投入城市中的私人花园时，提供了未获补偿的服务……资源用于植树造林也是如此，因为对于气候所造成的有利影响往往超出造林负责人所作的土地的边界"。"资源投放到防止工厂烟囱排放烟气的事业也是这样"①。即当某人的行为附带地给其他人带来了有利影响但没有得到任何补偿时，就产生了正外部性问题。二是负外部性。庇古指出，当一座工厂破坏了周边居民的宁静、一位所有者对自己位置的利用遮挡了其他房屋的光线或者闹市区大楼的建设挤占了空间和游戏场时，就会对附近居民的健康和效率造成损害，如果这种损害不能获得赔偿，就产生了负外部性问题。即负外部性是指某人的行为给其他人造成了损害但没有给予相应的赔偿。

以企业为例。当企业的行为对他人产生了有利影响但没有获得应有的报酬时，正外部效应的存在使得企业的边际私人收益与边际社会收益产生了偏差，进而使私人产量低于社会最优产量（见图 2－1）。MPC 为边际私人成本曲线，MPR 为边际私人收益曲线（在非垄断的市场条件下，$MPR = P$），MSR 为边际社会收益曲线。企业出于追求利润最大化的目的，根据边际私人成本曲线 MPC 与边际私人收益曲线 MPR 做出生产决策，其私人最优产量为 Q。由于企业生产具有正外部性，边际社会收益曲线 MSR 处于 MPR 的上方，MSR 与 MPC 决定的社会最优产量为 Q'，私人最优产量 Q 低于社会最优产量 Q'。从整个社会来看，企业的产量 Q 是不足的，该产量使得社会收益大于私人成本，因此该种资源配置不是最优。

当企业的行为对他人产生了损害而没有支付相应的赔偿时，负外部效应的存在使得微观经济单位的边际私人成本与边际社会成本产生了偏差，进而使私人产量大于社会最优产量（见图 2－2）。企业的私人最优产量为

---

① 〔英〕庇古：《福利基金学》，金镝译，华夏出版社，2007，第 142～145 页。

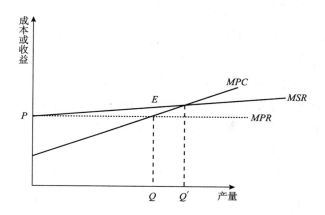

图 2-1　正外部性对资源配置的影响

Q。由于企业生产具有外部不经济性，边际社会成本曲线 MSC 处于 MPC 的上方，MSC 与 MPR 决定的社会最优产量为 Q'，私人最优产量高于社会最优产量。从整个社会来看，企业的产量 Q 是过剩的，该产量使得社会成本大于私人收益，因此该种资源配置不是最优。

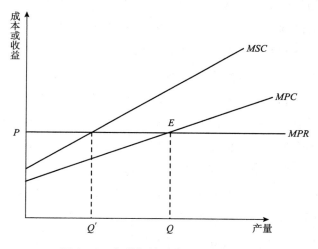

图 2-2　负外部性对资源配置的影响

　　环境污染和生态破坏是典型的负外部性行为，而环境保护和治理则是正外部性行为。由于没有将环境成本正确地计入商品和劳务价格中，因而提供商品和劳务的私人成本低于社会成本。从经济学角度看，正是私人成本与社会成本的偏离，导致日益严重的环境污染与生态破坏。因此，按照庇古的研究思路，"利己主义将不具有实现国民收入最大值的倾向。于是，有理由期望在正常的经济过程中采取某些特殊的干预行动"①。即解决环境污染和生态破坏问题的有效途径是依靠政府力量，通过采取政府补贴或征税以及"行政控制"② 等方式将环境外部成本内部化，消除私人成本与社会成本的差异，进而使私人最优产量与社会最优产量相等，提高资源配置效率。

（三）产权理论

在庇古关于环境的外部性理论研究基础上，有些经济学家从产权角度对环境问题的产生原因和解决方法展开了探讨。如奈特、埃利斯和费尔纳都曾提出将稀缺资源划定为私人所有以克服外部不经济的观点。罗纳德·科斯（Ronald Coase）则从交易成本角度对通过明晰产权方式解决环境问题进行了深入探讨。科斯在其经典论文《社会成本问题》中，明确提出论文将要分析的问题是"涉及对他人产生有害影响的那些工商业企业的行为。一个典型的例子就是，某工厂的烟尘给邻近的财产所有者带来的有害影响"。在这篇论文中，科斯对庇古对外部性问题的研究进行了批判，认为庇古研究外部性问题采用了"错误的分析方法"，从而得出了"错误的政策结论"。科斯认为，研究环境外部性问题不应"将该问题视为甲给乙造成损害"，因而探求如何制止甲，而应考虑总的效果，即"防止妨害的收益是否大于作为停止产生该损害行为的结果而在其他方面遭受的损失"。科斯认为，外部性产生的原因不在于一方或另一方，而在于双方以不一致的方式使用相同稀缺资源的愿望，因此不应该将卷入外部性的当事人视为作恶者和受害人，应从社会成本的角度考虑环境负外部性问题的解决。科斯以钢厂排放烟尘而导致附近一家洗衣店的洗涤成本增加为例，揭示在存在负外部性的条件下，通过二者协商同样可以使资源配置富有效率。他认

① 〔英〕庇古：《福利基金学》，金镝译，华夏出版社，2007，第134页。
② 〔英〕庇古：《福利基金学》，金镝译，华夏出版社，2007，第151页。

为，"政府行政机制本身并非不要成本。实际上，有时它的成本大得惊人……直接的政府管制未必会带来比由市场和企业更好地解决问题的结果"①。因此，如果交易成本为零，则通过政府干预方式缓解环境负外部性问题显然是错误的；如果交易成本大于零，则政府的干预政策可能是错误的。而无论产权如何配置，通过私人协商取得的结果都是有效率的。因此，他主张在明确界定产权的基础上，通过私人协商的方式而非庇古主张的外部成本内部化的方式解决外部性产生的环境问题。

科斯所提出的产权理论给环境负外部性问题的解决提供了一种新的思路。但在实际操作过程中，这种方法的运用必须满足一定的条件："产权被很好地界定、执行，并且可以转让；必须存在一个高效率且充满竞争的系统，使得有利害关系的各方能够坐到一起协商如何使用环境产权；必须存在一系列的市场，使得产权的所有者能够实现环境资产的全部社会价值。"② 由于多数环境产品如空气、河流、森林等是无法明确界定产权和确定社会价值的，而且污染通常涉及的个体较多，巨大的交易成本将极大地降低利用明晰产权方式确定有效排污的可能性，因此这种方法在实际应用中具有极大的局限性。

（四）公共物品理论

保罗·萨缪尔森（Paul A. Samuelson）等则在庇古对环境外部性研究的基础上，从公共物品角度对环境的负外部性做了进一步阐述。在萨缪尔森多次再版的《经济学》书籍中，指出公共品"是指那种不论个人是否愿意购买，都能使整个社会每一成员获益的物品"；公共"劣品"则"是一种向一个群体强加成本的公共品，是一种消费或生产行为的副产品"。他举例说明了公共劣品，如燃烧矿物燃料使得全球气温升高，使用化学产品、能源产品和汽车而导致的空气和水的污染，能源生产厂商排放的硫化物经过漫长的转化过程形成酸雨，氟利昂的累积而导致的臭氧层破坏，等等。他还指出，造成外部效应的人并不想伤害任何人，即环境负外部性

---

① Ronald Coase, "The Problem of Social Cost", *The Journal of Law and Economics*, No. 10, 1960.
② 〔美〕巴里·菲尔德、玛莎·菲尔德：《环境经济学》，原毅军等译，中国财政经济出版社，2006，第 158 页。

"是无意识但都是有害的经济行为"。萨缪尔森通过"成本－收益"方法，指出外部性的存在导致了市场失灵，"没有管制的市场经济会产生一定水平的污染（或其他外部性），在这个水平上，控污的私人边际效益等于私人边际成本。效率要求控污的社会边际收益等于其社会边际成本，在一个没有管制的经济中，会产生太少的控污行为和太多的污染"。在上述分析的基础上，萨缪尔森总结了矫正外部性问题的政策，"最常见的方法就是政府的反污染计划，通过直接控制或财政激励来引导厂商矫正外部性"[①]。萨缪尔森从环境作为公共物品的角度进一步阐释了政府管制对于控制环境污染的必要性，为通过政府干预解决环境问题提供了理论依据。

（五）内生增长理论

自 20 世纪中期以来，环境问题引起人们的广泛关注，特别是可持续发展理论提出后，许多经济学家将环境因素纳入经济增长模型，探求经济增长条件下环境问题的解决路径。由于增长能否可持续是内生增长理论探讨的核心问题，其主要分析工具——汉密尔顿（Hamilton）函数实质上考虑到了当前利益与长远利益的权衡，因此在强调经济可持续发展时，经济学家很自然地将环境因素引入内生增长模型。菲利普·阿吉翁（Philippe Aghion）与彼得·霍依特（Peter Howitt）在 Stokey 利用 AK 模型分析环境污染的基础上，利用熊彼特（Schumpeter）模型对环境污染进行了分析[②]。

Stokey 假设最终产品由一系列已知的技术生产，其差别仅仅在于不同技术的清洁程度 z 不一样。用 $z \in [0, 1]$ 衡量已有技术的不清洁程度，则污染流为：

$$P = Yz^{\gamma} \quad (\gamma > 0)$$

在 AK 模型框架下，总产出函数为：

$$Y = AKz$$

---

① 〔美〕保罗·萨缪尔森、威廉·诺德豪斯：《微观经济学》（第十六版），萧琛等译，华夏出版社，1999，第 267～272 页。

② 〔美〕菲利普·阿吉翁、彼得·霍依特：《内生增长理论》，陶然等译，北京大学出版社，2004，第 136～154 页。

Aghion 与 Howitt 将 Stokey 模型置于 Schumpeter 理论框架下进行了研究。在 Schumpeter 理论框架下，对于 Stokey 模型，修正生产函数为：

$$Y = K^{\alpha} \ (BL)^{1-\alpha} z$$

其中，Y 为产出，K 为资本，B 表示平均质量，L 为劳动力。

假设经济中的创新频率与研发投入量成比例关系 ηn，其中 η 为正的研究技术参数，表示对单个研究人员而言创新发生的泊松抵达率；σ 表示创新流推进经济的技术前沿的速率。则支配智力资本运动法则的方程为基本创新方程：

$$\dot{B} = \sigma \eta n B$$

需要最大化的汉密尔顿函数为：

$$H = u \ (c, \ E) \ + \lambda \ \left[K^{\alpha} \ \left(B \ (1-n)^{1-\alpha} z - c \right) \right] \ + \mu \eta \sigma B n - \zeta \ \left\{ K^{\alpha} \ \left[B \ (1-n)^{1-\alpha} z^{\gamma+1} + \theta E \right] \right\}$$

三个控制变量 c、z 和 n 的一阶条件为：

$$\frac{\partial \ u \ (c, \ E)}{\partial \ c} = \lambda$$

$$\lambda = \ (\gamma + 1) \ z^{\gamma} \xi$$

$$\eta \sigma B \mu = \ (1 - \alpha) \ \frac{\gamma}{1 + \gamma} \cdot \frac{\lambda Y}{1 - n}$$

第一个欧拉方程为：

$$\frac{\dot{\lambda}}{\lambda} = \rho - \alpha \frac{Y}{K} \left[1 - \frac{\xi}{\lambda} z \gamma \right]$$

假设效用函数为可加等弹性函数，用一阶条件，该欧拉方程可写为：

$$\frac{\dot{c}}{c} = \ (1/\varepsilon) \left[\alpha \frac{\gamma}{1 + \gamma} \cdot \frac{Y}{K} - \rho \right]$$

需要注意的是，在该模型中，$\dfrac{Y}{K} = \ (BL/K)^{1-\alpha} z$，只要智力资本 B 的增长速度快于有形资本 K，且足以抵消 z 的下降，那么 $(BL/K)^{1-\alpha} z$ 可以永远不变，经济增长就可以持续。

在传统的分析框架下，随着产出的增加，最优的污染强度降低，而降低污染强度提高清洁技术的成本意味着社会边际产出减少。如果增长是无限制的，最终边际产出将低于时间偏好率，从而使增长停滞。而 Schumpeter 模型将资本区分为智力资本和有形资本，智力资本是由清洁技术生产的，污染并不能使其边际社会产出减少，只要智力资本的积累速度快于有形资本积累，边际产出下降的趋势就可以由智力资本的积累所抵消。从而从理论上证明了知识和技术创新是避免环境灾难、实现经济可持续增长的现实路径。

综上所述，西方经济学家普遍认为外部性是环境问题产生的主要经济原因，而解决环境外部性问题的方法则主要有三种：一是庇古主张的通过征税或补贴的方式使环境外部成本内部化；二是萨缪尔森主张的通过政府的直接管制矫正环境市场失灵；三是科斯主张的通过明晰环境产权的方式由私人协商获得有效率的解决环境问题的方法。对于很多环境资源来说，首先，明确界定其产权和准确核定其价值非常困难；其次，私人协商通常需要以完全信息为前提，而完全信息则是市场失灵的一个重要表现；最后，私人协商成本——特别是涉及很多人时——通常也较高。因此，"如今人们形成一种共识：虽然明确分配产权会解决有些外在性问题，但大多数的外在性，特别是有关环境的外在性问题，还需要更多积极的政府干预"①。由于在一定时期技术进步具有局限性，而且正如新制度经济学所指出的，在技术水平既定的条件下，不同的制度安排会导致不同的经济效益。同样，在技术水平既定时，不同的制度安排也会导致不同的环境效果。因此，通过完善相关制度使技术发挥最大的环境保护效果具有重要意义。

总之，区域开发作为区域经济发展的主要实现途径，必然受到经济发展客观规律的制约。外部性理论和公共物品理论为通过加强政府干预方式解决环境问题提供了理论依据；内生增长理论则从理论上证明了通过知识和技术创新方式实现经济与环境协调、可持续发展的可能，从而为解决区域开发与环境协调发展问题提供了理论支撑和现实路径。而早期的人地关系理论、可持续发展理论和党中央提出的建立在可持续发展基础之上的科学发展观战略思想与和谐社会理论，则从理论上明确了区域开发与环境协调发展的方向，从而丰富了区域开发与环境协调发展的理论内涵，使区域开发与环境协调发展的重要意义进一步凸显。

---

① 〔美〕斯蒂格利茨：《经济学》，梁小民译，中国人民大学出版社，1997，第497页。

三　区域开发与生态环境的辩证关系

在人类对于自身与周围环境关系认识的发展过程中，"人类中心论"曾占据重要地位。这种观点认为人类是自然界进化的最终目的，自然界是供人类随意利用，并按人的主观需要安排的东西。如德国社会学家威廉·狄尔泰就认为"自然是不会说话的哑巴，不管怎样对待它，它都无能为力"。经过多年的实践，人们终于认识到，人类经济活动固然会对生态环境产生巨大影响，生态环境同样会对人类的经济活动产生巨大的限制作用。

（一）区域开发对生态环境的影响

区域开发作为人类经济活动的拓展，其指向性非常明确，就是改造区域原有的生态环境系统使其更符合人类需要，因此区域开发可以说是人类经济活动中对生态环境作用最强、影响最大的一种行为。从影响效果来看，区域开发对生态环境的影响有有利影响和不利影响之分。纵观人类开发历史，由于早期人类将自然环境与人类社会形而上学地割裂开来，没有意识到人类与生态环境之间协同发展的客观规律，一味地对自然环境进行掠夺式开发，从而导致人类区域开发活动对生态环境的不利影响极为显著。

自从定居农业出现以来，人类为了获得食物、创建住所以及从事工业和商业，一直在对自然生态系统进行开发，农田、牧场、居民用地、工业用地、商业用地，以及公路、机场等基础设施占据的面积都代表着人类对于自然资源的开发和生态环境的改变。有资料显示，农业作为历史上人类开发自然资源改变生态环境的主要原因，总共取代了温带和热带森林的1/3，以及天然草地的1/4，人类已将世界上大约29%的陆地面积开发成农业、城市或高楼林立的地区[①]。

就森林资源来看，据世界粮棉组织1995年估计，全球森林面积约为3450万平方公里，占世界土地面积的27%[②]。自农业时代以来，人类的开

---

① 联合国开发计划署等编《世界资源报告2000～2001：人与生态系统——正在破碎的生命之网》，中国环境出版社，2002，第24页。

② 联合国开发计划署等编《世界资源报告2000～2001：人与生态系统——正在破碎的生命之网》，中国环境出版社，2002，第90页。

发活动导致全球森林覆盖率已经减少了至少 20%，甚至有可能达到 50%。自 1980 年以来，工业国家的森林面积略有增长，但发展中国家的森林面积却减少了约 10%。热带森林的砍伐面积可能每年超过 13 万平方公里。全球不足 40% 的森林相对未受到人类活动的干扰。除加拿大和俄罗斯之外，工业国家内的大部分森林处于"半天然"状态或转变为人工林[①]。

森林除了可以减缓水土流失、过滤污染物、涵养水源、调节水量之外，还蕴藏了世界上大部分的生物多样性。生物多样性对于提高整个生态系统的生产力（如促进植物生长或养分保留）、帮助生态系统从环境灾害（如大风、风暴）中恢复过来以及适应长期的环境变化具有重要意义（Gowdy，1997）。尽管世界绝大多数的物种尚未被查明，科学家们仍认为这些物种至少一半，甚至 2/3 以上可能存在于森林生态系统，特别是热带和亚热带森林中（Reid and Miller，1989）。由于森林资源减少和人类活动的干扰，世界范围的物种灭绝速率在近几个时代急剧上升，对现存物种总数和现在灭绝速率的估计虽然多种多样，但最保守估计也认为目前的物种损失比历史平均水平高出 3~4 倍，一些科学家估计，按照目前的灭绝速率，世界上只有现存物种的一半能持续到 21 世纪末[②]。

工业革命后，人类大规模的工业产业开发导致目前空气污染极为严重，空气中有害物质含量显著高于工业革命前。不仅如此，人类每天消耗大量煤炭、石油等燃料，向大气排放大量的二氧化碳，这些温室气体导致全球气候变暖。据资料统计，1755 年，源自矿物燃料和水泥生产的世界二氧化碳排放量仅为 11×10^6 吨，当年累积排放量为 55×10^6 吨；至 1995 年，源自矿物燃料和水泥生产的世界二氧化碳排放量增长为 23838×10^6 吨，当年累积排放量达到 931781×10^6 吨[③]。240 年间世界二氧化碳年排放量增长了 2166 倍。根据联合国近日公布的气候变化评估报告，过去 100 年（1906~2005 年），全球平均地表气温升高 0.74℃。到 21 世纪末，全球平均气温预计将上升 1.9~

---

① 联合国开发计划署等编《世界资源报告 2000~2001：人与生态系统——正在破碎的生命之网》，中国环境出版社，2002，第 88 页。

② 〔美〕皮特·纽曼主编《新帕尔格雷夫法经济学大辞典》，许明月译，法律出版社，2002，第 58 页。

③ 美国世界资源研究所等编《世界资源报告：1998~1999》，中国环境出版社，1999，第 353 页。

4.6℃。这一趋势如果持续千年，会最终导致格林兰冰盖的完全消融，海平面因此将升高约 7 米。气候变暖将给人类和许多动植物带来诸多不利影响：农作物病虫害增加；由于降水减少、蒸发量加大，缺水干旱的状况将加剧；高温、热浪、台风、强降水等极端气候事件发生频率及强度将增加。

自然灾害作为生态环境恶化的主要外在表现，从历史数据来看，呈加剧趋势。以我国为例，据有关资料记载，在以土地为主要开发对象、以农业为主要开发项目的封建社会，随着人类粗放式的毁林、毁草开荒种植范围的不断扩大，各种自然灾害（主要包括水、旱、虫、雹、霜、疫、风等）发生的频率不断加快，受灾程度越来越深，受灾区域也呈扩大趋势。我国春秋时期至清朝不同时期年均自然灾害发生次数见表 2-2。可见，在这一时期，除五代时期的 53 年外，有统计年份的年均自然灾害发生次数均是上升的，这固然有自然界自身活动规律的影响，但人类开发活动对生态环境的累积影响可见一斑。

表 2-2 我国封建社会自然灾害发生情况

年 代	统计年份（年）	灾害发生次数合计（次）	年均灾害发生次数（次/年）	灾年占统计年百分比
春秋时期（公元前 722 年~公元前 480 年）	242	47	0.19	19.4
秦至初汉	—	—	—	17.8
汉文帝至汉武帝	—	—	—	37.8
后汉光武帝至安帝	—	—	—	67.0
隋（581~618 年）	37	22	0.59	—
唐（618~907 年）	289	493	1.71	—
五代（907~960 年）	53	51	0.96	—
宋	487	874	1.79	—
元	163	513	3.15	—
明	276	1011	3.66	—
清	296	1121	3.79	—

资料来源：根据唐启宇编著的《中国农史稿》（农业出版社，1985）相关资料整理。

区域开发对生态环境的有利影响可以粗略地概括为直接有利影响和间接有利影响两个方面。区域开发对生态环境的直接有利影响是指人类的开发活动直接产生了改善区域生态环境的结果。人类通过兴修水利工程的方式对流域进行开发产生的积极影响比较显著。如东汉时期，为保证农业开发的顺利进行，汉明帝派遣王景"修渠"（汴渠），"筑堤自荥阳（河南荥阳）东至千乘（山东利津）海口千余里"，在王景"裁弯取直、防御溜冲、多立水门、分疏水势的计划措施下"，"历经魏、晋、南北朝、隋、唐，八百多年没有大患"①。在辽宁省"95·7"特大洪水中，水库和河堤等水利基础设施在保障生态安全方面也发挥了重要作用。1995 年 7 月末 8 月初，辽宁省辽河、浑河、太子河同时发生特大洪水，位于这三条河中上游的清河水库、柴河水库、大伙房水库和观音阁水库，充分发挥削峰、错峰和一定的拦蓄作用，使洪涝灾害的损失降到最低程度。据资料统计，辽河东侧的清河水库和柴河水库入库最大洪峰流量分别达 5330 立方米/秒和 2870 立方米/秒，洪水分别为 100 年和 50 年一遇的标准。经过这两座大型水库后，洪峰流量分别被削减 58% 和 73%，使辽河干流最大洪峰流量控制在 4950 立方米/秒，低于辽河河道 5000 立方米/秒的最大泄洪能力，辽河大堤安然无恙。浑河发生自 1888 年以来的最大洪水，大伙房水库最大入库洪峰流量达 10700 立方米/秒，超过百年一遇；7 天入库洪水总量 15.4 亿立方米/秒，相当于千年一遇的标准。经科学论证，将大伙房水库最大下泄流量定为 5520 立方米/秒，削减洪峰流量 48.4%，保证了抚顺、沈阳两大城市的安全。太子河上尚未竣工的观音阁水库最大入库洪峰流量 3060 立方米/秒，洪量 5.2 亿立方米，水库将洪水全部拦在库中，使得太子河中下游平安无事。初步匡算，在辽宁省"95·7"特大洪水中，4 座大型水库和辽河大堤等水利工程减少洪涝损失近 200 亿元②。

区域开发对生态环境的间接有利影响则是指通过开发实现区域经济增长，可以增强解决区域生态环境问题的能力。实践证明，经济实力越强，人们的环境保护意识越强，可以用于环境保护和治理的投资越多。我国和世界其他国家的环保投入数据均说明了这一点。从纵向来看，以我国为例，随着我国经济实力的增强，国家用于环境污染治理投资的绝对数量逐年增多，且增幅较大。我国环境污染治理投资情况见表 2 - 3。1986 年，我

① 唐启宇：《中国农史稿》，农业出版社，1985，第 285 ~ 286 页。
② 孙玉华等：《"95·7"辽河流域特大暴雨洪水分析》，《水文》1998 年第 5 期。

国环境污染治理投资总额仅为 73.9 亿元，占 GNP 的 0.76%；2005 年，增长到 2388.0 亿元，占 GDP 的 1.30%。从横向来看，发达国家的环保意识和用于防治环境污染的环保费用普遍高于发展中国家，发达国家主要城市的空气质量也普遍好于发展中国家。就环保意识来看，以森林面积为例，粮食及农业组织（FAO）发布的《全球森林资源评估》中的数据表明，1990~2005 年，世界年均森林面积减少量为 8348.4 万平方公里。其中，低收入国家年均森林面积减少量为 4834.3 万平方公里，下中等、上中等和高收入国家该指标分别为 3397.0 万平方公里、830.8 万平方公里和 -713.7 万平方公里（见表 2-4）。从总体来看，收入水平越低的国家，环保意识越差，毁林现象越严重，森林面积减少量越大；而高收入国家同期的森林面积不仅没有减少，反而以年均 713.7 万平方公里的面积在增加。就环保投资来看，世界主要国家或地区用于防治环境污染的环保费用占 GNP 的比重见表 2-5。1970~1980 年，发达国家和发展中国家用于防治环境污染的环保费用占 GNP 的比重分别为 1%~2% 和 0.5%~1%。可见，从相对数来看，发达国家用于防治环境污染的环保费用明显高于发展中国家；如果从绝对数来看，其数值差距则更大。就城市空气质量来看，世界银行发布的《2005 年世界发展指标》中统计的世界主要城市空气质量指标显示，发达国家的城市空气指标普遍好于人口、气候条件大致相同的发展中国家。

表 2-3　我国环境污染治理投资情况

单位：亿元，%

年　　份	环境污染治理投资总额	占 GNP（2001 年后为 GDP）比重
1986	73.9	0.76
1990	109.1	0.62
1994	307.2	0.68
1998	721.8	0.91
2000	1014.9	1.02
2001	1106.6	1.01
2002	1367.2	1.14
2003	1627.7	1.20
2004	1909.8	1.19
2005	2388.0	1.30

资料来源：1986~1998 年数据来自姚建主编《环境经济学》，西南财经大学出版社，2001，第 312 页；2000~2005 年数据根据《中国统计年鉴》相关年份数据计算求得。

表 2 - 4 1990～2005 年世界年均森林面积减少量分布

单位：万平方公里

国　别	年均森林面积减少量
世界平均	8348.4
低收入国家	4834.3
中等收入国家	4227.8
下中等收入国家	3397.0
上中等收入国家	830.8
高收入国家	－ 713.7

资料来源：世界银行编《2006 年世界发展指标》，中国财政经济出版社，2006，第 144 页。

表 2 - 5 世界主要国家或地区用于防治环境污染的环保费用占 GNP 的比重

单位:%

国别/地区	时　间	占 GNP 比重
全世界	1970～1980 年	0.5～2
其中：发达国家	1970～1980 年	1～2
发展中国家	1970～1980 年	0.5～1
前苏联	1980 年	0.8
东　欧	1980 年	0.67
非　洲	1980 年	0.2
大洋洲	1980 年	0.7
美　国	20 世纪 70 年代	2
日　本	1972 年	1.8
	1975 年	2.9
	20 世纪 80 年代	3.3
英　国	20 世纪 70 年代	2.4
加拿大	1974～1980 年	2
瑞　典	1974 年	1

资料来源：姚建主编《环境经济学》，西南财经大学出版社，2001，第 308 页。

（二）生态环境是区域开发的基础条件

任何区域经济活动都是以区域的自然环境为基础进行的。在进行区域开发、制定开发规划时，区域自然环境是首先应考虑的因素。生态环境是区域开发的基础主要表现在以下方面。

首先，生态环境的资源特性是区域开发得以进行的基础。生态环境是由各种自然要素构成的自然系统，具有环境与资源的双重属性，是人类生存不可替代的物质，是经济活动难以缺少的投入要素，它提供了能源和原材料等人类开发活动所必需的物质。人类无论从事何种开发活动，所需的原料和燃料最终都来自自然环境。正如马克思曾指出的，"经济的再生产过程……是同一个自然的再生产过程交织在一起的"①。状态良好的生态环境可以有效地满足人类开发的资源需求，而遭到严重污染和破坏的生态环境提供资源的能力不可避免地将被削弱，从而限制区域开发的广度和深度。

其次，生态环境构成区域开发的必要条件。任何区域开发归根结底都是以人为核心展开的，人类进行区域开发的最终目的就是更好地满足人类的生存和发展需要，区域生态环境保证了人类的基本生存需要，一定的环境只能容纳一定数量的人以及一定形式与强度的人类活动，从而构成区域开发的必要条件，制约着人类社会经济活动的深度、广度和速度。对于一个自然环境无法满足人类基本生存需要的区域，开发根本无从谈起。如广袤的沙漠区域（沙漠绿洲除外），由于缺少水这一维持人类生存的基本物质，自然就无法对其进行开发。对于已开发区域，如果开发活动严重破坏了区域生态环境，也将导致区域开发无法继续进行。历史上这样的例子有很多，中国的古楼兰王国就是一个典型的实例。楼兰，古又称鄯善，处于我国新疆维吾尔自治区塔里木河下游，《汉书·西域传》称其"地沙卤，少阳，寄田仰谷于旁国。国出玉，多葭苇、柽柳、胡桐、白草。民随畜牧逐水草"②。楼兰是古丝绸之路南北分支交会处的一个重要国家，曾经鼎盛一时，但在公元6世纪忽然消失。以往人们将楼兰古国的消失归之于丝绸之路的衰落、海路商运日趋发达的结果。中国社会科学院和中国科学院对楼兰古国旧址进行的科学考察工作揭示，楼兰文明消失与当地生态环境恶化有关。由于长期以来滥伐树木，过度放牧，加之塔里木河上游河水的无

① 《马克思恩格斯全集》（第2卷），人民出版社，1972，第339页。
② 王家枢：《水资源与国家安全》，地震出版社，2002，第9页。

节制使用，使当地生态环境日益恶化，结果导致当年水草丰美的国家最终被沙漠吞没。此外，由于现代经济活动越来越依赖于知识创造与高素质的人力资源，为了稳定以及支持其创造性劳动，必须为其提供良好的居住与生活空间，而这种良好的居住与生活空间必须建立在良好的环境质量的基础之上。因此，从某种意义上说，优美的生态环境已成为现代经济活动重要的生产要素之一（李小建，1999）。

再次，某些开发活动需要一定的环境条件做保证。在人类发展早期，由于区域开发主要是针对土地、矿产等自然资源的开发，因此自然环境对区域开发的限制作用极为明显。随着科学技术的进步、交通运输的快速发展、替代产品的大量出现以及产业结构的升级，虽然自然资源对区域开发的限制作用越来越弱，但某些区域开发活动依然需要一定的环境条件做保证。例如农业开发，对光照、降水、温度、土壤等区域自然环境的依赖程度较高，某些农产品只能在特定区域的自然环境下生长才能具有特定的品质，自然环境对区域农业开发项目的选择具有较大的限制作用，如对东北地区进行农业开发，就必须选择适应东北地区气候、土壤等特点的大豆、玉米、水稻等种类的农产品，而不能选择香蕉、芒果等亚热带、热带水果。再如区域旅游开发，除少数针对历史价值和民俗的旅游开发外，通常要求当地具有典型的、独具特色的自然环境，如长白山天池、黑龙江五大连池、海南热带环境等。

最后，生态环境对区域开发的基础作用还表现在各种人为原因造成的灾害损失对区域开发效果的影响方面。人类无论进行何种区域开发活动，总会对区域生态环境产生一定程度的影响，将一定数量的废物排入周围环境。环境容纳污染物质的能力是有一定限度的，这个限度称为环境容量。功能良好的生态环境具有良好的自调机能，对于环境容量限度内的污染，可以通过扩散、贮存、同化等作用减少人工处理设施的投资与费用；而遭到污染、破坏的生态环境则不仅将增加环境治理费用，而且会直接影响人类健康并以各种自然灾害的形式将这种污染和破坏表现出来，导致人类生命和财产损失，使区域开发活动难以达到其促进区域经济发展的目的。美国 20 世纪 30 年代发生的著名的"黑风暴事件"就是一个典型事例。在美国西进运动中，由于开拓者将大面积的草场开垦为农田，种植小麦，严重破坏了处于半干旱气候条件下的草原植被，从而为沙尘暴的形成提供了条件。1934 年 5 月 12 日，在美国刮起了东西长 2400 公里、南北宽 400 公里的沙尘暴，从西海岸到东海岸，刮起了约 3 亿吨地表土，几乎横扫美国2/3的领土，使 9 亿亩耕地受到危害，冬小麦严重减产，大片农田、牧场毁于一旦。

总之，区域开发与生态环境之间是对立统一的关系，区域开发必然会对区域生态环境产生影响，生态环境对区域开发活动也具有巨大的反作用，只有保持二者的协调，才能实现区域经济的稳定和持续发展。

第三章
可持续区域开发的动力分析

任何一项经济行为的开展总是参与该活动的行为主体在一定的动力支配下发生的，在区域开发过程中，保证开发与生态环境协调发展同样有相应的动力来推动和加速。研究可持续区域开发的动力，实质上就是分析区域开发各行为主体的生态环境保护动力。一般意义上的行为主体是指某种行为的实施者或承担者。区域开发行为主体（或称区域开发主体）则是指直接或间接参与区域开发过程、从事区域开发活动的组织和个人。

有学者认为，区域开发主体包括政府和企业两大类。其中政府是第一主体，企业是第二主体。"政府之所以为第一主体，是因为政府几乎直接或间接地参与所有区域开发过程，并且以区域发展的整体利益、长期利益作为最终目标；企业之所以是区域开发的主体，是因为企业发展的过程客观上是区域资源开发利用的过程"，但是，由于"企业的开发行为是在接受政府政策的指导和调控下进行的，因而企业只能是区域开发的第二主体"[①]。

本书认为，从层次上看，区域开发行为主体应该包括政府、企业和社会公众三个层次，即除了政府和企业之外，还应该包括社会公众。这是因为，人类社会产生至今，大多数的区域开发活动都是在人类追求更加美好生活的本能驱动下而自发展开的，如工业化之前的开荒、垦殖等农业开发活动，就主要是人们出于拓展生活空间和满足生活需要而以个体劳动者为单位进行的区域开发。历史上著名的美国西部大

---

① 孙久文、叶裕民主编《区域经济学教程》，中国人民大学出版社，2003，第3~4页。

开发中，个人也是直接参与开发活动的重要力量。马萨诸塞州曾以法律的形式规定，任何私人拥有的土地必须在三年内以某种手段加以开发。当前各国所进行的区域开发活动，政府、企业和社会公众依然都是重要的参与者，只是所承担的角色有了一些改变：政府是开发战略和开发规划的制定者，在区域开发过程中起着组织和调控作用；企业是区域开发的直接承担者，在开发过程中起着执行作用；社会公众作为一个整体，则是区域开发活动的监督者，而且，随着社会民主化和法制化进程的加快以及通信技术的快速发展，社会公众监督对保证区域开发的有序进行起着越来越重要的作用。

第一节　政府部门的可持续区域开发动力分析

一　中央政府与地方政府的角色与行为差异

古今中外，政府角色（政府的职能）问题始终是研究热点。"没有一个有效的政府，无论是经济还是社会的可持续发展都是不可能的"①。"政府"有广义和狭义之分，广义政府是泛指国家的立法、行政、司法等各种机关；狭义政府则专指国家行政机关。本书在此是从广义角度使用这一概念的。按政府作用的领域来划分，有对内的政治统治、经济调控和社会事务管理职能，对外的处理国与国之间、政府与政府之间以及国际社会的交往职能②。其中，对内职能是政府职能的主要方面，对外职能是对内职能的延伸。而政府的对内职能又必然要涉及中央政府与地方政府的关系，这不仅是中国政府角色不可回避的一个重要问题，也是世界上其他国家或政府面临的一大难题。中央与地方政府的关系实质上是权限划分的问题，权限划分的形式主要有单一制和联邦制。我国是单一制国家，实行中央集权制，中央和地方的国家机构职权的划分，遵循在中央的统一领导下，充分发挥地方的主动性、积极性的原则。

就生态环境保护来看，按照西方国家常见的划分中央和地方政府事权

---

① The World Bank, *World Development Report 1997*: *The State in a Changing World*, Oxford University Press, New York, 1997, p. iii.

② 彭澎:《政府角色论》，中国社会科学出版社，2002，第 180 页。

的标准，由于生态环境保护的受益范围和成本既可以是全国性的，也可以是地方性的，因此生态环境保护政策的制定者与监控方既可以是中央，也可以是地方，但其管理与责任主体通常是地方政府。

从我国的实际情况来看，中央政府出于对整个国家良性发展的宏观考虑，对生态环境的重视由来已久。早在 1978 年，我国就将"保护环境和自然资源、防治污染和其他公害"写入了宪法，1983 年提出将保护环境作为我国的一项基本国策。自 1949 年新中国成立以来，全国人民代表大会及其常务委员会制定了环境保护法律 9 部、自然资源保护法律 15 部，1989年 12 月第七届全国人民代表大会常务委员会第十一次会议通过了《中华人民共和国环境保护法》。近年来，随着可持续发展观念深入人心以及生态环境持续恶化，中央政府进一步加强了环境污染防治、生态环境保护与建设以及环境法制建设。1996 年以来，国家制定或修订了包括水污染防治、海洋环境保护、大气污染防治、环境噪声污染防治、固体废物污染环境防治、环境影响评价、放射性污染防治等环境保护法律，以及水、清洁生产、可再生能源、农业、草原和畜牧等与环境保护关系密切的法律；国务院制定或修订了《建设项目环境保护管理条例》《水污染防治法实施细则》《危险化学品安全管理条例》《排污费征收使用管理条例》《危险废物经营许可证管理办法》《野生植物保护条例》《农业转基因生物安全管理条例》等 50 余项行政法规，发布了《关于落实科学发展观加强环境保护的决定》《关于加快发展循环经济的若干意见》《关于做好建设资源节约型社会近期工作的通知》等法规性文件[①]。在重点行业、重点领域、产业园区和有关省市开展循环经济试点，在北京、上海等 24 个城市开展了再生资源回收体系建设试点，在海南、吉林、黑龙江等 9 省份开展生态省建设。提出构建"社会主义和谐社会"目标，在党的十六届五中全会上，首次把建设资源节约型和环境友好型社会确定为国民经济与社会发展中长期规划的一项战略任务；并在"十一五"规划中提出"根据资源环境承载能力、现有开发密度和发展潜力，统筹考虑未来我国人口分布、经济布局、国土利

---

① 中华人民共和国国务院新闻办公室编《中国的环境保护（1996－2005）》白皮书，2006，第 6 页。

用和城镇化格局，将国土空间划分为优化开发、重点开发、限制开发和禁止开发四类主体功能区"，要求"各地区要切实承担对所辖地区环境质量的责任，实行严格的环保绩效考核、环境执法责任制和责任追究制"，"各级政府要将环保投入作为本级财政支出的重点并逐年增加"。明确提出了环境保护目标：到 2010 年，在保持国民经济平稳较快增长的同时，要使重点区域和城市环境得到改善，生态恶化趋势得到基本遏制，国内生产总值能源消耗降低 20% 左右，单位工业增加值用水量降低 30%，工业固体废物综合利用率提高到 60%，城市生活垃圾无害化处理率不低于 60%，城市污水处理率不低于 70%，主要污染物化学需氧量和二氧化硫排放量下降 10%[①]。上述事实表明，我国中央政府保护生态环境的态度是明确的。

从我国地方政府来看，虽然各地方政府也制定并颁布了一系列有关生态环境保护的地方性法规，如吉林省在 20 世纪 80 年代就制定并颁布了《吉林省"七五"环境保护计划纲要》《松花江水系环境质量标准》《吉林省节约能源实施细则》等。截至 2005 年底，北京、上海、山东、河南等省份共制定了 30 余项环境保护地方标准[②]。但从总体来看，各级地方政府对中央环境保护政策的执行力度并不理想，有令不行、有禁不止，甚至地方政府充当破坏生态环境行为保护伞的现象屡见不鲜。例如 2006 年 9 月发生的湖南省岳阳县饮用水砷超标事件，事件涉及的临湘市的浩源化工公司和桃林铅锌矿化工厂都没有经过环评审批，没有任何治污设施，投产后，两家企业每月排放近 5 吨超标 4000 多倍的含砷废水，然而，临湘市委、市政府 2005 年还下文对两家企业"挂牌重点保护"。再如造成上百人"血铅超标"的甘肃徽县有色金属冶炼公司，使用国家明令禁止的淘汰落后工艺，长期超标排放含铅废气，群众多次上访，当地政府和企业始终没有认真解决，这家企业还在当地有关部门的支持下，通过了 ISO14000 环境体系认证……诸如此类的例子不胜枚举。

环保工作遭遇地方保护主义阻力已成为全国的共性问题。因为缺少地方政府的支持，不少基层环保部门工作陷入困境。据统计，到 2005 年底，

---

① 《中华人民共和国国民经济和社会发展第十一个五年规划纲要》。
② 中华人民共和国国务院新闻办公室编《中国的环境保护（1996－2005）》白皮书，2006，第 6 页。

我国仍有 300 多个县没有执法机构，2004 年仅 12 个省的环境执法受阻就达 4000 多起，发生暴力冲击执法 120 多起，全国查处的 2.7 万家环境违法企业中，有 3000 家 2003 年就被查处过，但因申请政府限期治理或罚款了事，执法难以到位①。

综上所述，我国目前要推进可持续区域开发，实现区域开发与生态环境的协调发展，就政府部门来看，主要在于地方政府部门的行为，如何保证中央宏观调控的有效性，激发地方政府部门的环境保护动力事关重大。

二 地方政府的可持续区域开发动力分析

关于中央政府与地方政府的行为差异，许多学者从不同角度做出了各种解释。例如，孙立平从组织结构角度，在 Vivienne Shue 提出的 "蜂窝状组织"（Honeycomb – Structure）② 概念的基础上，以政策运作中上有政策、下有对策的 "变通" 方式的普遍运用作为切入点，探讨了这一结构模式在赋予地方丰富的灵活性和自主性的同时，给中央意志的贯彻设置的种种障碍③；张维迎（1996）、张静（2000）、戴长征（2004）、李军杰（2005）等人则从委托 – 代理理论角度，分析了地方政府与中央政府的利益博弈导致的地方政府与中央政府意志相悖的行为特征。但上述文献中具体研究地方政府环境行为的文献较少。本书借鉴公共选择理论，沿用经典经济学中的 "经济人" 假设，认为地方政府是由具有个人动机和个人利益的理性 "经济人" 个体所构成的组织，在地方政府官员追求自身效用最大化的同时导致了地方政府部门的环境行为特征。因此以理性 "经济人" 作为基本假设分析地方政府官员的效用函数，进而对地方政府的环境保护动力进行分析。

理性 "经济人" 假设是现代西方经济学的研究基础之一，在分析人类各种行为决策时具有重要意义。亚当·斯密从英国工业革命时代背景下的经济活动中抽象出以 "自利" 为行为动机的 "经济人" 假设，认为 "经

---

① 唐虹、王恒涛：《环保重心应作战略调整》，《瞭望》2006 年第 42 期。
② Shue V., *The Reach of the State：Sketches of the Chinese Body Public*, Stanford：Stanford University Press，1988.
③ 孙立平：《向市场经济过渡过程中国家自主性问题》，《战略与管理》1996 年第 4 期。

济人"具有自利性，追求自身利益是人们经济行为的根本动机；每个人参与经济活动的目的在于寻求个人利益最大化；在良好的市场秩序下，个人追求自身利益最大化的自由行动会在"一只看不见的手"引导下无意而有效地增进社会公共利益。自亚当·斯密之后，许多经济学家对这一假设进行了改进和修正。新制度经济学理论认为理性"经济人"追求个人利益最大化，不等于只是追求个人物质利益最大化，权力、声誉、安全、健康等非物质财富效用都要纳入个人效用函数，从而扩展了理性"经济人"的应用领域。公共选择理论的代表人物詹姆斯·布坎南（James M. Buchanan）进一步将"经济人"假设引入政府行为研究。美国著名经济学家加里·贝克尔（Gary S. Becker）曾指出，人类的一切活动都蕴涵着效用最大化动机，各种人的各种活动目的只有一个，那就是追求效用最大化①。

政府是一个由多个因素构成的有自身的结构功能和特殊行为的系统，像任何其他系统一样，政府系统是一个处于一定相互联系中并与环境发生关系的各组成部分（要素）的总体（集合）②。在政府系统内部存在着一系列变动着的，并且相互联系着的组成部分或构成要素，包括政府的施政目标、政府的组织结构、政府的功能结构、政府的行为主体、政府的技术与装备和政府的政策产出等。按照公共选择理论，政府只是一个抽象的概念。政府的行为主体是政府系统中人的因素，是指在政府系统中供职的公职人员。"政府机构的组成人员和其他社会机构的组成人员一样，都是由具有个人动机和个人利益的个人所组成，由这些个人组成的政府自然要把个人利益带进政府和政府决策中"③。而这些政府官员个体组成了政府，他们既是政府政策的制定者，也是政府政策的执行者，代表全社会行使国家赋予的权力，从某种意义上说，政府官员，特别是各级政府领导者的行为就代表着政府行为。而政府官员的角色具有多样性：一方面，他们的行为具有代表国家行使权力的"公共性"；另一方面，他们具有个人利益最大化的经济理性，因此，其行为又具有"私人性"。这种私人化的经济理性

①　汪波：《政治学基本人性假设的再探讨》，《浙江社会科学》2007 年第 6 期．

②　Fremont E. Kast, Jamese E. Rosenzwerg, *Organization and Management*, New York：Megraw - Hill Book Company, 1979, pp. 17 - 20.

③　方福前：《公共选择理论——政治的经济学》，中国人民大学出版社，2000，第 197 页。

决定了在一定条件下，政府官员会从为自己带来最大满足出发选择自己的行为。

我国地方政府官员效用的提升可大致来自事业的成功 - 职位升迁、收益的扩大 - 逐利和社会公众的拥戴 - 名誉①，此外，地方政府官员作为理性个体，其效用还应包括自身的责任安全。这里所指的安全不是指每个人所追求的健康安全，而是指政府官员居于特定职位、履行职务责任、不被法律惩处的安全，正是对这种安全的追求使制度具有了权威性。因此，地方政府官员的效用函数可以表示为：

$$U = f (A, P, H, L)$$

其中，A 为政府官员政绩；P 为经济收益；H 为名誉；L 为职务责任安全。

在区域开发过程中，地方政府官员效用来源的多样性决定了影响其环境保护动力因素的复杂性，各项因素的综合作用决定了地方政府的环境行为特征。在现有体制下，我国地方政府官员的升迁主要由上级政府决定，依据主要是政府官员政绩考核指标；其经济利益的取得与地方财政收入的多寡密切相关，而地方财政收入又受财政分配体制的制约；能否得到社会公众的拥戴主要依赖于其行为结果是否满足了当地多数社会公众的偏好；就环境保护而言，其职务责任安全主要是指地方政府官员需承担的环境责任，地方政府官员环境责任与相关制度的规定和执行密切相关。

（一） 政绩考核指标的导向

对于地方政府官员来说，职位升迁是大多数为官者追求的主要目标。在现有体制下，地方政府官员的升迁由上级政府决定，因此上级政府的意志对地方政府官员具有较大影响。但由于存在信息不对称（特别是中央政府和地方政府之间），地方政府官员的政绩主要是由政绩考核结果来反映的，因此其职位的升迁也成为政绩考核指标的函数。即

① 董芃、刘晋东：《我国地方政府官员利己行为的经济学思考》，《经济理论研究》2005 年第 9 期。

$$A = f\ (X_1,\ X_2,\ \cdots,\ X_n)\ (X_i\ 为政绩考核指标)$$

因此，政府官员的政绩考核评价指标客观上成为影响地方政府部门环境保护动力的决定性因素之一。传统的考评指标体系对地方政府的政绩考核以考绩为重点，偏重于经济增长速度与经济效益考核，以 GDP 为主要考核指标，有的地方甚至实行"末位淘汰"，环境等其他因素极其弱化，甚至可以忽略不计。因此，地方政府官员政绩可以简化为地方 GDP 的函数，即

$$A = f\ (X_1,\ X_2,\ \cdots,\ X_n)\ = f\ (GDP)$$

GDP 对于地方政府官员的重要性从我国国家统计局统计的 GDP 数据与地方政府统计数据的汇总之间的巨大差距以及各省（自治区、直辖市）制定的区域 GDP 高速发展规划可见一斑。2000～2004 年，全国各省（自治区、直辖市）上报的 GDP 增长速度的汇总数据比国家统计局核算的全国数据分别高出 1.7%、2.0%、2.6%、2.8%、3.9%。其中，2004 年二者的总量差距高达 26582 亿元，相当于我国西部地区 11 省 1 市的 GDP 总量；2005 年差距略有下降，两个数字相差 13694.97 亿元；2006 年上半年，国家统计局的 GDP 增速为 10.9%，而根据全国 31 个省（自治区、直辖市）公布的 GDP 汇总计算的 GDP 增幅为 12%，两者总量差距达 8048 亿元[①]。中央与地方公布的 GDP 统计数据不同，部分是技术原因导致的，但根本原因还是现行的体制造成的。由于 GDP 是干部政绩考核的主要指标，地方政府必然会有操纵统计数据的强烈动机。各省（自治区、直辖市）汇总的 GDP 增速多年来一直高于全国核算数的 2% 左右，而省内各地市的数据又高于省级核算数的 2% 左右，各县级数据又高于市级核算数的 2% 左右[②]。从经济发展规划来看，全国制定的"十一五"GDP 增长目标为 7.5%，而部分地区的 GDP 增长目标大大高于全国的目标。北京、上海和广东为

---

① 刘莘：《地方政府 GDP 注水折射统计体制缺失》，《人民日报》2006 年 8 月 10 日。
② 张建平、顾钱江、李德水：《地方 GDP 汇总增速超全国 3.9 个百分点》，《人民日报》2005 年 3 月 8 日，第 2 版。

9%，河北和辽宁是 11%，天津和内蒙古分别是 12% 和 13%①。国家统计局局长李德水曾指出，"官出数字、数字出官"现象在某些基层是客观存在的②。这种不合理的政绩考核体系导致了 GDP 统计数据"注水"和层层加码。

GDP 虽然是当前最常用的总量经济指标，但并不完美。首先，以往 GDP 核算体系是以市场化的产出来衡量经济发展的。在这样一个体系中，自然资源和环境都是"免费商品"，其耗减和环境质量的下降不会减少 GDP，这就给决策者提供了错误信息，使决策者通过对自然资源的过度消耗来获得经济的高速增长。其次，从收入的形态来看，传统的 GDP 指标表现为一个国家的所有常住单位在一定时期内的生产活动所形成的原始收入之和，事实上，这并不能真正地反映经济增长质量和财富的变化。有学者这样描述 GDP："乡间小路上，两辆汽车静静驶过。一切平安无事，它们对 GDP 的贡献几乎为零。但是，其中一个司机由于疏忽，突然将车开向路的另一侧，连同到达的第三辆汽车，造成了一起恶性交通事故。'好极了！' GDP 说。因为随之而来的是救护车、医生、护士、意外事故服务中心、汽车修理或买新车、法律诉讼、亲属探视伤者、损失赔偿、保险代理、新闻报道、整理行道树等，所有这些都被看作正式的职业行为，都是有偿服务。即使任何参与方都没有因此而提高生活水平，甚至有些人还蒙受了巨大损失，但我们的'财富'——所谓的 GDP 却依然在增加。"③按照这种算法，治理污染的经济活动所产生的收益也要计入 GDP，污染也成为 GDP 的一个增长点，这就会产生所谓的"破窗效应"。

在传统的考核评价指标体系下，尽管区域环境是招商引资的基础之一，政府为改善区域形象，存在保护环境的间接动力，但是动力相对弱化。不合理的考评指标体系导致了地方政府官员片面追求经济增长率的错误的政绩观，不会考虑经济行为的环境代价，从而导致地方政府的环境保

① 祁鑫：《地方政府的 GDP 情结：中国经济发展的巨大隐患》，新浪财经，2006 年 4 月 30 日，http://finance.sina.com.cn。

② 张建平、顾钱江、李德水：《地方 GDP 汇总增速超全国 3.9 个百分点》，《人民日报》2005 年 3 月 8 日，第 2 版。

③ 〔德〕魏茨察克：《四倍跃进》，北京大学环境工程研究所译，中华工商联合出版社，2001，第 359 页。

护动力不足，为追求政绩积累而忽略经济增长对环境的影响，甚至出于地方发展冲动而不惜与中央进行利益博弈，不惜牺牲地方生态平衡来换取本届政府的政绩。只有当环境因素构成影响地方政府官员政绩函数的变量 X_i，且具有足够的影响力时，地方政府在组织区域开发过程中为了使政绩最大化，才可能考虑环境因素，具有环境保护动力。

近年来，这种考核评价指标带来的制度性负面影响已经引起了中央和许多地方政府的重视，环境指标正在逐步被纳入政府领导干部的政绩考核指标体系。国家环保总局于 2005 年在北京、天津、河北、辽宁、浙江、安徽、广东、海南、重庆和四川 10 个省市启动以环境核算和污染经济损失调查为主要内容的绿色 GDP 试点工作，并计划于 2007 年将环保指标正式列入全国党政领导干部政绩考核内容①。许多地方政府已经开始改革政府领导干部政绩考核体系，淡化其中的经济增长指标，将环境指标纳入考核体系，并不断增强环境指标的影响力度。资料表明，浙江省湖州市考核县区的 GDP 指标近年来正逐年弱化：2001 年这项指标在考核中所占比例由原来的 10% 调减至 8%；2002 年调减至 4%；2003 年又调减至 2%，而在其中增加了环境保护和可持续发展的内容②。辽宁省沈阳市已在 2004 年启动了领导干部绿色 GDP 政绩考核体系，将单位 GDP 能源消耗量和单位 GDP 污染物排放量等指标，纳入各级领导干部的政绩考核体系之中，实行大项目领导直接负责制。江苏省句容市日前也正式发布通知，将环保工作纳入领导干部政绩考核体系，实行"一票否决制"。该体系在考核各镇和开发区主要领导政绩时，将不再单纯以经济增长指标来衡量，而是更多地关注社会指标、人文指标、资源指标和环境指标。考核内容涵盖了与老百姓息息相关的种种环境问题，包括执行环保法律法规、环保工作组织领导、辖区环境质量、生态市建设和循环经济建设、环境综合整治情况、公众满意程度等。考核结果实行"一票否决制"，并将作为当地组织部门评价和选拔干部的重要依据之一。环保工作实绩较差的干部，一律不得提拔；因工

---

① 《用绿色 GDP 考核领导干部政绩　辽宁成为全国试点》，东北新闻网，2005 年 3 月 3 日，http：//www. nen. com. cn。

② 《2003 年中国"统计维新"：发展观和政绩观之变》，星辰在线，2003 年 12 月 30 日，http：//www. csonline. com. cn。

作失职导致辖区重大环境污染和生态事故，或对环境违法行为处理不力的，给予党纪、政纪处分，并依法追究法律责任①。

虽然传统的政府官员政绩考核指标体系对地方政府环境保护动力的不利影响已引起一定程度的重视，有些地区也进行了初步的改革探索，但政绩考核评价指标体系改革才处于起步阶段，经济增长指标的比重依然具有绝对优势，传统的以考绩为重点的政绩考核指标体系对地方政府部门环境保护动力的消极影响根深蒂固。激发地方政府的环境保护动力迫切要求将环境保护因素纳入政绩考核指标体系，并在其中占有相当比重。

（二）财政分配体制的制约

中央与地方政府的关系之所以是政府角色中的重要内容，不仅在于它决定着中央政府与地方政府的事权划分，还在于它决定着中央政府与地方政府的财权划分。而且由于财力是政府履行各项职责的基础和保证，因此，古往今来的各类政府都有着扩大财政收入的内在冲动。例如，我国财政预算外收支在这种扩大收入的冲动支配下就曾经极度膨胀。据不完全统计，1989 年与 1990 年财政预算外收入占预算内收入的比重分别达到 99.8% 和 92.2%，1991 年与 1992 年财政预算外收入甚至超过预算内收入，分别达到 1.03% 和 1.11%②。就地方政府官员的经济收益来看，由于地方财政收入是其获得经济收益的基础，地方财政收入的多寡代表着可供他们支配的资金数量的多少，因此，地方政府官员的经济收益是地方财政收入 R 的函数，即

$$P = f(R)$$

改革开放以来，随着中央对地方放权让利政策和财政"分灶吃饭"体制的推行，地方政府实际上成为独立的利益主体。特别是 1994 年开始实施财政分税制改革后，地方政府追求自身利益的动机进一步加强。如果地方政府在区域开发过程中将环境要素纳入决策，那么，一方面，

---

① 聂伟：《句容将环保纳入政绩考核》，新华报业网，2005 年 5 月 16 日，http：//www.xhby.net/xh-by。

② 国家统计局编《中国统计年鉴》（2006 年），中国统计出版社，2006。

会影响开发资金的流入，限制招商引资的规模；另一方面，增加环保设施，则必然增加企业成本。从短期来看，上述两方面都将减少当地企业收益。而在我国现行的财政分配体制下，财政转移支付比例较小，中央与地方政府基本处于"分灶吃饭"状态。中央与地方按照分税制度划分收入，而现行分税制度尚不完备，如增值税和企业所得税两大主体税种均为中央与地方的共享税，构成地方财政收入的主要部分，暂且不论是否符合地区公平原则（利润来源多样化、争夺税基），由于易产生环境问题的生产企业是地方税收的主要来源，因此，地方政府严格执行中央的产业政策和环保政策必然减少当地财政可支配收入，即地方政府和企业实际上被捆在了一起。即

$$R = g（GDP）$$

从而使得地方政府官员的经济收益进一步成为地方经济增长情况的函数。即

$$P = f（R）= f［g（GDP）］$$

地方政府"行为目标和行为模式具有明显的经济人的色彩，即最大化地谋求本地区的利益，而不顾别的地区的利益或整体的利益，形成了地区与地区之间的过度竞争和地方保护主义"[①]。正是基于这一点，有些地方政府公然与中央进行利益博弈。以山西省吕梁市为例，在 20 世纪 90 年代以前，吕梁市除了几个煤矿和铁厂外，几乎没有什么企业。从 20 世纪 90 年代开始，吕梁市依托其丰富的煤、铁、铝等资源，进行自然资源开发，经济开始起飞。2000 年，吕梁市的 GDP 为 100 亿元，2005 年一举突破 300 亿元。经济的高速增长带动了财政收入的快速增长，2000 年，吕梁市财政收入只有 10 亿元，2005 年暴增至 60.08 亿元。然而，吕梁市的经济增长却伴随着对环境的极大破坏，"污染与经济一同起飞"。2006 年，山西省 11 个重点城市空气质量二级以上天数平均为 246 天，而吕梁市只有 181 天。截至 2006 年 8 月，吕梁市 165 个焦化项目中，有 132 个未经环保部门

---

① 欧阳日辉：《宏观调控下的中央政府与地方政府的博弈机制》，《渤海大学学报》2007 年第 4 期。

审批，违规项目占 80%①。正是为了所谓的地方"公共利益"，在《环境保护违法违纪行为处分暂行规定》已经公布实施的情况下，贵州省六盘水市副市长公然撒谎，称"在六盘水境内没有任何煤化工企业"，"水源保护区也没有任何工业企业"。地方政府作为重要的区域开发主体，在现行财政体制下，缺少来自经济利益的环境保护动力，是限制区域开发与环境协调发展的重要原因之一。遏制环境污染和生态破坏，亟须深化财政体制改革。

（三）社会公众偏好的影响

正如劳动者可以从闲暇中获得无形效用一样，政府官员作为社会成员，除了渴望得到职位升迁、经济利益增加之外，也能从社会公众的评价中获得无形的效用，即"群众的口碑或者说官员名声的提升也能使其效用获得提高"②。"官僚收入的较为稳定，加上（无形的）社会评价的报酬，使得官职成为炙手可热的追求目标"③。由于存在着信息不对称，社会公众通常无法得知政府官员的本质及其做事是否廉洁自律、公正无私，而主要通过地方政府的行为结果和是否使其需求得到更好的满足来评价地方政府官员。这也是政府官员偏好"政绩"工程的原因之一。社会公众的需求具有多样性和差异性，不同社会成员的需求不尽相同，同一社会成员在不同时期的需求也存在差异。社会公众需求的多样性和差异性决定了地方政府很难同时满足社会公众的所有需求。从经济学角度看，由于社会公众也是具有理性的经济人，追求个人效用最大化，因此，如果地方政府能够满足某一时期决定多数地方社会公众效用满足程度的主要需求，则地方社会公众对其的整体评价就会较高，地方政府官员的名誉相对较好，其获得的名誉效用也相应较高。

在我国现阶段，经济发展水平和人们的收入水平还比较低，公众的环境意

---

① 唐勇林：《环保总局区域限批背后：制度缺陷加剧环境违法》，新浪网，2007 年 1 月 19 日，http://news.sina.com.cn。

② 董芃、刘晋东：《我国地方政府官员利己行为的经济学思考》，《经济理论研究》2005 年第 9 期。

③ 〔德〕韦伯：《支配社会学》，康乐等译，广西师范大学出版社，2004，第 30 页。

识较弱。相关调查显示，我国公众的环境意识得分仅为 42.1 分，尚未及格。加之环境损害具有缓发性特征，如化肥中含有的致癌物质亚硝酸盐多年后才会对地下水系统产生不良影响，因此与环境保护带来的高质量的生活空间和公众健康相比较，公众更偏好物质生活的改善，地区经济增长带来的收入水平提高使公众获得的满足程度更高，即物质生活改善是目前大多数人，特别是经济落后地区人们的主要需求。洛斯托对消费水平阶段划分理论也说明了这一点①。表现在环境保护上，赞同"为了环境保护，宁可放慢经济发展速度"的公众只占到 45.7%，收入越低的人越不赞成为了保护环境而放慢经济发展速度②。因此，越是在经济落后地区，地方政府官员的名誉效用越是更多地依赖于地区经济增长。进而导致在区域开发过程中，地方政府官员更关注于经济增长而忽视环境保护，环境保护动力弱化。

（四）　环境责任约束的弱化

地方政府官员居于特定的职位，需承担相应的职务责任。其环境责任的形成主要依赖两个因素：一是政府官员环境责任相关制度的完备情况（L_I）；二是政府官员环境责任相关制度的执行情况（L_E）。政府官员环境责任的相关制度规定是地方政府官员追求环境责任安全效用的前提，而相关制度的执行力度强弱则直接决定着制度的权威性和威慑力大小。相关制度规定得越全面、越具有可操作性、规定的罚则越严厉，制度的执行过程中对环境违法行为的处罚越重、监管越严厉，则地方政府官员的环境保护动力越强；反之，如果政府官员环境责任制度缺失，或者虽然有相关制度规定但罚则较轻、执行力度较弱，则只会使相关制度成为没有任何威慑作用的吓唬人的"稻草人"，地方政府官员出于理性选择，根本不会追求环境责任效用。因此，地方政府官员的环境责任安全可以表示为上述两个因素的函数，即

$$L = f\ (L_I,\ L_E)$$

就政府官员环境责任相关制度的完备情况来看，近年来我国正逐步对

---

① 戴星翼主编《环境与发展经济学》，立信会计出版社，1995，第 138～139 页。
② 成梅、谢小亮：《97.5% 公众赞成用环保指标考核官员》，《中国青年报》2005 年 8 月 1 日。

其进行完善。改革开放以来，特别是 1992 年在巴西里约热内卢召开的联合国世界环境与发展大会之后，我国中央政府清醒地认识到了环境污染给可持续发展可能带来的负面影响，对环境保护工作给予了高度重视，颁布了一系列环境保护制度，如"三同时"制度（同时设计、同时施工、同时投产）、排污收费制度、污染物集中控制制度、排污许可证制度、环境目标责任制度等。这些制度规定了各级政府应执行的环境保护职能，但并没有明确规定政府规划失误应承担的环境污染责任，因此，这些制度的颁布实施虽然起到了限制企业污染排放、保护环境的积极作用，但从政府角度看，并未形成地方政府部门保护环境的内在动力。事实上，从我国改革开放 30 多年来的实践看，因政府政策和规划失误导致环境被破坏的后果时有发生。与建设项目对环境的影响相比，政策和规划的失误对环境的影响更巨大、更持久，破坏性更大，后果更严重。

我国 20 世纪 50 年代开始的围湖造田政策，导致了水土流失、湖泊减少。1949 年洞庭湖面积为 4350 平方公里，到了 1984 年洞庭湖总面积只有 2145 平方公里；鄱阳湖由于造田和淤积，40 年湖面缩小了 1/5 以上。湖北素称"千湖之省"，1949 年，面积超过 0.5 平方公里的湖泊达 1066 个，经过 40 多年的水土流失和围垦，只剩下 300 多个[①]。不合理开发造成的环境恶果可能若干年后才能显现，有报道指出，2005 年和 2007 年鄱阳湖区发生的大规模田鼠灾害，与鄱阳湖围湖造田有着直接的关联。此外，20 世纪 80 年代小造纸、小印染、小皮革、小化工等行业的快速发展，以及 20 世纪 90 年代在全国各地兴起的设立经济技术开发区和高新技术产业开发区热等，无一不对生态和环境造成严重破坏。截至 2004 年 8 月，全国清理出各类开发区（园区）6866 个，规划面积 3.86 万平方公里，比整个台湾地区还大；仅 2003 年上半年，全国就发现各类土地违法行为超过 10 万起，涉及土地面积 3.9 万多公顷，其中耕地 1.9 万公顷[②]。而且其中许多开发区土地闲置、荒芜。这对于人均占有耕地面积不到世界平均数 1/3 的中国来说，已不仅仅是环境保护问题，而且导致了严重的社会问题。

---

① 金辉：《长江！长江》（书摘），《人民日报》1998 年 9 月 25 日。
② 熊孝忠：《廉洁从政，反对腐败，把好自己的人生航向》，麻城市国土资源局网站，2005 年 11 月 25 日，http：//www. mcgt. cn/shownews. asp？ newsid = 989。

在对 20 世纪 70 年代以来我国所制定的环境保护法律和政策的反思基础上，近年来我国对环境保护法律进行了制度创新。

一是颁布并实施了《中华人民共和国环境影响评价法》。2003 年，我国颁布并实施了《中华人民共和国环境影响评价法》，其立法的宗旨就在于："为了实施可持续发展战略，预防因规划和建设项目实施后对环境造成不良影响，促进经济、社会和环境的协调发展。"《中华人民共和国环境影响评价法》明确规定："对环境有重大影响的规划实施后，编制机关应当及时组织环境影响的跟踪评价，并将评价结果报告审批机关，发现有明显不良环境影响的，应当及时提出改进措施。""环境保护行政主管部门应当对建设项目投入生产或者使用后所产生的环境影响进行跟踪检查，对造成严重环境污染或者生态破坏的，应当查清原因，查明责任。对属于为建设项目环境影响评价提供技术服务的机构编制不实的环境影响评价文件的，依照本法第三十三条的规定追究其法律责任；属于审批部门工作人员失职、渎职，对依法不应批准的建设项目环境影响评价文件予以批准的，依照本法第三十五条的规定追究其法律责任。"该法首次将政府发展规划纳入环境保护评价视野，明确了政府部门因规划失误应承担的环境责任，从而使政府的行为有了制度约束。

二是实行了环境问责制度。原国家环保总局局长解振华因松花江环境污染事件引咎辞职是我国实行环境问责制的典型事例。2005 年 11 月 27 日，因吉林化工厂爆炸事故导致松花江发生了重大水污染事件。国家环保总局作为国家环境保护主管部门，对事件重视不够，对可能产生的严重后果估计不足，对这起事件造成的损失负有责任。为此，解振华向党中央、国务院申请辞去国家环境保护总局局长职务，这一请求获得党中央、国务院批准。2005 年，广东省也对行政机关的环保责任提出要求，规定环境整治不力者将给予党纪政纪处分。从 2005 年 5 月起，广东省环保局、省监察厅、省发改委等 11 个部门，在全省范围开展了"维护群众权益，打击环境违法行为"环保专项行动。以珠江三角洲为重点区域，着重查处水泥、火电、造纸、电镀、印染等重污染企业，查处未批先建、违法排污、治理不力、行政干预等典型案件。并决定对整治不力、拖而不决、行政干预或者行政不作为，严重影响党群关系或社会稳定的，要按省纪委、省监察厅

《关于对违反环境保护法律法规行为党纪政纪处分的暂行规定》，给予有关单位和责任人相应的党纪政纪处分①。在上述实践的基础上，2006 年，环境问责制以国家法规的形式被明确。2006 年 2 月 20 日，我国首部为追究环保领域违法违纪行为的责任而制定的专门规章——《环境保护违法违纪行为处分暂行规定》公布施行，这是我国第一部关于环境保护处分方面的专门规章，是中国政府为强化环境执法而采取的重大举措。与以往环境法规不同的是，该规定的矛头直指违法违纪的国家行政机关及其工作人员。根据这一规章，国家行政机关及其工作人员、企业中由国家行政机关任命的人员等，如果有充当违法排污企业"保护伞"等环保违法违纪行为，将受到严格的责任追究和处分。

就政府官员环境责任相关法规的罚则和执行情况来看，明显存在处罚力度轻、执行力度弱等问题。我国政府官员环境责任的相关法规制度中，关于政府官员环境违法行为的罚则以行政处罚为主，而且规定比较笼统，实际执行过程中处罚灵活度较大。如《中华人民共和国环境影响评价法》中规定："规划审批机关对依法应当编写有关环境影响的篇章或者说明而未编写的规划草案，依法应当附送环境影响报告书而未附送的专项规划草案，违法予以批准的，对直接负责的主管人员和其他直接责任人员，由上级机关或者监察机关依法给予行政处分。"《环境保护违法违纪行为处分暂行规定》中，对国家行政机关及其工作人员的环境违法行为的处罚大多规定为"对直接责任人员，给予警告、记过或者记大过处分；情节较重的，给予降级处分；情节严重的，给予撤职处分"，而情节"较重""严重"的尺度并不明晰，从而导致制度执行过程中的"从宽"结果。《中华人民共和国环境保护法》虽然规定了政府官员环境保护的刑事责任，"环境保护监督管理人员滥用职权、玩忽职守、徇私舞弊的，由其所在单位或者上级主管机关给予行政处分；构成犯罪的，依法追究刑事责任"，但从对环境违法事件惩处的公开报道中可以看到，目前，在对政府官员环境执法以及监管失职而造成重大环境污染事件的惩处中，被追究刑事责任的人员则

① 《广东掀环保风暴 整治不力者将给予党纪政纪处分》，南方网，2005 年 10 月 20 日，http：//www.southcn.com。

寥寥无几，多数是给予党纪政纪处分，而且行政记过和行政记大过处分占相当比重。如河北省监察厅 2007 年 6 月向社会公布的廊坊金茂纸业、枣强县、赵县、邢台市 4 起环保违法违纪典型案件，被追究环境责任的 14 名地方政府官员中，给予警告处分的 1 人，占 7.1%；给予行政记过处分的 6 人，占 42.9%；给予行政记大过处分的 5 人，占 35.7%；被免职的仅有一名镇长和一名镇党委书记，共 2 人，占 14.3%①。而在 2007 年爆发的无锡市太湖大面积蓝藻水污染事件中，因在对相关企业违法排污上"工作不到位"或"监管失责"而受到行政记过、行政记大过和行政撤职处分的则仅为宜兴市这样一个县级市的 5 名政府官员。

政府部门环境责任的相关制度规定客观上为政府部门保护环境提供了制度动力，有利于从决策上、从源头上防止环境污染和生态破坏。但制度的存在只是使相关行为有法可依，要保证制度的有效性，关键在于执法的有效性。如果执法不严，制度就只能是一纸空文，相关制度就难以发挥激发政府部门环境保护动力的作用，诸如湖南省化工企业没有经过环评审批就投产而导致饮用水砷超标的事件就不会是个案。当前对政府官员环境责任违法处罚力度弱化的现状直接导致环境责任安全对地方政府官员的效用约束力度弱化，地方政府官员环境保护动力不足。

上述分析表明，地方政府官员的效用函数 $U = f(A, P, H, L)$ 中的前三个自变量政绩 A、经济利益 P 和名誉 H 都主要依赖于当地的经济增长（GDP）情况。由于从短期来看，环境保护行为会降低当地的经济增长速度，因此，在区域开发过程中，地方政府官员为实现自身的效用最大化，只重视经济增长而忽视环境保护，不具有环境保护的内在动力。而影响地方政府官员效用的环境责任安全 L，由于当前我国对于地方政府官员环境责任的制度设计和执行中存在环境违法惩罚过轻问题，因此导致环境责任安全 L 对地方政府官员的整体效用约束弱化，地方政府官员同样不具有环境保护动力。正如国家环保总局副局长潘岳曾指出的，"利益问题是导致地方政府官员只重视 GDP 增长不重视环境的深层次原因，不改变以 GDP

---

① 《环境违法责任追究》，河北省环境保护厅网站，2007 年 6 月 25 日，http：//www.hb12369.net。

为核心的官员考核制度，不问责造成重大环境事故的官员，这种现象就不能被阻止"①。而"地方政府的不作为和包庇纵容，正是中国的环境问题层出不穷的根子所在"②。

"经济人"假设是西方经济理论分析的基本前提之一，经济利益备受个人和组织所关注。正是由于地方政府官员在追求自身效用最大化的同时不具有环境保护的内在动力，导致了地方政府缺乏促进区域开发与环境协调发展的动力，进而导致地方政府干扰环境执法、充当环境违法行为"保护伞"的行为特征。2007 年国家环保总局对流域污染进行检查时，安徽省蚌埠市受污染最严重的鲍家沟村民曾向国家环保总局检查组表示已对当地政府的治污工作失去信心③。促进区域开发与环境协调发展亟待改革政府官员的政绩考核制度，深化财政体制改革，严格执行环境问责制，以及提高社会公众的环境意识。

第二节　企业效益目标与可持续区域开发动力分析

一　企业的环境保护动力现状考察

企业是指在社会再生产过程中专门从事商品生产和商品交换的、以赢利为目的的经济组织。企业是区域开发活动的主要承担者，也是环境问题的主要制造者。现代西方经济学在研究企业（或者说生产者）行为时有一个重要的假设，即企业以实现利润最大化为目标。市场经济体制下的企业是自主经营、自负盈亏、独立的法人实体，企业的行为始终受到利益的驱动，其一切经济行为都是以追求利润最大化为核心展开的。企业的环境行为也是在追求利润最大化过程中诸项积极因素和消极因素共同作用的结果。在我国，由于环境监管范围有限、执法力度较弱以及制度设计等方面的问题，受经济利益驱使，不执行

① 刘世昕、潘岳：《限批也难撼动唯 GDP 发展观》，《中国青年报》2007 年 7 月 4 日。
② 蔡方华：《缺少公众参与何来环保风暴》，中国网，2007 年 6 月 12 日，http：//www. china. com. cn/news。
③ 《环保总局曝光流域限批地区环境违法事实》，新浪网，2007 年 7 月 3 日，http：//news. sina. com. cn。

"三同时"和战略环评制度违规生产、擅自闲置污染治理设施违法排放污染物等行为屡见不鲜，而且很多屡禁不止。企业的环境保护动力明显不足，尚待增强。

就全国情况来看，2004 年环保专项行动中，全国共立案查处环境违法问题 2.7 万件，其中取缔关闭违法排污企业 6462 家，责令停产治理 3861 家、限期治理 6755 家[①]；2006 年环保专项行动中，全国共立案查处环境违法问题 2.8 万件，其中取缔关闭违法排污企业 3176 家[②]；仅 2007 年上半年，全国在检查的 22 万余家企业中，立案查处违法企业 8000 多家，其中对 1600 余家典型违法案件挂牌督办[③]。环境保护部部长周生贤在国务院 8 部门联合召开的 2008 年环保专项行动电视电话会议中透露，近 5 年，全国查处的环境违法企业达 12 万余家次[④]。

就局部地区来看，2006 年上半年，国家环保总局环监局派出两个检查组，先后赴安徽、河南两省的 6 市 11 县对涡河流域和沙颍河流域的水质情况、重点排污企业进行了检查。共检查排污企业 50 家，其中 36 家企业超标排放；现场解剖的 15 家企业中，6 家存在偷排偷放行为，3 家企业未执行"三同时"制度擅自违法生产[⑤]。国家环保总局 2007 年公布的数据显示，在对长江、黄河、淮河、海河四大流域水污染情况进行检查中，安徽省蚌埠市被抽查的 10 家企业均存在环境违法问题，蚌埠市 5 个排污通道中，水质全部超标；对河南省周口市 6 市（区、县）的 23 家企业检查中发现，除停产的 5 家外，15 家企业存在环境违法问题，占检查企业总数的 65.2%；安徽省巢湖市被抽查的 23 家企业中，18 家企业存在环境违法问题，占所查企业数的 78.3%；山西省临汾市襄汾县被抽查的 11 家重点企业中，存在环境违法问题的有

① 《我国将对环境违法追究政府责任》，中国网，2005 年 3 月 3 日，http：//www.china.com.cn。
② 顾瑞珍：《环保专项行动取得积极成效》，新华网，2007 年 5 月 6 日，http：//news.xinhuanet.com。
③ 吴晶晶：《环保总局监察部联合对 8 起典型环境违法案件挂牌督办》，新华网，2007 年 7 月 13 日，http：//news.xinhuanet.com/environment。
④ 《环境违法处罚首次引入行政拘留》，新华网，2008 年 8 月 13 日，http：//news.xinhuanet.com。
⑤ 步雪琳：《全国突发环境污染事件急剧上升》，中国园林网，2006 年 5 月 17 日，http：//www.yuanlin.com。

9 家，占抽查企业数的 81.8%；巴彦淖尔市被抽查的 21 家企业中，15 家企业存在环境违法问题，占被检查企业数的 71.4%[①]。

二　企业的环境保护动力来源分析

从理论上看，企业的环境保护动力主要来自三个方面。

（一）来自市场竞争的动力

市场经济条件下，企业面临着激烈的市场竞争，要想在激烈的竞争中生存下去，并获得最大限度的经济利益，企业就必须提供比竞争对手更为优质或相对价格较低的产品或服务，即企业提供的产品或服务在同样的价格下品质优于竞争对手或在相同的品质下价格更低，这样才能提高企业竞争力，增加其市场份额。为此，企业需从两个方面入手：一是通过加强管理和更新技术等途径提高劳动生产率，降低成本，在产品价格和品质既定的条件下增加利润；二是通过开发新产品或增加产品附加值等方式，延长产品生命周期，提高产品价格，扩大利润空间。为达到这一目的，企业客观上具有了保护环境的动力。

第一，出于降低成本考虑，发展循环经济。

日益严重的资源稀缺使得各种资源的价格呈现上升趋势。在这种情况下，企业一方面可以通过强化管理的方式，提高工作效率；另一方面可以通过提高资源利用效率的方式，达到降低产品成本的目的。而循环经济是企业提高资源利用效率的一个有效途径。

与传统经济相比，循环经济的不同之处在于：传统经济是一种由"资源－产品－污染排放"所构成的物质单向流动的经济；而循环经济倡导的是一种建立在物质不断循环利用基础上的经济发展模式，它要求将经济活动组织成一个"资源－产品－再生资源"的反馈式流程，所有的物质和能源能够在这个不断进行的经济循环中得到合理和持久的利用，从而降低产品成本。循环经济实质上是一种生态经济，通过发展循环经济，企业可以

---

① 《环保总局曝光流域限批地区环境违法事实》，新浪网，2007 年 7 月 3 日，http://news.sina.com.cn。

在提高资源利用效率、降低产品成本的同时，把经济活动对环境的影响降低到尽可能小的程度，从而实现区域经济与环境协调发展。虽然在短期内，由于需要添置设备等固定资产，发展循环经济会增加产品成本，但从长远来看，则可以减少环境治理方面的支出和提高资源利用效率，从而取得长期竞争优势。

第二，出于扩大贸易范围和提高产品价格等原因，生产绿色产品。

随着环境保护活动的开展，环保意识深入人心，人们的思维方式、价值观念乃至消费心理和行为也在发生变化，特别是在发达国家，对不污染环境或可回收循环使用的产品，即绿色产品的需求和期望正日益增加。英国一家产品开发公司的调查表明，75%的受访者表示，他们购买绿色产品的愿望较高，而且愿意支付较高价格。德国霍因海姆大学农业经济专家哈曼博士对绿色食品消费的研究结果表明，绿色食品的价格比一般食品高50%~200%；在芬兰，政府允许绿色产品价格上扬30%以上。在我国，绿色产品的价格比一般产品的价格通常也要高出20%以上。另一项国外的调查发现，67%的荷兰人、80%的德国人在购买时考虑环境问题，77%的美国消费者表示企业的环保形象影响他们的购买活动。在欧美国家，半数以上消费者在购物时要考虑商品的绿色程度，并愿为之多支付30%~100%的费用[1]。据统计，20世纪90年代末，英国具有绿色产品标志的食品年销售额就达5000万英镑，意大利每年出口价值3000亿里拉的绿色食品[2]。市场经济是以市场需求为根本的经济活动，较高的市场价格和大量的市场需求使得绿色产品对于企业来说有着极大的吸引力，促使企业生产绿色产品，客观上促进了经济与环境的协调发展。

另外，在世界贸易组织逐步取消全球多边自由贸易关税壁垒的情况下，绿色标志已成为一种重要的非关税壁垒——绿色壁垒。许多国家已做出明文规定，凡无"绿色标志"的商品，在进口时要受到数量和价格方面的限制，绿色标志成为国际贸易的通行证。为了绕过绿色壁垒，参与国际竞争，扩大产品销售市场，企业客观上也具有生产绿色产品的动力。

---

[1]　陆满平：《绿色产品价格》，《价格月刊》1999年第9期。

[2]　朱玉杰：《国际贸易中的"绿色警戒线"》，《清华大学学报》（哲学社会科学版）1997年第2期。

以冰箱和纺织品的生产为例。众所周知，CFC（氟利昂）为破坏臭氧层物质。20 世纪 90 年代初，我国冰箱出口基本保持在 40 万台左右，1993 年因受"蒙特利尔议定书"影响，各国开始限制有 CFC 产品进口，中国冰箱出口下降到 20 万台。由于海尔等企业早在 1990 年就开始研究无氟冰箱，再加蒙特利尔多边基金的支持（当然中国经济也受到了损失，一些旧的生产系统停止运行，许多企业付出了巨大的代价），1994 年中国冰箱出口达到 40 万台，1997 年出口达到 130 万台，1999 年出口达到 160 多万台，成为世界冰箱生产第一大国，海尔冰箱也成为国际名牌。改革开放以来，中国纺织工业以年均增长 13.7% 的速度高速发展，1995 年纺织工业总产值为 7130 亿元，占全国工业总产值的 15%，纺织行业一直是中国出口的支柱产业之一。1994 年德国政府颁布了《德国消费品法案第二修正案》，该法案规定禁止偶氮染料在所有与皮肤有接触的产品（如纺织品等）中使用。1995~1996 年，德国禁令的出现使我国众多纺织、印染和染料生产及进出口部门感到了很大的压力，产品在出口中受到来自该法令的阻碍，从而促进了国内环保型染料的研究和开发。一批国产环保型替代染料开发成功并投入使用，不仅突破了禁令限制，而且降低了产品的成本，增强了产品的国际竞争力。

第三，出于融资需要，注重环境保护。

资金是企业从事生产经营活动必须具备的前提条件，也是企业必须解决的首要问题。从当前企业的资金来源看，有相当部分资金来源于金融机构贷款，即各类金融机构贷款形成企业运营资金的重要组成部分。而世界环境保护浪潮对资本市场也产生了深刻影响，许多投资机构开始注重企业的环境形象和环境业绩。国外已经产生了一些以环境等问题作为确定投资方向的前提条件的道德投资组织，绿色银行、环保银行自在德国产生以来已有多年的历史，许多国际金融组织（如世界银行、亚洲开发银行）已经对提供资金的环境要求做出明确的规定，许多国家（如日本、美国）的对外援助和政府贷款也已提出了类似的要求。环境保护不仅引起了发达国家金融机构的重视，也受到了发展中国家的普遍关注。在我国，以银行贷款为例，中国人民银行专门就金融部门在信贷工作中落实国家环境保护政策发出了《关于贯彻信贷政策与加强环境保护工作有关问题的通知》，规定各级银行发放贷款时必须配合环境保护部门把好关，对环保部门未予批准的项目一律不得贷款。我国有些金融机构也已将环境保护作为发放贷款的前提条件。如山西省环保局和中国人民银行太原中心支行 2006 年联合下发了《关于落实国家环境保护政策控制信贷风险有关问题的通知》，要求各级金融部门对限制和淘汰类项目，要严格控制贷款投放，有效防范信贷风险，对国家明令禁止、不符合环境保护规定的项目和企业，不予发放贷款，并收回已发放的贷款；对国家严格限制的行业，必须在做好污染治理和环境保护的前提下，经过环境保护部门审查批准后，对企业提供贷款；对于促进环境保护、有利于改善环境状况的产业或产品，在符合信贷原则、具有还款能力的前提下，要积极予以贷款支持；对从事环境保护和治理污染的项目和企业，应根据经济效益和还款能力等不同情况，区别对待，择优扶持。金融部门提供资金的环保要求客观上使得企业具有了防治污染、保护生态环境的动力。

绿色产品的价格优势、需求潜力和发达国家的市场准入限制，循环经济在提高资源利用效率、降低成本方面的长远优势，以及资本市场对环境保护的日益重视，已经使得越来越多的企业意识到，保护环境不但可以节省开支，而且能增加竞争力，从而客观上促使企业在参与市场竞争、追求利润最大化的过程中，具有保护环境的内在动力。

（二）来自政府规制的压力

20 世纪 30 ~ 60 年代，世界上发生的著名的八大污染公害事件，给人们的生命财产造成巨大损害的同时，也引起了世界各国的广泛关注。各国纷纷颁布法令，采取各种措施治理污染，保护环境。我国 1979 年颁布了《中华人民共和国环境保护法（试行）》，标志着我国的环境法律体系开始建立。经过 30 多年的努力，我国的环境法规体系已经基本完善。总的来看，这些环境法规对企业的限制大致可以归纳为两方面内容：一是对企业从事生产必须具备的条件进行的规制，如"三同时"制度和环境影响评价制度；二是对企业生产造成的环境污染后果进行经济补偿或处罚的规制，如征收排污费制度（排污收费制度）。

以"三同时"制度和排污收费制度为例。我国《环保法》规定，凡是从事对环境有影响的建设项目，其防治污染及其他公害的设施，必须与主体工程同时设计、同时施工、同时投产，这一规定，简称为"三同时"制度或"三同时"规定。为了使"三同时"制度能够很好地贯彻落实，1986年3月，国务院环委会、国家计委、国家经委联合发布了（86）国环字第003号文《建设项目环境保护管理办法》；1987年3月，国务院环委会、国家计委又发布了《建设项目环境保护设计规定》，对执行"三同时"提出了具体的措施，规定建设单位及主管部门对基本建设项目的环境保护负责。从基建的选址报告、项目设计、施工安排到竣工验收等全部环节，都必须有环境保护的内容，并将环保投资、设备、材料等与主体工程同时安排。环保设施要与主体工程同时设计、同时施工、同时投产，达不到要求的不予验收，不准投产，强行投产的，要追究责任。建设项目在正式投产或使用前，建设单位必须向负责审批的环境保护部门提交"环境保护设施竣工验收报告"，说明环境保护设施运行的情况、治理效果、达到的标准。经环保部门验收合格并发给"环保设施验收合格证"后，方可正式投产或者使用。排污收费制度是污染者支付原则（Pollution Pay Principle），又称3P原则在实践中的具体运用。征收排污费一般有两个层次：一是超标收费，即对超过国家或地方规定标准排放的污染物，征收一定的费用，对达到排放标准的，则不收费，如前民主德国采取的就是这种方式；二是排污即收费，即凡是向环境排放污染物的都要缴纳排污费。我国针对不同的污染排放分别采取了上述两种方式，如对大气污染物排放采用了第一种收费方式，而对水污染物的排放采取了第二种收费方式。

对企业从事生产必须具备的条件进行的规制，使得企业必须达到一定的环境保护标准才能进行生产，否则就只能停产或关闭，从而无法获得经济利益；对企业生产造成的环境污染后果进行经济处罚或者要求企业进行经济补偿的规制，无疑会增加企业的生产成本，减少企业的利润。政府规制从上述两个方面使得企业基于自身经济利益考虑具有环境保护的动力。

博弈论提供了对企业的环保行为受政府规制影响的量化分析方法。

博弈分析是使用博弈规则决定均衡。博弈模型的战略式（标准式）表述分为三个要素，即参与人、每个参与人的战略和每个参与人的支付函数。其中，参与人指的是一个博弈中的决策主体，其目的是通过选择行动

（或战略）以最大化自己的支付（效用）水平；战略是参与人在给定信息集的情况下的行动规则，它规定参与人在什么时候选择什么行动；支付是指在一个特定的战略组合下参与人得到的确定效用水平或期望效用水平。

沿袭古典经济学关于企业"理性经济人"的假设，在摒弃了其他影响因素后，企业出于利润最大化考虑，不会主动实施环境保护行为，需要依赖政府环保部门的监督检查才可能实施。因此，政府环保部门与企业构成博弈的双方，且二者的利益相互对立，即政府环保部门和企业之间的博弈属于非合作博弈。假定政府环保部门和企业充分掌握相关信息，企业通晓相关法律规范，了解污染环境应受的法律及经济制裁，那么该博弈属于完全信息博弈。其中，政府环保部门的战略选择为"检查"和"不检查"，企业的战略选择为"排污"和"不排污"。

为方便研究，本书做如下假定。

（1）考虑到人员编制和检查成本等因素，政府环保部门不可能时刻对企业排污情况进行监督，因而假定环保部门的混合战略为 $\sigma_G = (\theta, 1-\theta)$，即：环保部门以 θ 的概率选择对企业进行检查，以 $(1-\theta)$ 的概率选择不检查。

（2）环保部门与企业行为相互独立，企业的混合战略为 $\sigma_P = (r, 1-r)$，即：企业以 r 的概率选择排污，以 $(1-r)$ 的概率选择不排污。

（3）环保部门拥有一支高素质的队伍，对于造成环境污染的企业，一经检查即可以查出并严格执法，如罚款和要求企业安装污染治理设备；企业是理性经济人，根据成本、效益选择其行为。

基于上述假设，构建的监察博弈模型见表 3 - 1。

表 3 - 1　环保部门与企业的监察博弈模型

环保部门		企　业	
		排　污	不排污
	检　查	$a-c+f,\ -k-f$	$a-c,\ -k$
	不检查	$-a,\ 0$	$a,\ -k$

其中，a 是环境保护产生的社会效益和生态效益，c 是环保部门的检查成本，f 是对企业的罚款，k 是环保设备及其运行成本。

根据这一博弈模型，可以求得环保部门选择检查和不检查的期望效用函数分别为：

$$V_G \ (1, \ r) \ = \ (a-c+f) \ \times r+ \ (a-c) \ \times \ (1-r) \ =fr+a-c$$

$$V_G \ (0, \ r) \ = \ (-a) \ \times r+a \times \ (1-r) \ = a \ (1-2r) \ = a-2ar$$

令 $V_G \ (1, \ r) \ = V_G \ (0, \ r)$，可得：

$$r^* = \frac{c}{2a+f}$$

同理，可以求得企业选择排污和不排污的期望效用函数分别为：

$$V_P \ (\theta, \ 1) \ = \ (-k-f) \ \times \theta+0 \times \ (1-\theta) \ = -k\theta -f\theta$$

$$V_P \ (\theta, \ 0) \ = \ (-k) \ \times \theta+ \ (-k) \ \times \ (1-\theta) \ = -k$$

令 $V_P \ (\theta, \ 1) \ = V_P \ (\theta, \ 0)$，可得：

$$\theta^* \ = \ \frac{k}{k+f} \ = \ \frac{1}{1+\dfrac{f}{k}}$$

即企业以 $r^* \ = \ \dfrac{c}{2a+f}$ 的概率选择排污，环保部门以 $\theta^* \ = \ \dfrac{1}{1+\dfrac{f}{k}}$ 的概率选择环保检查。可见，企业排污的概率与环保部门的检查成本成正比，与罚款数额成反比。环保部门的检查成本越高，企业排污的概率也越高，因此环保部门应提高效率，尽量降低检查成本，而达到这一目的的一个有效途径就是积极采取措施，发挥社会公众的作用，促进环保监督的社会化；对企业排污的惩罚力度越大，企业排污的概率就越低，因此环保部门应提高排污的罚款水平，增加企业排污成本。以此提高企业环境保护的积极性。

（三）来自社会舆论的动力

随着社会进步，"消费者是上帝"已成为众多企业的共识。而经济发展水平的提高和法制的逐步健全，使得社会公众（消费者）的环境保护意识越来越强。公众环保意识的觉醒，一方面使他们拒绝有害环境的产品、服务和消费方式，另一方面还推动了环保组织的建立和环保运动的发展。

世界各国存在着众多的环保组织，目前世界上最大、最有影响力的民间环境保护组织是国际绿色和平组织，此外，还有国际地球之友等，我国也设有国际绿色和平组织的分部。据不完全统计，目前我国环保社团约有1600余个，按地域分类可分为全国性环保社团和地方性环保社团及单位内部环保团体，如中国野生动物保护协会、中国绿化基金会、无锡市地球卫士环境文化促进会、重庆市绿色志愿者联合会等。随着人们环保意识的增强和各国环保法制的逐步健全，环保组织参与经济运行的范围越来越大，在环境保护方面担任着越来越重要的角色。如为了促使惠普立即停止使用有毒添加剂，在惠普举行进驻中国20周年庆典时，中国绿色和平组织给首次来华的惠普新任CEO马克·赫德送出了一个废弃键盘。据报道，绿色和平组织2004年曾委托一家荷兰实验室TNO对市场上的电子产品进行检测，结果发现惠普公司生产的PAVILION A250NL电脑含有毒物质溴化阻燃剂。其他被发现产品中含有有毒物质的公司，如索尼、爱立信、诺基亚等都已经向绿色和平组织承诺将停止使用这种阻燃剂，而惠普公司只表示"正在寻找替代材料"，始终拒绝做出停止使用的承诺。由此引发了上述事件。

此外，一些社团性的消费者组织也将引导公众绿色消费为己任。如国际消费者联会从1997年开始，连续开展了以"可持续发展和绿色消费"为主题的活动，受到了联合国的高度重视，联合国以此为主题召开了一系列重要的研讨会，引起了世界各国政府和绿色环保组织的极大关注。2000年11月国际消费者联会第十六届世界大会还通过了"可持续消费"的决议。从我国来看，1984年12月成立的中国消费者协会，是对商品和服务进行社会监督的保护消费者合法权益的全国性社会团体。目前，中国消费者协会在我国经济生活中发挥的作用越来越大，在引导广大消费者合理、科学消费，促进市场经济健康发展方面起着积极作用。该社团2001年也在全国范围内开展了"绿色消费年"主题活动。

各种组织及其发起的环境保护活动，通过媒体宣传，不但对社会公众消费起着导向作用，而且对企业行为起着舆论监督作用，对企业构成强大的压力。为了长远发展，树立企业形象，争取更多的消费群体，达到取得更大经济利益的目的，企业必须考虑其行为的环境影响，从而使企业具有治理污染、实施环境保护行为的动力。

三　企业环境保护动力的制约因素分析

概括起来看，企业环境保护动力的制约因素主要有以下三个方面。

（一）　环境制度设计缺陷制约企业环保动力的形成

从制度设计来看，我国现行环境法规制度主要存在制度不健全、配套性差、可操作性差、罚款力度低等问题。就环境影响评价制度来看，由于现有法律的缺陷，在环保行动中被叫停的违法违规项目往往补办环评手续后就能过关，地方政府和环保部门很难做出关停处理的决定，从而助长了企业的投机心理，使环评执法效果有限。就环境违法罚款来看，与违法收益相比罚款数额过低。一般罚款额在20万元以下，发生污染事故造成重大经济损失的，罚款额最高不得超过100万元。而且在有些环境污染十分严重的地区，受诸多因素影响，环保部门对企业的最高罚款都未曾超过5万元①。而仅就污水处理来看，一般大型企业每年的污水处理费通常都在数百万元，污染罚款和企业需支付的污水处理费用相比小得多，因此企业更愿意选择环境违法。就污染事故来看，罚款额远远小于污染所造成的损失，如2004年2月发生的四川省沱江水污染事件，导致50万公斤鱼类被毒死，百万人断水，经济损失达3亿元②，而对造成污染的川化集团有限责任公司仅能处以100万元的最高罚款，这与该区域生态修复所需的成本相差甚远。行政处罚罚款力度过低使得环境法律法规对环境违法企业的震慑、制裁作用难以发挥。如吕梁中吕焦化有限公司，国家环保总局在2006年10月就对其下达了环保验收限期整改通知，然而由国家最高环境监管部门下达的停产令却变成一纸空文，至2007年1月国家环保总局对其行使"区域限批"制裁之前，生产并未停止，环保设施也没有增加。其原因主要在于环保部门对企业的最高罚款20万元相对于年销售收入近10亿元、

---

① 向朝阳：《民族贫困地区环境污染反弹原因及建议》，2006年11月12日，http://hbj.xxz.gov.cn/hbj_public。

② 郑德刚：《江河泣血为哪般：四川水污染情况的调查》，《人民日报》2004年5月25日。

上缴利税近亿元、年利润可达 1 亿元的该公司来说，根本无关痛痒①。2000～2006 年我国环境污染导致的直接经济损失及收缴的赔、罚款情况见表 3 - 2。

表 3 - 2 我国环境污染直接经济损失及赔、罚款比较

单位：万元，%

年　份	环境污染直接经济损失	污染事故赔、罚款总额	赔、罚款占直接经济损失比重
2000	17807.9	3682.6	20.7
2001	12272.4	3263.9	26.6
2002	4640.9	3140.7	67.7
2003	3374.9	2391.5	70.9
2004	36365.7	3963.9	10.9
2005	10515.0	3082.1	29.3
2006	13471.1	8415.9	62.5

资料来源：国家统计局编《中国统计年鉴》（2008 年），中国统计出版社，2008。

可见，2000～2006 年的 7 年间，环境污染事故赔、罚款总额占直接经济损失的最高比重为 70.9%，最低的 2004 年仅为 10.9%，国家承担了大量的环境违法成本。

（二）政府环境执法力度弱降低了企业的环保动力

环境执法力度弱主要表现在三个方面。一是对环境违法责任人制裁力度轻。我国 1997 年修订的《中华人民共和国刑法》中特别增加了有关破坏环境资源保护罪的条文。按照《中华人民共和国刑法》第三百三十八条的规定："违反国家规定，向土地、水体、大气排放、倾倒或者处置有放射性的废物、含传染病病原体的废物、有毒物质或者其他危险废物，造成重大环境污染事故，致使公私财产遭受重大损失或者人身伤亡的严重后果

---

① 唐勇林：《环保总局区域限批背后：制度缺陷加剧环境违法》，新浪网，2007 年 1 月 19 日，http：//news．sina．com．cn。

的，处三年以下有期徒刑或者拘役，并处或者单处罚金；后果特别严重的，处三年以上七年以下有期徒刑，并处罚金。"然而，在实际执法过程中，10余年来，真正对环境违法行为追究刑事责任的只不过寥寥数起。有资料显示，到2005年底，全国以破坏环境罪定案的只有3起[①]。2003～2006年的环保专项行动中，共立案查处环境违法问题7万余件，查处责任人500余名，平均每立案100件仅能查处0.7人[②]。罚款对于企业来说根本构不成威胁，而破坏环境罪更多的是用来充当吓唬人的"稻草人"的现实，导致我国环境制度缺乏威慑力。刑罚手段对于环境污染行为的威慑作用早已经为世界发达国家所重视。早在1973年，欧共体就在行动纲领中要求加强对环境的刑事保护，美国在环境违法处罚中同样使用了严厉的刑事处罚。1989年，美国环保局打赢了71起对公民个人和公司的刑事诉讼，处罚累计达222个月的监禁和大约550万美元的罚金；1990年，美国环保局赢得了95%的诉讼案件，其中对50%的违法者个人判了刑[③]。严厉的环保措施有效遏制了环境污染势头，并使得发达国家的企业和个人具有了环境保护的动力。二是多头管理，环保部门缺乏必要的行政执法权。在我国，环境执法涉及多个部门。一方面，大规模环境执法通常要联合工商、公安等多个部门共同完成，而目前我国尚未建立起多部门联合执法的长效机制；另一方面，我国环保部门对环境污染企业只有罚款权，而且在一段时期内，环保部门只能对违法企业的同一违法行为处罚一次，没有令企业关闭停产的权力。三是对环境违法行为监督不力。当前环境违法监督存在着诸多问题：由于地方保护主义作祟，环境违法后续监管难以进行；政府相关部门的监督范围有限，导致很多环境违法行为多年未能得到查处；有些地方执法不严，将罚款作为增加经济收入的一种手段，罚款以后违法行为无人问津，违法行为变成了"合法行为"；环境执法存在腐败现象，行政执法权成为个人牟取私利的工具……

---

① 《环境违法处罚首次引入行政拘留》，新华网，2008年8月13日，http://news.xinhuanet.com/legal/2008-08/13/content_9260284.htm。
② 《官员充当污染保护伞将被惩处》，《福建纸业信息》2006年第7期。
③ 冯光明：《追究刑事责任利于遏制环境污染》，《上海证券报》2007年5月9日。

（三）激励政策缺失弱化了企业环保技术开发与应用动力

毋庸置疑，科学技术创新是解决环境问题的重要支撑。但各种环保技术的开发与应用则需要相关政策来推进。美国、日本等发达国家的资源利用效率和污染控制程度之所以较高，是因为其政府所实施的促进环保技术开发与应用的激励性财政、税收政策起着重要的推进作用。日本近年来投入了相当数量的财政资金用于推进能源环境对策，2007 年经济产业省经济产业政策预算额为 7531 亿日元，其中用于推进能源环境对策的经费达到 5672 亿日元，占总额的 75.3%；在推进能源环境对策的经费中，用于节能减排技术开发的费用为 502 亿日元，2002～2007 年该项经费的年均增长率高达 62%[①]。美国对于企业的环保行为给予税收优惠，只要企业安装了节能设备，就将在税收上得到很大的优惠[②]。在我国，由于缺少相关政策激励，企业的环保技术开发与应用动力严重不足。就技术开发来看，2006 年，国内大中型企业中有研究与试验发展活动的企业比例仅为 24%；大中型工业企业 R&D 经费占产品销售收入的比重仅为 0.77%[③]；1985～2005 年，国内企业中提出过专利申请的仅占 1.4%，约占全部企业 99.6% 的中小型企业普遍缺乏自主创新意识和自主创新动力[④]。就环保技术应用来看，在我国的各个生产领域，有利于节能减排的环保技术往往不少，然而这些高效、节能的环保技术的应用情况却并不乐观。以洁净煤发电技术为例，整体煤气化联合循环（Intergrated Gasification Combined Cycle，IGCC）发电技术是当今国际上正在兴起的一种先进的洁净煤发电技术。IGCC 发电既有高发电效率，又有极好的环保性能。其污染物的排放量仅为常规燃煤电站的 1/10，脱硫效率可达 99%，氮氧化物排放只有常规电站的 15%～20%，耗水只有常规电站的 1/2～1/3[⑤]。

---

① 杨书臣：《日本节能减排的特点、举措及存在的问题》，《日本学刊》2008 年第 1 期。
② 张晓影、邢立国：《制度建设在节能减排工作中的作用》，《企业标准化》2008 年第 5 期。
③ 《中国科技统计资料汇编 2007》，中华人民共和国科学技术部网站，http://www.most.gov.cn。
④ 王景川：《规模以上企业设立研发机构比例为 25%》，新浪网，2006 年 9 月 6 日，http://news.sina.com.cn。
⑤ 李经纬、朱福海：《利用洁净煤发电关键技术进行节能减排》，《中国煤炭工业》2008 年第 10 期。

IGCC 突出的特点是清洁，但成本比常规燃煤发电高。我国作为燃煤发电大国，由于缺少相关政策和资金支持，目前洁净煤发电技术尚未得到普遍应用。

（四）社会公众的环境保护参与和惩罚意识不强

目前，虽然我国社会公众的环境保护意识有所增强，但从整体来看还比较差，民间环保组织的发展也处于较初级阶段。社会公众较弱的环境保护意识决定了其环境惩罚意识较差。除了少数几例环保事件，如厦门 PX 项目、北京六里屯垃圾焚烧发电项目等得到区域社会公众的普遍关注和积极参与外，并未对环境违法企业产生有效的舆论监督作用和形成自发的、大范围的产品抵制力量。企业环境违法后不仅直接产生的有形经济损失（罚款）少，而且其无形损失（如商业信誉损失）以及未来可能产生的经济损失（因公众抵制而使产品销售数量下降）均极其有限。这一点与发达国家差距巨大。近年来，我国公布和查处了相当数量的环境污染企业，但从未见过有任何一家企业因为造成了环境污染而遭到公众对其产品进行抵制导致企业遭受重大损失的公开报道。国家和公众对环境污染企业的宽容态度只能加重企业的投机行为。

上述问题的存在降低了环境违法企业的违法成本，导致企业"违法成本低、守法成本高"的不正常后果，使得许多企业宁愿选择违法排污并缴纳罚款，进而导致不执行"三同时"制度和战略环评制度违规生产、擅自闲置污染治理设施违法排放污染物等行为屡禁不止，同时也起着极坏的社会示范作用。国家环保总局公布的资料显示，在我国投资设厂的 130 余家跨国公司近年来也发生了一系列环境违法行为[1]。这些跨国公司多数来自美国、日本及欧洲国家，资金雄厚，既有世界知名品牌，也有"世界 500 强"企业，拥有领先的技术和防治污染的经验，在国外拥有较好的环保口碑。这些跨国公司之所以在国外和国内选择不同的行为——环境保护和环境违法，也是由于不同行为在国内外成本对比不同：发达国家拥有严苛的

---

[1] 赵胜玉：《环保总局吁在华跨国企业应积极承担社会环境责任》，腾讯网，2008 年 1 月 9 日，http://finance.qq.com/a/20080109/002101.htm。

环保法律和高效率的环境执法，社会公众的环保意识也非常强，对环境违法企业的罚款和抵制会导致产品成本大幅增加、销售市场萎缩，即环境违法成本大于环境守法成本；而中国则恰恰相反，环境守法成本高于环境违法成本。正是由于不同环境行为在国内外对经济利益产生的综合影响不同，作为理性经济组织的跨国企业为实现利润最大化的经济目的而在国内外选择了不同的环境行为。

第三节　社会公众的环境保护动力分析

一　社会公众的环境保护动力现状考察

近年来，随着我国环境问题的日益严重，居民生活特别是城市居民的生活受到较大影响，加之我国中央政府对环境保护给予了高度重视，各种环保宣传、声势浩大的环保行动给公众留下了深刻印象。此外，环境信息公开等社会民主进程的加快，使得我国社会公众的环境重要性意识和动力逐步增强，2007 年发生的厦门 PX 项目、北京六里屯垃圾焚烧发电项目成为 2007 年度公民参与和维权的典型案例。但总的来看，我国公众的环境保护意识依然处于较低水平，社会公众的环境保护动力不足。

2003 年在南京所做的调查显示，"发现别人浪费水"只有 5% 的人会制止；"看到有人乱扔垃圾"，只有 2.5% 的人会制止；而"看到某企业超标排放污染物、污染环境"，只有 6% 的人愿意去举报[①]。《2007 中国公众环保民生指数》调查显示，2007 年我国公众的环保意识总体得分为 42.1分，环保行为和满意度得分分别仅为 36.6 分、44.7 分，均不及格。其他有关调查数据也显示出我国公众环境意识较差，只有 "25% 的公众在购物时考虑到环保因素，30% 的人在处理废弃物时符合环境道德要求"[②]。更重要的是，我国社会公众的环境参与程度比较弱，对他人的依赖程度较高。这一点，从我国近年来公开发布的各类社会公众环保情况调查结果中可以

---

① 吴上进、张蕾：《公众环境意识和参与环境保护现状的调查报告》，《兰州学刊》2004 年第 3 期。
② 李长健、朱梓萁：《循环经济发展中环境保护制度探究》，《法制与社会》2006 年第 5 期。

得出结论。如《2005 年度全国城市公众环境意识调查报告》数据显示，认为我国当前整体环境问题"很严重"和"比较严重"的人数占 87.4%，仅有 9.9% 的人认为"不大严重"，没有人认为"根本不严重"；对于个人在环境保护方面负有的责任，91.7% 的人认为责任"很大"和"较大"。但从环保参与情况来看，有 36% 的人"从不"阻止别人的环境破坏行为，只有 27.6% 的人"有时"阻止、16.9% 的人"经常"阻止；能够"有时"和"经常"做到"参加环保公益活动"和"参与环保宣传"的人占 14.3% 和 13.0%；能够"有时"和"经常""做环保志愿者"和"为解决日常环境污染问题投诉上访"的人则仅占 7.2% 和 5.7%[①]。2005 年度城市公众环保参与情况见表 3-3。其他的社会公众环保情况调查也反映了这一点。中国环境文化促进会组织编制的《中国公众环保民生指数（2007）》数据显示，66.9% 的公众认为现阶段我国环境问题"非常严重"和"比较严重"，但以 100 分为满分，公众的环保行为得分则仅为 36.6 分[②]。

表 3-3 2005 年度城市公众环保参与情况统计

单位：%

项目	从不	偶尔	有时	经常	不大确定
关注国内外环境保护事件	27.3	18.5	21.5	32.2	0.5
阻止别人的环境破坏行为	36.0	18.8	27.6	16.9	0.7
参加环保公益活动	74.7	11.0	9.1	5.2	0
参与环保宣传	76.3	10.5	7.7	5.3	0.2
做环保志愿者	87.9	4.8	4.0	3.2	0.1
为解决日常环境污染问题投诉上访	88.9	5.4	3.8	1.9	0

资料来源：国家环境保护总局宣教中心、中国社会科学院社会学研究所编《2005 年度全国城市公众环境意识调查报告》，中国环境在线，http://www.chinaeol.net/lsxd/dt/ppt/hjysbg.pdf。

二　社会公众的环境保护动力来源分析

环境是人类生存的基础，作为一种公共物品，环境质量优劣影响到我

---

① 国家环境保护总局宣教中心、中国社会科学院社会学研究所编《2005 年度全国城市公众环境意识调查报告》，中国环境在线，http://www.chinaeol.net/lsxd/dt/ppt/hjysbg.pdf。

② 李禾：《2007 中国公众环保民生指数发布环境污染名列关注热点问题第二》，《科技日报》2008 年 1 月 7 日。

们每个人的切身利益。社会公众的环境保护动力主要来自对自身需要的满足。

(一) 安全需要

按照美国著名心理学家亚伯拉罕·马斯洛 (Abraham Harold Maslow, 1908~1970 年) 的需求层次理论,人的需要可以分为五个层次:生理需要 (Physiological Needs)、安全需要 (Safety Needs)、社会需要 (Society Needs)、尊重需要 (Esteem Needs) 和自我实现需要 (Self Actualization Needs)。其中,生理需要与安全需要是较低级需要,在生理需要得到满足后,安全需要即成为主要需要。安全需要是一种免于身体危害的需要,不仅包括人们通常所理解的获得军队、警察等相关国家机器的保障,免受战争、暴力等造成的人身伤害和财产损失,而且包括环境无害、避免不公正的待遇以及医疗、养老、意外事故保障等需要。这种需要得不到满足,人就会受到威胁并感到恐惧。

在工业化发展初期,由于环境的破坏程度较轻以及人们认识的局限性,大多数人并未认识到环境破坏将影响自身的生命安全,因此社会公众的环境保护意识较弱,缺乏环境保护动力。随着环境受破坏程度的加深,环境问题日益严重,特别是 20 世纪 30 年代开始接连发生了震惊世界的八大公害事件,使得越来越多的人开始关注环境问题,于 1972 年召开了第一次人类环境会议。然而,由于技术原因以及认识上的局限,环境问题并未因此缓解,20 世纪 80 年代以来又接连发生了被称为新八大公害事件的一系列的污染和环境破坏事故:意大利塞维索化学污染事故、印度博帕尔农药泄漏事件、美国三里岛核电站泄漏事故、墨西哥液化气爆炸事件、前苏联切尔诺贝利核电站泄漏事故、瑞士巴塞尔赞多兹化学公司莱茵河污染事故、全球大气污染、非洲大灾荒。有许多专家曾经对所谓的旧八大公害事件和新八大公害事件进行对比,发现旧八大公害事件经历了将近 40 年的时间,但新八大公害事件却发生在不到 10 年的时间里,污染事件发生的频率显然大大加快了。而且,新八大公害事件所带来的危害无论是直接损失的规模,还是持续的时间,抑或是波及的范围,都是旧八大公害事件所不可比拟的。除了这些震惊全球的公害事件，规模和影响相对较小的污染事件更是难以计数。环境问题的日益严重使得社会公众的环境保护意识日益增强，促使了可持续发展理论的产生和迅速发展，并使"保护环境就是保护人类自己"的理念逐渐被公众所接受，激发了社会公众保护环境的热情和积极性，促使其为了自身安全而积极以各种方式参与环境保护活动。

（二）追求高质量的生活需要

当社会生产力提高到一定程度，人们的物质需要得到一定程度的满足之后，社会公众便会产生追求高质量生活的需要。高质量生活不仅包括舒适便利的物质享受，更包括碧水蓝天、鸟语花香的精神享受。对高质量生活的追求必然引起消费需求的变化。新的消费需求将会使公众更加关注身体健康，更加关注人类的生存环境。而且随着社会的演进，人们物质需要的满足程度越来越高，对高质量生活的需求强度会越来越大，公众环境重要性意识也越来越强。

就我国来看，20 世纪 90 年代中期，我国公众对环境问题的关注程度尚不高。如 1996 年底，有学者针对环境改善与其他社会经济问题相比之下的重要程度问题对北京市城郊居民进行了问卷调查。结果显示，排在最前面的是住房和治安，其次是医疗和教育，然后才是环境。近年来，由于各类直接危害人们生命和财产安全的环境问题频发，加之中央政府对环境保护给予高度重视，加强了环保方面的宣传教育，并努力创造条件，鼓励公众参与环境保护工作，因此社会公众的环境重要性意识日益增强。总部设在瑞典的国际研究机构 Kairos Future 2006 年底在 10 多个国家（地区）对16 ~ 29 岁的年轻人进行的问卷调查显示，全球年轻人均视环境污染为未来社会的头号敌人，中国内地有 86% 的受访者认为污染是最大威胁，为各地区之冠①。

公众对环境质量要求的不断提高和环境重要性意识的增强，促使社会公众的环境保护动力不断增强，自发或自觉地积极参与各种环境保护活

---

① 罗迪：《国际调查：中国青年注重形象》，《小康》2007 年第 5 期。

动。有数据显示，2003～2005年底，我国各级环保部门通过环保热线共受理环境污染投诉114.8万件，反映环境权益被侵害的来信、来访数量也逐年增加。2001～2005年，各级政府环保部门共受理群众来信253万余封，群众来访43万余批次、59.7万余人次，受理全国人大代表建议673件、全国政协委员提案521件[①]。

三　社会公众环境保护动力的制约因素分析

（一）较低收入水平的影响

较低的收入水平是影响我国当前社会公众环境保护动力的主要因素。按照马斯洛的需求层次理论，当人们的收入达到一定水平，满足了生存数量的需求后，才会对生存质量产生需求。洛斯托也提出了相同观点，他将消费水平划分为三个阶段：脱贫期，追求基本生活条件的满足；平稳期，追求多方面生活条件的改善，将物质享受视为生活质量内涵；高质期，即人均达到较高水平后，人们才开始追求环境质量、旅游、户外娱乐等高端消费品[②]。当前我国公众的收入水平还比较低，2006年城镇居民人均可支配收入仅为11759元，农村人均纯收入更低，仅为3587元。至2006年底，我国尚有人均年收入683元以下的绝对贫困人口2148万人，人均年收入不到958元的低收入人口3550万人[③]。相当数量的人口尚处于追求温饱阶段的脱贫期。而从短期看，在区域开发过程中加强环境保护必然会增加生产成本，限制招商引资，降低区域经济增长速度，从而降低区域职工收入水平。较低的收入水平使得社会公众的环境保护内在动力相对较弱。这一点，在我国社会公众的环保习惯倾向程度方面也有所反映。《2005年度全国城市公众环境意识调查报告》数据显示，公众的各种环保习惯倾向程度具有显著差异，与减少日常开支相关的环保习惯倾向最强。如"随时关紧

---

① 中华人民共和国国务院新闻办公室编《中国的环境保护（1996－2005）》白皮书，2006年6月。
② 戴星翼主编《环境与发展经济学》，立信会计出版社，1995，第138～139页。
③ 成刚：《中国贫困人口尚有1亿　加大财政支持力度最关键》，中国网，2007年3月6日，http://www.china.com.cn。

水龙头"平均得分是 3.97 分（满分为 4 分）；其次是"使用节能产品"，其平均得分是 3.44 分①。有学者针对陕西省和广东省公众参与环境保护情况进行了问卷调查，调查数据证实了收入水平对社会公众环境保护参与态度具有重要影响。如 85% 的广东省公众"接受产品价格因企业治理污染而上涨"，陕西省这一比例则仅为 61.5%。其中，认为"治污成本引起价格上涨率不宜超过 3%"的广东省和陕西省的公众比例分别为 72.5% 和 45.2%；认为"治污成本引起价格上涨率可以为 3% ~ 5%"的比例分别为 36.2% 和 17.8%；认为"治污成本引起价格上涨率可以为 5% ~ 10%"的比例分别为 11.3% 和 3.3%②。上述数据表明，收入水平对社会公众环保参与态度的影响极为明显。

（二）传统思想的消极影响

从理论上讲，社会公众出于自身生存安全和追求高质量生活需要具有环境保护的内在动力。但是在我国，公众并非通过自己的行为来满足这些需要，而是依赖他人获得满足，导致公众环境保护参与动力弱化。产生这种对他人依赖心理的原因是多方面的，传统思想的影响是重要原因之一。一是儒家传统文化思想的影响。中国人长期受儒家思想的影响，"多一事不如少一事""事不关己，高高挂起""各人自扫门前雪"的中庸思想根深蒂固，这种传统思想使得社会公众在环境保护方面"搭便车"心理较强。二是传统计划经济体制下政府包办习惯的沿袭。在传统的计划经济体制下，政府基本包揽了一切经济和社会事务。改革开放以来，随着市场经济体制的逐步确立，在经济领域，近年来人们已经习惯了政府的逐渐"退出"，然而在环境保护领域，政府包揽思想并没有发生根本转变，多数社会公众依然认为环境保护主要是政府的责任，对个人力量的重要程度缺乏认识。三是传统发展思想的影响。长期以来，人们普遍认为经济增长和环境保护是对立的关系，经济增长就一定会导致环境污染和生态破坏，即认为环境保护是经济发展的成本，进而用消极和被动的态度对待环境保护。在经济发展中片面追求经济利益，强调经济增长速度，形成了以高投入、

---

① 国家环境保护总局宣教中心、中国社会科学院社会学研究所编《2005 年度全国城市公众环境意识调查报告》，中国环境在线，http://www.chinaeol.net/lsxd/dt/ppt/hjysbg.pdf。

② 王凤、雷小毓：《公众参与环境保护的一种实证研究》，《西北大学学报》2006 年第 7 期。

高消耗为主要特征的经济增长模式，从而导致社会公众环境意识弱化，更谈不上积极地参与环境保护。

（三）　环境保护参与渠道不畅

为了保证公众有效地参与环境保护，2006 年，国家环境保护总局颁布实施了《环境影响评价公众参与暂行办法》，这是中国环保领域的第一部关于公众参与的规范性文件，从制度层面明确了公众参与环境决策的权利和程序；2007 年 4 月，国家环境保护总局又发布了《环境信息公开办法（试行）》，对环境信息公开的主体、范围、程序责任等进行了规定。这些部门规章提供了社会公众拥有环境知情权和参与环境决策的制度性依据，对于保证社会公众参与环境保护意义重大。然而，从制度经济学角度看，制度的需求与规范性供给之间的对应并不能保证制度均衡的实现。在缺乏环境保护动力的条件下，作为环境信息的提供者和公众参与的组织者，地方政府依然可以采取各种方式（如信息异化）使公众环境保护参与流于形式。"公众参与制度能否成为相关义务主体'普遍而稳定的思维习惯'以实现其中蕴涵的环境民主目标，关键在于对这一制度的遵从能否成为义务主体无意也无力偏离的最优选。"[1] 贵州铜仁市龙田村的村民因为抗议非法铁合金厂排污被司法机关判刑事件[2]，是公众环境保护参与权利缺乏保障问题的典型事例。对社会公众的维权行动予以压制，最终导致企业环境污染行为的有恃无恐和严重挫伤公众环境参与积极性。

（四）　相关政策缺乏抑制了公众对环保产品的需求

在有利于环境保护的环保产品和同类非环保产品同时存在的市场条件下，社会公众对环保产品的需求情况不仅反映了其环境保护动力大小，而且对企业未来的发展方向具有重要影响，并直接决定着环保企业的生存和发展。发达国家的实践表明，政府的政策支持对于增加社会公众的环保产品需求、促进环保企业发展具有重要作用。国际能源机构（IEA）的统计

---

① 吴元元：《双重结构下的激励效应、信息异化与制度安排》，《制度经济学研究》2006 年第 2 期。

② 唐勇林：《重污染企业迁居农村之后》，《中国青年报》2006 年 8 月 22 日。

资料显示，在 2004 年世界主要国家（地区）的能源效率国际比较中，按平均每创造 100 美元的 GDP 所耗费的石油吨数计算，全世界为 0.32，经济合作与发展组织为 0.2，美国为 0.22，日本为 0.11，拉丁美洲为 0.32，亚洲为 0.71，中国为 0.85[①]。中国的能源利用效率远低于世界平均水平，日本和美国则处于世界领先水平。日本作为能源利用效率最高的国家，它所实施的对使用节能产品的普通家庭实施经济鼓励政策产生的节能效果功不可没。美国也有鼓励使用节能产品的相关政策，如美国的《能源政策法》规定，2004～2006 年，每年拨款 3.4 亿美元给州政府，用于鼓励购买节能新产品。比如高效节能灯的节电率可达 75% 以上，凡用户购买安装节能灯，75% 的费用先由政府负担[②]。由于收入水平较低而环保产品价格相对较高，类似经济鼓励政策的缺乏极大地抑制了我国公众对于环保产品的需求。据中国照明电器协会统计，我国是全球第一大节能灯生产国和出口国，2006 年产量近 24 亿只，占世界总产量的 85% 以上，但这些节能灯的 80% 都用于出口，国内高能耗白炽灯年消费量仍达 30 亿只左右，节能灯的国内普及明显滞后。假如全国家庭普遍采用节能光源，则一年可节电 700 多亿千瓦时[③]。

① 杨书臣：《日本节能减排的特点、举措及存在的问题》，《日本学刊》2008 年第 1 期。

② 张晓影、邢立国：《制度建设在节能减排工作中的作用》，《企业标准化》2008 年第 5 期。

③ 《节能灯产量第一能撑多久 国产节能灯叫好不叫座》，《中国质量报》2008 年 8 月 7 日。

"机制"一词源于古希腊文，其英文单词是"Mechanism"，原意指工具、机械，即人们为达到一定的目的而设计的装置。它最先用于工程学，指工具或机器的构造方式和工作原理，自 18 世纪唯物论者倡导的"人是机器"的观念流行开来，这个词被广泛运用到生理学和医学中，用以表示生物体内的各种组织和器官如何有机地结合在一起，通过它们各自的变化和相互作用，产生特定的功能。后来"机制"一词被运用到社会科学中，用以表示构成一个有机体的各个要素或组成部分之间相互联系、相互作用，从而实现社会经济目的的现实过程[①]。本章以第三章的研究为基础，研究如何综合利用各种方法和手段，强化积极因素，消除制约因素对区域开发行为主体环境保护动力的影响，构建有利于增强区域开发与环境协调发展动力的机制，促进区域开发与环境的协调发展。

可持续区域开发机制的指向或作用对象主要是企业。世界各国的实践表明，在区域开发所涉及的政府、企业和社会公众等三个层次的行为主体中，企业行为对环境的影响最大，造成的环境损失最为严重。但是，企业作为逐利的理性经济组织，若不存在外在压力和内在动力，在生产过程中不可能主动采取环境保护措施。因此，在市场经济条件下，构建增强区域开发与环境协调发展动力的机制，是以约束和引导企业的环境行为为核心展开的，主要是通过调整政府行为和社会公众行为，利用经济政策、法律制度和行政命令、社会舆论等手段，借助市场力量，引导、激励和约束企

---

① 王丙乾主编《中国会计百科全书》，辽宁人民出版社，1999，第 445 页。

业出于追求自身经济利益最大化的目的，产生保护环境的内在动力，促进区域开发与环境的协调发展。

从促进可持续区域开发的主导力量来看，环境资源的产品特性和市场现状以及市场经济条件下政府的职能决定了政府在环境保护方面应起主导作用。首先，环境资源产权不存在或不安全。主流经济学认为，明确定义的、专一的、安全的、可转移的和可实行的涵盖所有资源、产品、服务的产权是市场机制发挥作用的基本条件，产权是有效利用、交换、保存、管理资源和对资源进行投资的先决条件①。而有些环境资源，如空气、水等的产权因不明确或无法定义而不存在或不安全，从而引起广泛的短期行为。其次，环境资源市场不完善。很多资源的市场还没有发育起来，没有形成市场，环境资源没有价格（价格为零），如我国一些地区的地下水和灌溉用水；有些资源，如渔业资源，市场虽然存在，但市场竞争不足，环境资源价格偏低。环境资源的零价格或价格偏低必然导致环境资源的浪费，使市场价格机制无法发挥引导资源优化配置的信号作用。再次，环境资源具有公共物品属性。很多环境资源是公共物品，具有非排他性、非竞争性和外部效应。非排他性和非竞争性的产品特性，使得各经济主体都想成为"免费搭车者"；环境污染的负外部效应和环境保护的正外部效应，又使得个别成本和社会成本、个别收益和社会收益发生偏离。环境资源的公共物品属性使得单纯依靠市场机制实现资源的优化配置是不现实的。最后，环境保护涉及未来，意味着为未来利益牺牲当前消费，单纯依赖市场机制配置资源，易发生过分追求眼前利益和当代人利益，而忽视长远利益和资源的代际分配问题，导致环境问题的不可逆后果。上述原因使得无法通过市场有效配置环境资源，实现帕累托最优，即出现了市场失灵，由此决定了作为纠正市场失灵的另一种资源配置手段——政府干预，在环境资源配置和环境保护方面应起主导作用。《国家环境保护"十五"计划》明确指出，要建立政府主导、市场推进、公众参与的环境保护新机制。

各国的理论和实践证明，在市场经济条件下，市场机制是最有效率的机制。然而，在完全竞争的市场条件下，市场机制才能自动建立、完善和有效发

---

① 张帆主编《环境与自然资源经济学》，上海人民出版社，1998，第 16 页。

挥作用。首先，由于环境资源市场存在着市场缺失或竞争不足，无法依靠市场自身的力量自动建立和完善环境保护的市场机制，为此，必须依靠政府力量，培育可持续区域开发的市场机制；其次，为保证市场机制有效发挥作用和弥补市场机制失效，应建立促进区域开发与环境协调发展的政府调控机制；最后，环境问题影响到广大社会公众的共同利益，鉴于政府机制在环境保护方面同样存在着无效，应建立区域开发与环境协调发展的社会公众参与和监督机制，以弥补政府机制不足和促进政府机制有效发挥作用。

第一节　市场竞争机制的构建

市场的概念是传统的集市概念的引申，它是一切商品交换关系的总和。而商品交换是以获得利益为核心展开的。"哪里有社会分工和商品生产，哪里就有市场"①。市场不仅是买者和卖者进行交换活动的聚集地，也包括任何其他形式的交易活动。市场是商品的伴生物，而商品是"用来交换的劳动产品"，交换就必须有买者（需求者、消费者）和卖者（供给者、生产者）。在市场经济条件下，商品价格是由供求关系决定的（垄断市场除外）。市场机制的核心内容就是由供给法则和需求法则决定的反映各种产品和资源相对稀缺程度的价格机制，竞争机制则是市场经济运行的关键机制。企业是环境问题的主要制造者，从企业角度看，如第三章所述，企业在区域开发过程中的环境保护动力主要来自对经济利益的追求，而企业的利润函数为：

$$\pi = PQ - C$$

其中，π 表示企业利润，P 为产品价格，Q 表示销售数量，C 为生产成本。

即决定企业利润多少的因素有三个：产品价格 P、销售数量 Q 和生产成本 C。许多企业不愿采取环保措施的根本原因，就在于与成本投入相比，实施环境保护的收益较低。因此，促进有利于增强区域开发与环境协调发展动力的市场机制的形成，应主要从三方面入手：一是降低开发企业实施环境保护的经济成本（C）；二是保证开发企业生产的符合环保要求的绿色

---

① 《列宁全集》（第 1 卷），人民出版社，1984，第 83 页。

产品高质高价（P）；三是增加符合环保要求产品的有效需求（Q）。

增强区域开发与环境协调发展动力的市场机制的作用机理就在于：充分发挥市场调节作用，通过影响企业的生产成本、产品价格和销售数量等途径，提高环保企业的相对利润水平，从而增强企业的环境保护动力，并最终通过竞争机制的作用，优胜劣汰，促进环保企业的持续健康发展。

一　建立环保企业利益激励机制

从企业来看，由于实施生态环境保护需要增加必要的环保设备、开发或购买相关环保技术，与实施环境保护之前相比，在各种因素均不变的情况下，其生产成本相对较高（见图 4 - 1）。其中，STC_1 为企业实施生态环境保护后的短期生产成本，STC_2 为企业实施生态环境保护前的短期生产成本。当产量为 Q 时，企业实施生态环境保护前的生产成本为 B，而增加环保设施之后的生产成本为 A，两条曲线之间的截距即为增加环保投入产生的成本损失。生产成本提高后，资本的逐利性必然要求产品价格相应提高，以保证其获得至少不低于实施环保行为前的利润水平，否则，企业便不会产生环境保护的内在动力。因此，若不考虑其他因素，与普通产品相比，绿色产品的供给曲线在普通产品供给曲线的左侧上方，即生产相同数量的绿色产品要求有更高的价格（见图 4 - 2）。其中，S_1 为企业实施生态环境保护后的供给曲线，S_2 为企业实施生态环境保护前的供给曲线。

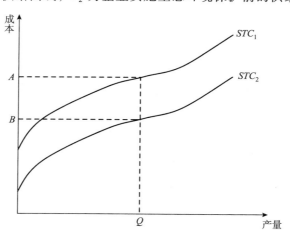

图 4 - 1　企业实施生态环境保护前后的生产成本比较

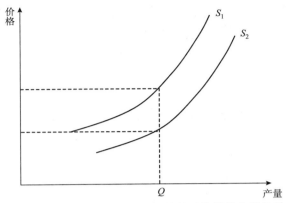

图 4 - 2 企业实施生态环境保护前后的供给曲线比较

从需求角度看，由于绿色产品（这里所说的绿色产品是指产品本身和产品生产过程中均符合环境标准的产品），特别是绿色食品直接有利于人的身体健康，在环保意识和收入水平提高的情况下，消费者可能愿意支付更高的价格购买绿色产品。如果绿色产品的高价格带来的总收益大于企业生产该产品增加的成本支出，则企业出于利润最大化考虑，将产生生产绿色产品的内在动力。但是，由于除绿色食品之外的多数绿色产品的基本功效与一般产品并没有本质的区别，甚至就产品本身来看不会对需求方产生任何直接影响，如纸张，未使用环保设施的造纸企业会严重污染人类的生存环境，但就纸张本身来看，造纸企业是否注重环境保护对纸张质量并没有任何影响，大多数绿色产品均属于这一类。如果消费者的环保意识、健康意识和收入水平等未能达到一定程度，就可能不愿意支付比一般产品更高的价格或者愿意支付的价格不足以弥补企业增加的生产成本支出。在这种情况下，实施环境保护就将减少企业利润，企业无法实现其利润最大化目标，从而也就不具有保护环境的内在动力。

因此，对企业的环保行为实施经济激励，保证企业实施生态环境保护措施后的利润水平不降低，是形成企业生态环境保护内在动力的必要措施。从发达国家的实践来看，建立排污权交易市场是激励企业实施生态环境保护行为的有效措施。"排污权交易"是由多伦多大学的约翰·戴尔斯于20世纪60年代提出的，针对传统的环境管理并没有给企业任何的激励措施去保护环境，如果能建立排污权交易市场，企业就会发现，通过核定企业排污总量指标，若企业有效地减少了污染，他们就能将排污指标出售给那些污染排放较多的企业而获得收益，从而降低企业增加环保设施的成本，激励企业实行生态环境保护。此外，政府通过信贷、税收和财政补贴等手段降低企业实施环保行为的生产成本，对于形成区域开发与生态环境协调发展的市场机制也至关重要。

二 完善绿色产品价格形成机制

价格对生产者行为具有重要的引导作用：当产品生产成本既定时，若产品价格提高，则生产企业利润增加，从而引导资金出于逐利原因流入该生产领域；反之，当产品生产成本既定时，若产品价格降低，则将导致生产企业利润减少，从而引导资金流出。正是由于市场机制的这种自发调节作用，才能不断形成新的均衡价格，并使资本利润率趋于一致。因此，形成完善的绿色产品价格形成机制对于激发企业形成环境保护的内在动力意义重大。而在存在充分竞争的市场条件下，消费者作为需求方对于绿色产品价格的形成具有决定性作用，绿色产品均衡价格（P）的形成正是由消费者的需求曲线（D）和生产者的供给曲线（S）共同决定的（见图 4 - 3）。消费者的环保意识是区域开发过程中企业环境保护动力的重要影响因素。一些发达国家的经验表明，通过提高环境保护意识调动公众和企业两方面的积极性可以取得事半功倍的效果。因此，从某种意义上讲，消费者的环保意识甚至是一个社会环境保护程度的决定因素。

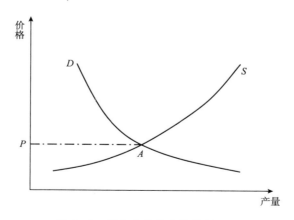

图 4 - 3　绿色产品均衡价格的形成

根据现代西方经济学理论，个人需求曲线意味着消费者对产品效用的主观评价，产品效用评价高时愿意出高价，评价低时则出低价，再由边际效用递减规律可得到向右下倾斜的需求曲线。消费者环保意识对绿色产品均衡价格的影响见图 4-4。在消费者缺乏环保意识时，他关心的只是产品的外形、品牌、性能等能给他带来私人效用的指标，从而决定其愿意支付的价格为 P，均衡点为 A 点。当消费者环保意识提高后，环保功能将成为影响其效用评价的指标。假定消费者具有完全环保意识，即认为环境改善如同产品其他性能一样能带来消费效用，则消费者愿意支付的价格提高到 P'，从而使需求曲线右移至 D'，即消费者愿意为环保功能支付"溢价"（$P'-P$）。在其他条件不变的情况下，使绿色产品供求均衡点提高到 B 点。从另一角度来看，消费者环保意识的提高，将增加消费者的绿色产品需求，在供给不变的条件下，同样使绿色产品均衡价格提高。消费者环保意识的增强可以有效提高绿色产品价格，保证采取环境保护措施企业的利润水平，从而有利于引导企业在区域开发过程中采取环境保护措施，保护环境。消费者行为对企业的需求引导作用正日益受到各国的重视。

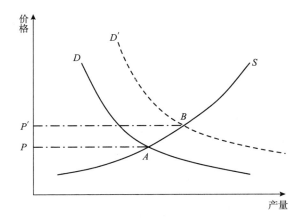

图 4-4　消费者环保意识对绿色产品均衡价格的影响

消费者的收入水平是决定其环保意识的重要因素，也是能否形成有利于调动企业积极性的绿色产品市场机制的决定因素之一。学术界通常用环境库兹涅茨曲线来表述经济收入水平与环境污染的动态关系。有关实证研究[①]表明，对于一些主要污染物，库兹涅茨曲线所表述的收入与环境污染之间的"倒 U 形"关系的确存在（见图 4 - 5）。在经济发展初期，由于工业的发展，污染物排放量增加，导致环境恶化；随着收入水平提高，公众改善环境质量的要求迅速增长，这种要求形成社会舆论，通过新闻媒介等舆论工具的作用形成对政府政策和企业行为的影响，从而使环境质量得以改善。

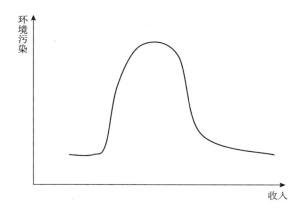

图 4 - 5　环境库兹涅茨曲线

我国当前收入水平比较低，2005 年城市人均可支配收入仅为 10493 元，农村人均纯收入更低，仅为 3254 元，与发达国家的差距很大。与此相适应，人们的环境保护意识也不是很强。近年来，随着生活水平的提高和媒体宣传的加强，人们的环保意识有所提高，但收入水平对环境保护行为的制约依然存在。以绿色产品为例，有关资料显示，绿色产品的市场价格一般比普通产品的价格高 20% 以上，而且其基本功效与普通产品并没有本质的区别，在人们的收入水平仅能满足温饱或稍有节余的情况下，怎么可能愿意支付高价去购买环保效用呢？有关调查表明，在欧美国家，多数消费者愿多支付 30% ~ 100% 的费用购买绿色产品；而在我国广东省和陕西

---

① 　陈华文、刘康兵：《经济增长与环境质量：关于环境库兹涅茨曲线的经验分析》，《复旦学报》（社会科学版）2004 年第 2 期。

省所做的调查数据表明，在"接受产品价格因企业治理污染而上涨"的85%的广东省公众和61.5%的陕西省公众中，接受"治污成本引起价格上涨率超过10%"的公众比例仅为7.5%和2.9%。收入水平差异是发达国家公众的环境保护意识普遍高于发展中国家的重要原因之一，也是发达国家环境保护工作得以顺利开展的一个主要因素。

鉴于收入水平对消费者环保意识和绿色产品的市场机制形成的重要作用，而且如第三章所述，收入水平也是社会公众环境保护动力的重要制约因素，因此，增强社会公众的环境保护动力，提高社会公众的环保意识，必须努力发展经济，促进经济增长，增加居民收入。第一，转变经济增长方式，在保护环境的前提下实现经济增长。经济增长是居民收入水平提高的基础，只有保持经济的持续增长才能保证居民收入水平的不断提高。在过去的很多年里，人们始终认为保护环境与经济增长是一对矛盾，将二者对立起来，只不过有些人认为，为了保护环境，宁愿以较低的经济增长速度为代价。事实并非如此。例如，在当前资源约束越来越强的情况下，通过技术改进或发展循环经济，提高资源利用效率，虽然短期内会增加成本投入，但从长期来看，由于实现了资源的充分利用，则可以增加收益，因而是达到经济增长和环境保护双重目标的重要途径。环境技术也是如此。早在1994年，美国政府就发布了一份由前总统克林顿和前副总统戈尔签发的报告，指出"环境技术的世界市场正在急速增长，并将在今后继续增长。这些技术给美国提供了同时实现经济目标、环境目标和能源目标的一个令人兴奋的机会"，环境技术是"既保护环境又保持经济增长的技术"[1]。据统计，环境技术的世界贸易额已达到6000亿美元，美国在其中占据了巨大的市场份额。政府通过宏观经济杠杆，引导环保产业的发展，既可以获得经济增长，又实现了环境保护，从而起到一举双得之效。第二，在收入分配方面，加大财政调节力度，注重社会公平。效率和公平是衡量一切经济活动的准则，其中公平包括经济公平和社会公平两个方面。改革开放以来，我国在收入分配方面以效率为中心，注重"多劳多得"的经济公平，

---

[1] 唐沈：《克林顿政府对环境技术空前重视——介绍白宫报告"面向可持续发展的未来的技术"》，《全球科技经济瞭望》1995年第3期。

导致收入差距呈扩大趋势，社会公平受到较大影响。据世界银行的统计数字，我国的基尼系数在改革开放前为 0.16，2004 年我国基尼系数已超过 0.465①。有数据表明，将灰色收入纳入统计，目前城镇最高与最低收入 10% 家庭间的人均收入差距约 31 倍；城乡合计，全国最高与最低收入 10% 家庭间的人均收入差距约 55 倍②。这种收入分配差距是市场失灵的重要表现之一，而环境保护工作的顺利开展需要全体社会成员环境意识的普遍提高，不能仅仅依靠少数人的努力。因此，有必要增强财政收入分配调节功能，提高中低收入人群的收入水平，增强社会公众整体的环境保护动力。国家发改委公布的《中国居民收入分配年度报告（2006）》显示，我国政府调节收入力度不够。2005 年，全国征收的个人所得税占各项税收的比例只有 7.3%，占居民总收入的比例只有 2.5%；同期，在政府财政支出中，用于抚恤、社会福利救济和社会保障的补助支出的费用占居民总收入的比例只有 3%③。

收入水平的提高不可能一蹴而就，而且也不受人的主观意志所左右，因此，提高消费者的环保意识，还必须重视教育和借助社会媒体的舆论宣传，畅通社会公众的环境保护参与途径。总之，增强消费者的环境保护意识是一个长期的过程。但发达国家的实践证明，从长远来看，增强消费者的环保意识，完善有利于环保的价格形成机制，培育和发展绿色产品市场，是促进经济与环境协调发展、解决环境问题的重要途径。

三　完善绿色产品有效需求机制

企业利润总额与其产品销售数量成正比。当产品销售价格与单位平均成本一定时，产品销售数量越多，企业利润总额就越多。因此，形成绿色产品的有效需求机制对于增加环保企业利润、增强环保企业环境保护动力意义重大。绿色产品需求机制在我国和其他国家已经初步建立，加强产品技术检测、推行企业和产品环境认证制度、发展清洁生产等方式均有助于

---

① 《中国基尼系数逼近 0.47　缩小收入差距七大对策》，《上海证券报》2006 年 3 月 13 日。
② 王小鲁：《剖析灰色收入》，《财经》2007 年第 11 期。
③ 《发改委报告称政府调节收入不力　收入差距扩大》，东北新闻网，2007 年 2 月 1 日，http：www.nen.com.cn。

完善绿色产品有效需求机制，增强企业的环境保护动力。

如各国规定的产品进入市场的环境技术标准限制（如蔬菜的农药残留量限制）和国际贸易中的环境贸易壁垒（如企业环境认证），使得不符合环保要求的产品无法进入市场，客观上增加了绿色产品的有效需求，使得企业出于竞争压力具有环境保护的动力。目前，我国已制定了 79 种农药在 32 种（类）农副产品中 197 项农药最高残留限量（MRL）的国家标准，如规定亚胺硫磷（Phosmet）在茶叶中的最高残留限量为 0.5 毫克/千克；日本对从中国进口的大米规定了 104 项农药残留检测项目，对我国茶叶的农残检测项目为 77 项，超过规定的标准便不准进口。其他国家和地区也有类似的规定，如欧盟自 2004 年起，正式禁止 320 种农药在欧盟的销售，其中涉及中国的农药产品多达 60 余种，由于这些农药属我国种植业中常用的品种，要将我国的水果、蔬菜等多种农产品出口欧盟，就必须停止使用这些农药。上述规定有利于刺激企业迫于竞争压力而生产绿色产品，保护环境。

同时，社会公众受健康理念的引导，对绿色产品，特别是绿色食品的需求量不断增加，也有利于促使企业实施绿色生产。以韩国为例，韩国农林部提供的数据显示，由于需求量增加，2005 年韩国绿色农产品种植面积达到 5 万公顷，是 5 年前 2000 公顷的 25 倍；种植农民数从 5 年前的 2000 户增加到 5.3 万户；绿色农产品在全部农产品中所占的比重从 2000 年的 0.2% 提高到 2005 年的 4%。与 2004 年相比，2005 年韩国绿色农产品产量增长 73%，农民数与认证面积各增长了 83% 和 79%[1]。而且随着消费者对绿色农产品的关注程度越来越高，对绿色产品的需求增长趋势仍将持续下去。

第二节　政府调控机制的构建

政府对区域经济发展起着重要作用。正如经济学家阿瑟·刘易斯指出的，"如果没有一个高瞻远瞩的政府的积极推动，没有一个国家能够在经

---

[1] 《韩国对绿色农产品需求每年递增》，第一食品网，2006 年 2 月 6 日，http://www.foodqs.com。

济上取得进展"①。在现代市场经济条件下，政府的职能主要在于弥补或纠正市场失灵，使资源配置更有效率。政府进行宏观调控的手段包括行政手段、法律手段和经济手段。有些发达国家，如美国、日本，早期主要采取行政手段来保护环境，但实践证明，简单的行政手段在保护环境方面效果并不理想，于是转而使用经济手段和法律手段促进环境保护，取得了较好的效果。目前，世界各国在协调经济发展与环境的关系时，普遍以经济手段和法律手段为主，辅之以必要的行政手段。西方发达国家，如美国、日本、德国、丹麦等，经过多年的探索，已基本建立起一套行之有效的经济与环境协调发展机制。以德国为例，通过综合运用行政手段、法律手段、经济手段和社会参与监督的方式，德国已建立了完善的环境管理监督机制，实现了环境"良治"（Good Governance）。

增强区域开发与环境协调发展动力的政府调控机制的作用机理在于：政府利用法律手段和行政手段直接对企业的环境行为产生鼓励和限制作用，利用信贷、税收、罚款、补贴等经济手段通过市场机制作用影响企业的利润水平，间接对企业环境行为产生引导和激励作用，从而增强企业的环境保护动力。

一　强化环境保护法制管理

现代社会是法制社会，法律、规章等正式制度是政府实施行政管理的依据，也是企业及社会公众的行为准则，政府的职能和权威决定了它具有提供环境保护正式制度的责任和能力。法规制度直接对区域开发主体的行为进行规范，违法者要受到相应的制裁。美国比较重视区域开发制度建设。早在 20 世纪 30 年代美国对田纳西河流域的开发中，作为区域开发的制度保证，美国国会在 1933 年通过了《田纳西河流域管理局法案》（Tennessee Valley Authority Act）。该法案的前言部分明确指出：法案是为了改进田纳西河的航运条件，提高防洪能力；为了田纳西河流域的森林再造和土地的有效利用；为了该地的工业和农业发展；通过成立一个公司营运该

---

① 〔英〕阿瑟·刘易斯：《经济增长理论》，周师铭译，商务印书馆，1996，第 411 页。

地的政府财产来保护自然①。

我国现行环境保护法规主要由以下几个部分组成：一是环境保护法律，如《中华人民共和国环境保护法》《中华人民共和国海洋环境保护法》《中华人民共和国水污染防治法》《中华人民共和国固体废物污染环境防治法》《中华人民共和国大气污染防治法》《中华人民共和国环境噪声污染防治法》《中华人民共和国森林法》《中华人民共和国草原法》《中华人民共和国渔业法》《中华人民共和国矿产资源法》《中华人民共和国土地管理法》等；二是环境保护行政法规和法规性文件，如《中华人民共和国大气污染防治法实施细则》《中华人民共和国防治陆源污染物污染损害海洋环境管理条例》《中华人民共和国防治海岸工程建设项目污染损害海洋环境管理条例》《中华人民共和国海洋石油勘探开发环境保护管理条例》等；三是环境保护部门规章和规范性文件，如《排放污染物申报登记管理规定》《防治尾矿污染环境管理规定》《国家环境保护最佳实用技术推广管理办法》《建设项目环境保护管理办法》等；四是涉及环境保护内容的相关法律、法规，如《化学危险物品安全管理条例》《农药管理条例》《节约能源管理暂行条例》等。这些法规明确了对经济主体环境行为的禁止、限制和鼓励，使得环境保护有章可循。

我国从 20 世纪 80 年代开始广泛制定环境保护方面的法律、法规，然而，目前我国生态破坏和环境污染问题却有愈演愈烈之势。有关统计表明，全国七大水系 409 个监测断面，劣 V 类水质占 30%，基本丧失使用价值，全国 75% 的湖泊出现了不同程度的富营养化，全国尚有 3.6 亿农村人口喝不上符合标准的饮用水②。如今，酸雨覆盖我国 1/3 的国土面积，主要分布在长江以南各省。我国环境问题未得到根本和有效的遏制，从制度层面来看，主要有两个方面的原因。

第一，法规制度不健全。

完善的法规制度是一个国家、一个社会正常运转的基础，构建完善的能够增强区域开发与环境协调发展动力的法律机制，首先应建立完善的环

---

① *Tennessee Valley Authority Act*, Current as of February , 2001.

② 中国社会科学院环境与发展研究中心编《中国环境与发展评论》（第二卷），社会科学文献出版社，2004，第 32 页。

境法规体系，使得环境执法有法可依，并以此约束区域开发主体的环境污染和生态破坏行为。我国环境法规制度主要存在以下三个方面的问题。一是环境法规不完善，在确认某些环境违法行为时缺乏法律依据。以湿地保护为例，我国目前就没有相关的保护制度，从而导致破坏湿地的行为无法得到有效惩处。湿地是地球上具有多种独特功能的生态系统，与森林、海洋系统并列，是地球上的三大生态系统之一，在维持生态平衡、保持生物多样性和珍稀物种资源，以及涵养水源、净化空气、调节气候、控制土壤侵蚀等方面均起到重要作用，享有"地球之肾"的美誉。我国乃至全世界的湿地面积已十分有限。然而在吉林莫莫格国家级自然保护区，2004~2007 年，为了个人私利，已有 2101.3 公顷湿地被开垦破坏①。其间，该自然保护区管理局虽然数次进行阻止并提请法律制裁，但终因缺乏相关法律依据而被检察院驳回，从而导致湿地破坏行为屡禁不止。二是法律规定不完善，缺乏配套措施。如《中华人民共和国环境保护法》规定："国务院环境保护行政主管部门，对全国环境保护工作实施统一监督管理。县级以上地方人民政府环境保护行政主管部门，对本辖区的环境保护工作实施统一监督管理。"然而在执法权力方面，则规定环境保护行政主管部门仅有警告和罚款权，没有责令关闭或停产的权力，而且在一个行政处罚期内，只能处罚一次；即使诉诸法律，也有大约三个月的诉讼期，在此期间，环保部门没有任何权力阻止环境违法行为。这就造成了环境违法企业罚款上交、违法行为照做的局面，环境违法行为屡禁不止。甚至在国家环保总局向全社会通报的环境违法事件中，也同样存在"一些项目对环保执法置若罔闻，继续违法运行"的情况②。三是处罚过轻，无法起到应有的震慑作用。我国环境违法处罚过轻是导致企业环境违法行为的主要原因之一。我国相关法律规定环境违法罚款数额最高为 100 万元，这对于年营业额在数千万元、数亿元的企业来说根本起不到任何惩治作用。这一点与发达国家相比有很大区别。以美国为例，巨额的环境违法罚款足以使企业经营无以为继。如美国杜邦公司，由于在生产不粘涂层"特氟龙"的过程中使用了

---

① 徐岩、谭志斌：《莫莫格湿地 竟成掘金窟》，《城市晚报》2008 年 7 月 1 日。
② 王大鹏：《环保总局表示区域限批范围将扩大》，《北京晨报》2007 年 2 月 1 日。

一种有毒化学品，而杜邦公司却隐瞒了这种化学品的危害，因此需要支付1025 万美元的罚款，并须支付 625 万美元用于环境工程①。

第二，有法不依、执法不严。

法律、法规的制定为环境保护的实施提供了制度依据，但若不能严格执法，制度只能是一纸空文，而且丧失了法律、法规的权威性。目前环境违法事件屡禁不止虽然有法律、法规尚不完善方面的原因，如环境立法存在空白，配套立法迟缓，现有法律、法规对部分环境违法行为没有规定相应的法律责任，等等，然而当前发生的很多环境问题，不是制度缺失，而在于有法不依，执法不严。

贵州省遵义县毛石镇的矿产资源在开发过程中遭受严重破坏性开发就是一个典型案例。钼作为一种不可替代的战略资源，由于没有替代产品，近年来在国际市场上的价格一路攀升。贵州省遵义县毛石镇的钼镍矿品位高，藏量丰富，具有较好的开发价值，国家明令禁止"以探代采"和"非法转租探矿权"。但是在那里开矿的个体经营者和遵义市金川矿业公司却只有勘察许可证，没有开采证，遵义市金川矿业公司还把探矿区划片租赁给 10 多个个体经营者。由于没有经过系统勘察和采矿设计，造成乱采滥挖、采富弃贫，而且开发手段原始，技术水平落后，很多能够利用的半生矿和次生矿，白白地被浪费。这种掠夺性开发不仅给矿产资源造成了严重的破坏和浪费，而且随意丢弃矿渣也污染了水源。另外，矿产资源蕴藏地就是国家的天然林保护区，一方面，矿资源开发过程中破坏了森林植被；另一方面，矿洞支撑需要的木材也大多是就地取材，据统计，这些矿洞每天消耗的木材总量高达六七十方，森林资源被破坏②。这种无视国家法规进行的破坏性资源开发不仅对矿产资源造成了严重的破坏和浪费，而且对环境也造成了极大危害。

地方保护主义是我国当前法律、法规空置的主要原因之一。以产业开发为例，近年来，为发展地区经济，我国许多地区大规模地招商引资，进

---

① 《美国杜邦公司已同意支付 1025 万美元罚款》，倚天商务信息网，2006 年 12 月 16 日，http://www. ecchn. com。

② 《贪婪的矿洞——节约中国》，央视国际，2005 年 8 月 7 日，http://www.cctv.com/news/china。

行产业开发。然而许多地方政府出于各种目的，不顾国家产业政策要求和环境保护要求，公然违规建设了许多违反国家产业政策和环境保护政策的项目。内蒙古通辽梅花科技有限公司是通辽市重点招商引资项目，被列为内蒙古自治区农业产业化重点企业。该企业一期工程超标排污，二期、三期工程在未办理环保手续的情况下也加紧施工。对这样一个严重违反国家环保法律、法规的企业，当地政府却免收企业包括排污费等所有行政费用，甚至明文要求对企业进行检查需事先提出申请经同意后方可进入。陕西省在严查环境污染反弹行动中，发现一位福建投资者投资 2800 万元在陕西榆林地区建设的轧钢厂属于国家明令禁止的淘汰工艺，不符合国家产业调整政策，无法通过环保评审，不能投入生产。按照有关法规，轧钢厂根本就不能立项。投资者不了解相关规定尚情有可原，作为政策的制定者和执行者的地方政府相关部门难道也不了解相关制度规定吗？建设轧钢厂是当地政府批准的招商引资项目，那么，已发生的 2800 万元建设成本应由谁来负担？上述由于地方保护主义导致的有法不依现象并非个案，从 2005 年 1 月 18 日被国家环保总局叫停的 13 个省市的 30 个大型项目（其中包括总投资为 69.7 亿元的三峡地下电站项目和投资 446 亿元的金沙江溪洛渡水电站项目），到圆明园防渗工程、南京紫金山扩建工程、内蒙古通辽市违法排污企业等情况可见一斑。这些项目都没有事先进行法定的环境影响评价即擅自开工建设，严重违反了《环境影响评价法》和《建设项目环境保护管理条例》的有关规定。近年来，其他的诸如内蒙古新丰电厂事件、湖南省岳阳县饮用水砷超标事件、甘肃上百人血铅超标事件等地方政府充当违法企业保护伞的事件屡屡被曝光，这一方面说明中央政府打击环境破坏行为的力度增强，但另一方面也反映了地方保护主义造成的执法不严的严重程度。

体制原因决定的环境保护部门的位置，也是我国当前法律、法规空置的重要原因之一。首先，环保部门缺乏必要的行政强制权。由于体制原因，我国环保部门缺乏必要的行政强制权，对严重污染环境的企业缺乏限产或者停产治理的决定权，即使发现有重大污染隐患或者发生污染事故等紧急情形，环保部门也只有建议权而不能责令其停止排污。环保部门对行政管理相对人所做的决定，必须申请人民法院来执行，往往历时较长，不仅丧失了典型案件的实效性，而且因发现污染也不能即刻停止而延长了污染损害时间，加重了污染损害程度。其次，环保部门易受政府影响和干预。环保部门是国家行政管理部门之一，受纵向和横向双重领导：纵向上受国家环保总局的领导，横向上受地方政府领导，即通常所说的条条领导和块块领导，而且以横向（块块）领导为主。由于受地方政府的领导，地方环保机构的人、财、物都归地方政府管理，迫于压力，环保部门的行为必然要受到地方保护主义的影响和其他行政部门的干预，从而影响环境法律、法规作用的有效发挥。

针对有法不依、执法不严问题产生的主要原因，要解决这一问题，应从以下四个方面入手。

第一，尽快改革政府公职人员的政绩考核制度。

政绩是政府官员追求的一个主要目标。目前，在多数地方政府的政绩考核体系中，经济增长速度和招商引资数量都是主要的考核指标，环境指标比重很小。因而造成了在产业开发过程中，地方政府盲目追求签约数量和经济增长速度，而违反国家有关环境法律、法规的规定，签订不符合国家产业政策和环保政策项目的事情时有发生。可以说，现行的政府官员的政绩考核制度是产生地方保护主义的一个重要原因，必须尽快对其进行改革。中央政府和有些地方政府以及很多社会公众已经意识到这一点。中华环保联合会等机构的一项调查结果显示，几乎所有的公众（97.5%）都赞成将环保指标纳入官员政绩考核体系；有些地方政府已经将环保指标纳入了考核体系，如江苏省句容市在考核领导干部政绩时，实行了环保工作的"一票否决制"；中央政府也已进行试点，准备在全国推行政绩考核制度改革。为了减少因制度缺陷造成的环境破坏，应尽早全面实施。同时，在整个考核体系中，即使增加了环境考核指标，但如果环境指标的比重不够大，经济增长和招商引资所占的比重依然较大，那么，地方政府的环境保护动力就不会被充分激发，地方政府依然会成为环境违法行为的保护伞。

第二，完善监督制度，发挥社会公众的监督作用。

当前，政府是环境法规的制定者，也是环境法规的执行者和环境的管理者，然而这种高度集中的政府权力却没有受到有效的监督。没有监督的权力必然滋生腐败，这已被无数事实所证明。从而不难理解为什么在黄河流域一些省区污染企业"扎堆"的地方发生环保部门"肥得流油",而在污染企业被大量关停的地方环保人员却连工资都发不出①的怪异现象。"阳光是最好的防腐剂",这是现代政府运作的核心理念之一。发达国家的实践证明,建立社会公众广泛参与的社会监督机制,不仅成本最小,而且也最有效。能够切实发挥作用的社会公众自下而上的对政府部门的监督比政府自上而下以及同级政府部门之间的互相监督之所以更有效,不仅在于公众的监督范围更广、成本更低,更主要的原因是公众与政府官员的追求目标存在差异。山西省环保局 2006 年公布的一项问卷调查显示,在接受调查的人群中,93.31%的群众认为环境保护应该与经济建设同步发展,然而却有高达 91.95%的市长(厅局长)认为加大环保力度会影响经济发展,仅有 6.51%的市长认为"不会"②。之所以会出现如此巨大的反差,并不是因为公众的思想境界或环保理念比这些市长(厅局长)更高,更主要的原因是追求目标的差异。山西省作为我国重要的能源基地,煤炭资源开发是其财政收入的重要来源之一,在当前尚不发达的经济水平和技术水平以及尚未形成有效的补偿机制的条件下,市长(厅局长)无论是从政治利益还是经济利益考虑,均不可能放弃煤炭资源开发或在短期内解决破坏性开发问题,因此认为加大环保力度会影响经济发展。而对于社会公众来说,他们切身感受到多年来破坏式的资源开发给当地环境造成的巨大影响,意识到不合理开发产生的土地塌陷、植被破坏、空气污染等环境问题已经危害到其当前和未来的生存。生存需要是人的最基本需要,也是其他需要的前提和基础,如果没有了生存这一前提,其他需要根本无从谈起。为保证基本的生存需要,公众自然认为环境保护应该与经济建设同步发展。因此,能够真正给予公众监督权力并保证这种监督权力能够真正实施的监督机制,才是决策反映民意和实现"一切权力在于人民"原则的根本保障。

第三,强化环保部门作用,采取措施赋予其一定的强制性权力和独立性。

没有权力的监督只能是流于形式。赋予环保部门一定的权力和独立性

---

① 东方愚:《"庇古税"引发的环保市场化思考》,《广州日报》2005 年 8 月 2 日。

② 王炤坤:《山西 9 成受访官员认为加大环保影响经济发展》,《中国青年报》2006 年 11 月 13 日。

是环境执法的必要条件。现在我国有关环保的法规有 40 多部，但赋予环保部门的权力有限，仅具有罚款权。具有较强处罚作用的停产治理、限期治理等权力均要由当地政府批准。对此，我国学者提出了一些观点。其中，本书认为相对可行和有效的有：通过设立环境法庭以解决环保部门缺乏强制性权力导致环境案件处理周期过长问题的观点；制定行政强制执行的相关条例，就执行程序等做出明确规定，从而确保环境机构具备直接的强制执行权的观点；通过实行环保部门垂直领导，取消其横向归属，以解决地方政府对环保部门的影响的观点。

第四，改革财政体制，完善财政转移支付制度，提高中央政府的宏观调控能力。

地方政府部门之所以宁愿充当环境污染企业的保护伞，从政府官员个人来看，不排除存在以权谋私的"寻租"原因，但从政府部门总体上看，现行财政体制不完善也是重要原因之一。财政管理体制的核心是中央财政与地方财政以及地方各级财政之间的事权与财权的划分问题，我国自 1994 年开始实行分级分税的财政管理体制，中央和地方以及地方各级之间主要按照税种划分收入，将全部税收收入划分为中央财政固定收入、地方财政固定收入以及中央财政与地方财政的共享收入。如增值税的 75%、部分企业所得税、全部的消费税和关税以及海洋石油资源税等划归中央财政，地方财政收入主要来源于营业税、增值税的 25%、部分企业所得税、契税等地方税种。税收收入是我国财政收入的最主要来源，90% 的财政收入来源于税收。改革开放以来，由于对地方放权让利，近年来中央财政支出占全国财政收入总额的比重仅为 30% 左右，中央与地方的分权决定了当前中央对地方的垂直型转移支付量比较有限，而地方（省、自治区、直辖市）之间的横向转移支付制度尚未建立，因此，地方财政资金主要来源于本地税收收入。这种财政分配体制必然导致地方政府财政收入与当地经济增长速度成正比，企业作为税的主要贡献者，其收入水平、增长速度直接决定了地方政府的财力。从理论上说，政府存在"支出扩张的冲动"，有了足够的财力，无论是用于发展地方教育和医疗、改善市政设施、治理污染、改善环境，还是用于投资，促进经济的进一步发展，都是比较容易达到的。反之，越是经济落后的地区，政府财力越短缺，能够用于改善区域环境和发展经济的力量也越弱（马太效应）。这是地方政府部门在不存在"寻租"问题时也可能对污染企业听之任之的主要原因。因此，提高中央政府的宏观调控能力，加大转移支付力度，保证地方政府部门，特别是环境比较脆弱的落后地区的政府财政收入不会因提高环境污染治理力度而降低，是保证地方政府部门严格执行相关环境法规的重要措施之一。

二 加强环境保护经济调控

环境问题具有极强的外部性，而解决外部性问题的根本原则是将外部性内在化，使经济主体的行为与其结果紧密相连。当经济主体的行为产生负外部性，即私人成本小于社会成本时，通过政府干预，将外溢的这部分成本重新划归该经济主体承担，使私人成本等于社会成本；当经济主体的行为产生正外部性，即私人收益小于社会收益时，通过政府干预，将外溢的这部分收益重新划归该经济主体享有，使私人收益等于社会收益。这样能实现资源的最优配置。而政府解决环境的外部性、进行干预的经济手段主要包括信贷、税收、罚款以及财政补贴和加大环境保护投资等方式。以德国为例，德国包括碳排放权交易、生态税在内的环境污染付费体系实现了化石燃料对气候和环境所造成危害的治理成本内部化，有效降低了能耗和二氧化碳排放量；通过财政投资和政策性融资，则保证了环保设施的融资需求。

第一，对符合环境保护标准的企业给予优惠信贷支持。

企业从事生产经营的前提是货币资本投入，而现代企业的巨大资金需求一般不能通过原始的资本积累来满足，证券市场虽然是资金来源的一个重要渠道，但对于多数企业来说，银行等金融机构的贷款依然是其资金的主要来源。政府通过调整信贷政策，加大对各类环保企业的信贷支持力度，对达到环保标准或实施环保技术改造的企业给予优惠贷款支持，而对于产生环境问题、达不到环境标准的企业限制信贷资金投放，则可以起到引导资金流向、促进企业保护环境的作用。单位能耗高是企业生产过程中造成环境污染的主要原因之一，而实施技术改造是降低单位能耗的重要途径，因此通过优惠信贷安排来增强企业技术改造动力对促进区域开发与环境协调发展意义重大。科技创新及其扩散所具有的乘数效应，可以极大地放大其他生产要素的作用，从而有助于提高资源利用效率，减少区域开发对环境的不利影响。

第二，征收环境污染税。

1920 年，英国经济学家庇古在《福利经济学》一书中首先提出对污染征收税或费的想法。他建议，应当根据污染所造成的危害对排污者征税，用税收来弥补私人成本和社会成本之间的差距，使二者相等，从而使产品价格提高，减少对该种产品的生产或消费。现在，人们把针对污染物排放所征收的各种税或费统称为庇古税。庇古税的原理见图 4-6。

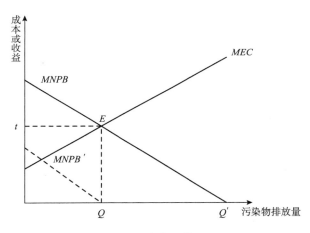

图 4-6　庇古税的原理

图中 MNPB 为企业的边际私人纯收益曲线，MEC 为边际外部（损害）成本曲线，这两条曲线相交于 E 点，与 E 点相对应的污染物排放量 Q 就是最优排放水平，对应的价格 t 就是最优庇古税率。

厂商为了追求最大限度的私人纯收益，希望将生产规模扩大到 MNPB 线与横轴的交点 Q′的水平。但是，随着生产规模的扩大，污染物排放量也增加到 Q′。如果排污量超过 Q 的水平，污染所产生的外部成本将超过生产活动所产生的私人纯收益，从整个社会角度看，社会效率为负值。如果政府向造成环境污染的厂商征收排污税，厂商的私人纯收益就会减少，MNPB 线的位置、形状以及它与横轴的交点也会发生变化。假定政府根据厂商的污染物排放量，对每一单位排放量征收特定数额 t 的排污费，那么，图 4-6 中的 MNPB

线将向左平行移动到 $MNPB'$ 线的位置。该线与横轴相交于 Q 点，表示厂商将根据其对利润最大化的追求，把生产规模和污染物的排放量控制在有效率的污染水平上。因此，t 是最优排污费率，它使有效率的污染水平等于 Q。此时边际外部（损害）成本等于边际私人纯收益。

征收环境污染税，不仅提高了有污染生产的成本，迫使排污者减少产量，从而减少污染，而且能够增加税收收入，提高政府治理环境污染的经济能力，甚至还能够促使污染企业选择低廉且适合自己的生产技术与方法，鼓励企业的创新行为。自 1972 年美国率先开征二氧化硫税后，征收环境污染税目前已成为各国政府普遍采用的控制环境污染的经济政策措施，并取得了良好的社会和环境效益。以瑞典为例，1991 年瑞典制定了环境法，从法律上确定了征收环境税的合法性，随后开征了二氧化硫税（每吨二氧化硫 3050 美元）和碳税（每吨二氧化碳 120 美元）及其他环境税种，环境税开征一年后的 1995 年，硫化物的排放量比上年减少了 16%。德国 1981 年开征水污染税，以废水的"污染单位"（相当于一个居民一年的污染负荷）为基准，实行全国统一税率，目前该税的年税额在 20 亿马克以上，全部作为地方收入用于改善水质，社会和环境效益十分明显[①]。如今的美国汽车使用量虽然大幅增加，但二氧化碳比 20 世纪 70 年代下降 99%，一氧化碳下降 97%，悬浮颗粒下降 70%。

我国环境保护主管部门在 20 世纪 70 年代末期，根据中国的实际情况，借鉴国外的经验，提出了"谁污染、谁治理"的原则，并根据这一原则，开始实施排污收费制度。1978 年 12 月 31 日，中共中央批转了国务院环境保护领导小组的《环境保护工作汇报要点》，第一次正式提出实施排污收费制度。在 1979 年 9 月颁布的《中华人民共和国环境保护法（试行）》中，排污收费制度得以明确规定。这为排污收费制度的建立提供了法律依据。1982 年 2 月 5 日，国务院批准并发布了《征收排污费暂行办法》，自当年 7 月 1 日起在全国执行。这标志着排污收费制度在中国正式建立。排污收费制度是我国最早制定并实施的三项环境政策之一，也是实施时间最长的环境经济政策之一。它是中国为数不多的纳入财政预算的行政收费，

---

① 谢地主编《政府规制经济学》，高等教育出版社，2003，第 169~170 页。

因而具有一种"准税"的性质。这项政策要求一切向环境排放污染物的单位和个体经营者，应当依照政府的规定和标准缴纳一定的费用，以使其污染行为造成的外部费用内部化，促使污染者采取措施控制污染。

我国现行排污收费制度尚不完善，主要表现在以下几方面。一是收费面不全。排污收费的对象主要是大中型企业和一部分事业单位，对第三产业和乡镇企业的排污收费仅在一部分地区实行。二是收费标准偏低。根据收费标准收取的排污费，至少应当不低于污染治理费用，而目前的排污收费标准，仅为污染治理设施运转成本的50%左右，某些项目甚至不到污染治理成本的10%，对于污染控制缺乏刺激作用，使企业宁愿缴排污费买排污权。三是污染治理资金使用效益不高。现行的排污费资金使用体制，导致有限的资金分散使用，忽视了必要的集中治理，不仅使投资效益下降，而且影响治理设施的运转。四是存在资金被挤占和挪用现象。由于是用行政手段管理排污收费资金，因而不可避免地受到来自各方面的行政干预，挤占、挪用、拖欠、积压排污收费资金的现象比较普遍①。上述问题的存在严重影响了我国排污收费制度的实施效果，急需对其收费标准、收费内容、收费方法和资金管理等问题进行改革和完善，以促进该项制度更有效地发挥作用。

第三，对企业给予财政补贴。

财政补贴与庇古税一样都是解决生产外部性的有效途径。不过，庇古税解决的是私人成本与社会成本发生偏离的生产负外部性，即通过税收增加私人成本，促使外部成本内在化，进而使私人成本与社会成本相等，从而遏制负外部性经济行为；财政补贴解决的则是私人收益与社会收益发生偏离的生产正外部性，即通过财政补贴提高私人收益，促使外部收益内在化，进而使私人收益与社会收益相等，从而弥补市场机制不足，激励正外部性经济行为。通过对环保企业实施财政补贴，一方面，可以缩小甚至抵消绿色产品与普通产品的成本差，从而增强产品竞争力；另一方面，可以增加绿色产品供给，使绿色产品的供给曲线右移，从而使得相同产量要求的价格补偿降低，有利于形成消费者和企业均愿意接受的均衡价格。

---

① 马中主编《环境与自然资源经济学概论》，高等教育出版社，2006，第267～268页。

政府可以根据财力情况对两类企业给予财政补贴：一类是符合环境标准的绿色产品生产企业，另一类是实施技术改造、减少环境污染的企业。对绿色产品生产企业给予财政补贴，通过市场机制的作用，可以产生两个方面的促进绿色生产的经济效应：一是培育绿色产品市场，二是促进环保企业的成长和壮大。政府直接给予绿色产品的生产企业财政补贴，可以降低企业生产成本。企业生产成本降低，一是可以降低绿色产品的市场价格。一方面，使得绿色产品与普通产品相比，增加了绿色产品的市场竞争力；另一方面，较低的价格可以引导和促进消费，刺激消费者的绿色产品消费需求，从而有利于绿色产品市场的培育和扩大。二是在价格一定的条件下，可以增加环保企业的利润空间，有利于环保企业进行技术改造，增强企业实力，促进企业的成长和壮大。对实施技术改造、减少环境污染的企业给予财政补贴，则可以起到引导企业投资方向和促进产业结构调整的作用。

当然，实行各种方式的财政补贴可能产生一定的消极后果，政府制定补贴制度和企业追求补贴可能会蜕变为一种"设租"和"寻租"的过程。例如，政府按企业产品是否通过环保标准认证而获得环境标志为标准发放补贴。这时，企业便有积极性去贿赂认证部门的政府官员，以获得环境标志上的"准租"，于是真假绿色产品将同时进入市场。除了寻租本身的问题外，还会引起非对称信息市场上的"劣质驱逐良质"的严重后果[1]。但是，在培育促进区域开发与环境协调发展的市场机制发展的初期，采取各种补贴和优惠方式是降低实施环境保护措施企业成本、增加企业收益和刺激企业产生环境保护动力的最直接和较为有效的途径。

第四，调整财政支出结构，加大环保投资力度。

环境问题是人类经济活动的结果，反过来，环境问题的解决又需要一定的经济投入。据专家估计，在现代生产规模、科技水平和自然资源状况的条件下，把国民生产总值的 2% 用于环境保护，可以大大减缓环境恶化的过程；为了完全停止环境恶化过程，需要拨出国民生产总值的 5% 用于

---

① 柳思维、李陈华：《"绿色经济"中环保产品市场正外部性失灵问题及对策分析》，《消费经济》2002 年第 1 期。

环境保护；而为了保证全面和迅速地恢复丧失的国民福利，则需要拨出国民生产总值的 8% ~ 10%。许多国际组织和各国环境经济专家经研究后得出了基本一致的结论，即只要花费国民生产总值的 1% ~ 2%，大体上就可以控制污染，使环境保持在一个可以接受的水平上[①]。从 1983 年国务院在第二次全国环境保护会议上宣布"环境保护是我国的一项基本国策"至今的 30 年来，我国环境污染一直未得到有效控制和治理的一个重要原因就在于环境保护设施投入大而且运转费用较高，而我国环境投资相对较少。"七五"（1986 ~ 1990 年）期间环保投资占同期 GNP 的比重约为 0.69%，"八五"（1991 ~ 1995 年）期间这一比值约为 0.73%，"九五"前三年（1996 ~ 1998 年）这一比值约为 0.74%[②]。2001 年 ~ 2005 年，我国环境污染治理投资占 GDP 的比重有较大增加，分别为 1.01%、1.14%、1.20%、1.19%、1.30%。

环境保护的巨大投资需求是个别经济主体无力承担的。以美国为例，仅实施《清洁大气法》（1980 年）每年就需增加污染控制费用 200 亿 ~ 500 亿美元。《中国跨世纪绿色工程计划》（第一期）涉及 1399 个项目，投资总额高达 1830 亿元，平均每个项目治理成本达 1.3 亿元[③]。如此巨大的投入，若非政府支持，很少有企业能够承担。此外，环境具有很强的公共物品性质，这种产品特性决定了单纯依靠市场机制很难实现环保资金的有效和充足投入。以下两个方面的环保支出应主要由政府承担。

一是个别经济主体不愿意和无法承担的环境保护项目投资。如大规模的国土整治、大江大河的改造、大面积的植树造林等环境建设工程不仅涉及的空间范围广、利益主体多，而且需要巨额的资金投入，并具有建设周期长、效益难以衡量和投资回收慢等特点，这些特点使得个别经济主体不仅不愿意，而且也没有能力承担环境建设的重任。

二是环保技术创新资金。环保技术是同时具有经济性和社会性特点的技术，其社会效益往往大于企业个别效益，对于促进国家的经济与环境协

① 姚建主编《环境经济学》，西南财经大学出版社，2001，第 307 ~ 308 页。
② 根据姚建主编《环境经济学》，西南财经大学出版社，2001，第 312 页数据整理。
③ 吴承业：《论政府在中小企业环境保护中的主导作用——泉州市中小企业环境保护问题思考》，《华侨大学学报》（哲学社会科学版）1998 年第 2 期。

调发展具有重要意义。技术创新对于环保企业的发展壮大至关重要，但技术创新又存在着一定的风险。一方面，技术创新通常都需要有较多的资本投入和较长的研究周期；另一方面，技术创新的结果未知，即事先无法得知能否实现预定的技术创新结果，一旦失败，则企业成本损失巨大。因此，对于很多企业来说，环境保护技术创新的动力不足。有资料显示，2003 年，我国大中型企业研究和开发的投入只占 0.75%，而发达国家这一比例达到 2.5% 以上；我国只有 25% 的大中型企业有研发机构，43% 的开展研发活动，而发达国家 80% 的科研在大企业中完成①。为此，作为区域开发的重要参与主体的各级政府部门，应调动科研院所、社会机构、企业等各方力量，调整财政支出结构，加大环保技术研发资金投入，承担起环境保护的重责。政府应确立正确的科技政策取向，即在进行科技投入时，不仅要考虑其对自然的开发能力，而且要充分考虑到对生态系统的修复能力；同时，采取多种措施，有效运用科技法规或政策，形成对生态化科技创新的制度激励，促进企业实施生态化科技创新，为区域开发与环境的协调发展提供技术支撑。

第五，加大环境违法的罚款力度。

罚款属于行政处罚，同时也属于经济处罚，其目的在于通过经济处罚使经济主体不犯错误或改正错误。实践证明，经济主体的违法行为越容易被查处，罚款越重，则经济主体的违法概率就越小。博弈论的有关理论也证明了这一点。然而，并不是规定了罚款就可以杜绝违法行为。在明确了解某种行为违法的情况下，经济主体有时依然选择实施该行为，其原因就在于成本和收益相比较，违法收益大于违法成本。单纯就罚款来看，违法成本是罚款数额和被查处概率的函数。罚款数额越多、被查处概率越高，则违法成本越大，当违法成本大于违法收益时，经济主体才趋向于选择守法；反之，罚款数额越少、被查处概率越低，则违法成本越小，当违法成本小于违法收益时，经济主体将趋向于选择违法。因此，加大环境违法的罚款力度，规范环境执法行为势在必行。

第六，建立水资源跨区域经济补偿制度。

---

① 任黎明、计红梅：《自主创新：中国发展的战略基点》，《科学时报》2006 年 1 月 19 日。

我国目前水资源污染十分严重，大江大河已经不堪重负。《2007 年中国环境状况公报》显示，2007 年，我国 197 条河流 407 个断面中，Ⅳ~Ⅴ类和劣Ⅴ类水质的断面比例分别为 26.5% 和 23.6%；七大水系中，除珠江、长江总体水质良好外，松花江为轻度污染，黄河、淮河为中度污染，辽河、海河为重度污染①。近年来，河流污染事故频发，自 2005 年 11 月松花江苯污染事件后，接连发生了广东北江镉污染、湖南资水化工污染、重庆垫江苯系物泄漏以及湖南湘江镉污染事件，给居民饮用水安全以及江河流域生态系统的稳定造成了严重威胁。国家环保总局局长周生贤在接受采访时曾指出，我国将采取严控各类污染排放、深化工业污染治理、提高城镇污水处理水平等措施确保河流污染防治②。然而，从经济学角度看，我国水资源环境始终没有得到改善的重要原因在于，河流的流动性特征导致其污染和治理具有典型的外部效应。从排污影响来看，由于水具有流动性，上游区域企业生产和居民生活污水排放后，会流入下游地区，对本地区影响相对较小；而从污染治理来看，污染治理成本需要由本地区企业或政府承担，而污染治理的收益则更多地被下游地区获得。在现行制度条件下，这种成本和收益的偏离导致处于水源上游区域的与当地企业经济利益密切相关的地方政府缺乏环境保护动力，进而导致上游地区的企业和社会公众同样缺乏环境保护动力。下游地方政府从自身利益出发，不会无条件地治理上游区域造成的污染，而是倾向于将污染归咎于上游区域，进而纵容本地区的企业和居民个人排污。这是导致河流污染问题无法得到解决的重要原因。因此，建立水资源跨区域经济补偿制度，从经济上使河流污染的外部成本内部化，是解决河流跨区域污染问题的根本措施。

三　强化环境保护行政管理

行政手段曾被广泛应用于环境保护，目前虽然其作用有所弱化，但依然是政府协调经济与环境发展的重要手段之一。增强区域开发主体环境保护动力的行政机制主要包括行政许可、行政激励和行政示范等措施。

---

① 《2007 年中国环境状况公报》，中国环境保护网，2009 年 3 月 20 日，http://www.epday.com。
② 顾瑞珍：《环保总局：六大措施确保河流污染防治》，新浪网，2007 年 11 月 14 日，http://news.sina.com.cn。

第一，行政许可制度。

行政许可是国家专门机关根据客观需要，对某些方面的资格和行为规定严格的条件，对申请人是否具备这些条件进行审查并做出是否准许其具有或实施被限制的资格或行为的决定的行为。对满足条件的经济主体颁发许可证。通过实行环境的行政许可制度，可以有效地将不满足环境保护要求的开发企业拒之门外，强制性地限制区域开发主体从事某项开发活动必须符合环境保护要求，从而增强区域开发主体的环境保护动力，有利于从源头上制止环境破坏行为。我国在防止环境污染和资源保护中，广泛应用着行政许可制度。例如，在海洋保护方面，实行废弃物倾倒许可证制度；在森林资源保护方面，实施了采伐许可证制度；在大气污染防治方面，实施了大气污染物排污许可证制度。行政许可制度对环境保护必不可少。对于存在负外部性的环境污染行业，如化工、冶炼等，必须通过行政许可制度严格准入条件，从源头上控制环境污染；对于环境影响巨大或者具有不可再生性的资源开发，如树木采伐、海洋捕捞、石油开采等，也必须通过行政许可制度限制自由进入，否则，必将导致资源的破坏性或灭绝性开发，从而导致严重的环境问题而无法实现可持续发展。

第二，行政激励措施。

行政激励措施包括正向激励措施和反向激励措施两个方面。通过政府行为，建立环境保护的激励机制，也是促进环境保护的一个有效手段。在信息不对称条件下，企业形象是增强产品竞争力、使企业获得长远发展的重要影响因素，是企业的一项无形资产，各类企业——特别是经营比较规范、具有发展潜力的企业——越来越重视塑造企业形象。塑造企业形象包括很多方面，各种评比是其中一项。各级政府和各有关部门在评选各级各类先进企业时，将环境保护作为一项考核指标，实行环保指标一票否决制，则可以起到激励企业保护环境的作用。这种行政激励措施在有些地区已经实行。例如，河南省政府在企业评先中就加入了环境保护考核项目，规定企业参加评先活动，在环境保护方面必须同时具备下列条件：①主要污染物废水、废气实现达标排放或外排废水、废气达标率在国内同行业中处于先进水平；②固体废弃物有专门的贮存场地或得到妥善处理；③生产过程中产生的噪声无扰民现象；④三年内未发生污染纠纷。而通过对破坏环境的企业进行反向激励，如社会公示，则可以降低企业的品牌价值，特别是在消费者的环境意识充分提高的情况下，这种反向激励措施对于引导消费作用巨大，最终将影响对企业的产品需求，降低其利润水平，从而促使企业增强环境保护动力。

第三，行政示范措施。

中国有句俗语："正人先正己"。政府作为环境保护的主导者，其行为对社会具有很强的示范和导向作用。由于思想意识问题和制度设计不合理等原因，我国政府机构存在严重的能源浪费问题。例如，北京市对市、区政府机构 2004 年的能源消费调查结果显示，48 家政府机关的人均耗能量、人均年用水量和人均年用电量分别是北京市民的 4 倍、3 倍和 7 倍。其中，政府机构的人均年用电量最高值达到 9402 千瓦时，相当于北京居民人均年用电量 488 千瓦时的 19 倍[①]；湖北省公布的 20 个省直机关办公楼审计结果显示，这些机关建筑每年每平方米的平均耗电量为 80 千瓦时，而民宅平均耗电量为每年每平方米 20~30 千瓦时，机关办公建筑能耗平均是民宅的 3~4 倍[②]。政府机构的能源浪费行为与中央政府建立资源节约、环境友好型社会的倡导形成极大的反差，起着极坏的社会示范作用，不利于增强企业和社会公众的环境保护动力。美国联邦政府曾发布一系列行政命令，要求政府各部门尽量购买可再生的物品，改善建筑物的能源利用效率，加速淘汰那些会释放破坏臭氧层的化学物质的物品，采取各种节能措施，目的是通过示范行动向美国公众表明，这样做确实有利于保护环境。上海市环保局 2000 年率先启用国产办公文化再生纸，在其带动下，截至 2005 年 6 月，包括上海市经委、上海市粮食局、上海市人大城建环保委等 33 家机关相继使用了办公再生纸。2001 年上海机关再生纸的使用量仅有 1 吨，2004 年已突破 20 吨。这些单位的工作人员基本都用上了再生纸名片，其中 9 家已使用再生复印纸和打印纸，而上海市环保局用的名片、信封、复印纸、双胶打印纸、档案资料

---

① 刘进：《特别策划：节约从你我做起、点滴做起》，人民网，2005 年 7 月 11 日，http://politics. people. com. cn。

② 《机关耗电量 3~4 倍于民宅的警示》，《广州日报》2008 年 6 月 15 日。

袋和包装袋均使用再生纸，发挥了很好的示范推广作用①。

需要强调指出的是，环境保护需要以政府为主导，是一项政府责任，而不是单纯一个环保部门的责任，而且，我国的环境保护工作涉及工商、林业、水利、矿产和海洋等多个部门，既有权力交叉，又有监管空白。因此，必须充分协调各部门的关系，建立高效的协调机制，整合监管力量，形成监管合力，为环境保护行政主管部门创造依法行政的宽松环境，保证严格执法，而不能仅仅依靠环境保护部门行为。例如，临汾市在"千年达标""工业大气污染综合整治""六五关停"等大型整治行动中，由市政府组织协调，环保局牵头，计划、土地、工商、电力等有关职能部门的积极协调配合，才使各项大行动得以顺利实施，并取得较好的成果。

总之，上述各种手段在形成区域开发与环境协调发展机制方面均具有重要作用，必须予以重视。作为一个促进区域开发与环境协调发展的系统，上述政府调控机制并非相互独立，而是相互联系、彼此渗透的。经济机制和法制机制需要行政手段来保证其实施，而行政机制——特别是在依法行政的条件下——以法律、法规为依据，经济机制又是强化法律、法规惩治效果的措施。例如，行政许可本身是一种行政手段，但需要以法规、制度的形式表现出来，若出现了违法情况，还要给予一定的经济处罚。此外，政府协调区域开发与环境协调发展的经济机制，实质上是政府通过经济手段调节市场信号（市场参数），再通过市场信号影响生产企业和消费者，即政府协调经济机制最终要通过市场机制发挥作用，是促使市场机制更好发挥作用及弥补市场失灵的方式，因此上述经济手段实质上也是形成有效的促进区域开发与环境协调发展的市场机制的手段。

第三节　公众监督机制的构建

环境问题影响着每个社会成员的切身利益。环境保护中的市场失灵可以通过政府机制来纠正，但环境保护中同样存在着政府失灵，如政策和规

---

① 陆文军：《上海：党政机关爱用办公再生纸》，新华网，2005 年 7 月 30 日，http：//www. sh. xinhuanet. com。

划失误现象，有法不依、执法不严现象，等等，这种政府失灵使得建立区域开发与环境协调发展的社会公众参与和监督机制成为必要。随着法制意识的增强，社会公众的主动维权意识不断增强，这一点，从近年来所发生的一些影响巨大的维权案件可见一斑。社会公众环境重要性意识和维权意识的提高，使建立区域开发与环境协调发展的公众参与和监督机制成为可能。近年来我国民主与法制建设的成效则为建立区域开发与环境协调发展的公众参与和监督机制提供了基础。

增强区域开发与环境协调发展动力的公众监督机制的作用机理在于：通过完善社会公众环境监督的参与路径，一方面激发公众的环境保护动力，另一方面使公众有权对政府与企业的环境行为进行民主监督，以约束政府和企业的环境行为，增强其环境保护动力。具体来看，公众监督机制的作用主要在于以下方面：一是参与政府政策和规划制定，提高政策和规划的科学性；二是对政府环境行为进行监督，监督政府依法行政、严格执法，减少环境执法过程中的腐败现象和不作为现象；三是弥补政府环境监督不足的缺陷，对企业环境行为进行民主监督，扩大环境监督范围，降低环境监督成本。

一　完善公众参与和监督的法规制度

监督是一个体系，我国现行的监督体制中，包括立法监督、行政监督、司法监督等国家政权机关内部的监督，以及政党监督、群众监督与舆论监督等外部监督。在这一体系中，公众监督不用耗费任何成本，是最廉价的监督方式，也是最基本的监督制度。从一定意义上说，监督机制的监控力度，主要取决于人民群众支持和参与监督的程度。在我国，虽然宪法赋予公民监督政府、向政府提出批评建议的权利，国务院在《关于环境保护若干问题的决定》中也明确提出要"建立公众参与机制，发挥社会团体的作用，鼓励公众参与环境保护工作，检举和揭发各种违反环境保护法律法规的行为"，国家环保总局把"建立健全公众参与制度……推动公众和非政府组织参与环境保护"列入职能，但我国环境法中公众参与和监督机制尚不完备，公众监督的法规制度不健全、不配套，群众监督向专门机关的监督转化制约因素过多，渠道不畅，导致公众监督的落实并不乐观，仍处于一种自发的低水平层次上。因此，应以制度方式规定公众参与环境规划和进行环境监督的权利、程序和方式，并规定行政机关对公众环境监督的协助责任及其不作为的处罚，保证公众参与环境规划和进行环境监督有法可依及有效实施。发达国家普遍比较重视保障社会公众环境决策的参与权。以德国为例，其基本法的条款保障了合作与政策协调及决策过程中公众的广泛参与。例如，《联邦污染控制法》第 51 条规定，"授权批准颁发法律条款和一般的管理条例，都要规定听取参与各方意见，即科学界代表、有关人员、经济界代表、交通界代表以及州里主管侵扰防护最高部门代表的意见。"[1] 通过环境信息的公开透明，实行公众、媒体和非政府组织予以监督的机制。

二 给予公众环境知情权

"知情权"作为特指一种权利主张的法学概念，最早是由美国前美联社社长肯特·库柏（Kent Copper）在 1945 年提出的[2]。此后，由于环境问题的日益严重，人们迫切要求了解政府掌握的环境资料，于是衍生出了"环境知情权"概念。"环境知情权"是指社会成员依法享有获取、知悉环境信息的权利[3]。社会公众是环境保护的基础力量，没有社会公众的广泛参与，环境保护目标不可能实现，而掌握充分的环境信息则是公众参与环境保护的前提。"有效的参与者应当是对拟议对象有充分了解，并对可能与决策者进行交流做了充分准备的参与者。"[4] 各国政府早已意识到给予公众环境知情权的重要作用，早在 1992 年人类环境与发展大会上发表的《里约宣言》原则 10 就指出："每个人都应享有了解公共机构掌握的环境信息的适当途径……国家应当提供广泛的信息获取渠道。"1994 年的《人权与环境纲领宣言》中明确规定了公众参与环境管理的程序性权利应包括

---

① 《德国环境行政管理体制及其启示》，《中国环境报》2005 年 5 月 19 日。

② 贺维安：《知情权》，《人民法院报》2003 年 6 月 30 日，http://oldfyb.chinacourt.org/public/detail.php? id =51685

③ 马燕、焦跃辉：《论环境知情权》，《当代法学》2003 年第 9 期。

④ Nancy Perkins Spyke, "Public Participation in Environmental Decision – making at the New Millennium: Structuring New Sphere of Public Influence", *Boston College Environmental Affairs Law Review*, 26, p. 263.

"获得环境信息的权利，以及取得、传播观点和信息的权利"①。用制度的形式将政务公开，可以提高权力的透明度，减少权力的随意性，保证权力运行的规范性，从而促使政府部门公正地行使权力，防止滥用权力和权力的"幕后交易"。因此，应建立环境监测系统和环境通报制度，定期向社会公布环境状况和出现的环境问题，反馈举报和查处情况，并将处理结果向社会公开，防止政府不作为，并把"暗箱操作"的可能性减少到最小。

三　建立环境听证会制度

听证会制度在西方发达国家已不是新鲜事物，但在我国，2005 年 4 月 13 日召开的圆明园防渗工程环境影响公众听证会却被称为"中国第一个名副其实的听证会"。社会冲突理论认为，在阶级、集团与个人的不同利益及其意见的表达与实现经常受阻时，社会就会积累冲突的因素，而社会不满情绪等冲突因素积累到一定程度的时候就会出现危机的征兆。通过听证会，可以充分而广泛地了解有关部门、专家、社会团体和市民的意见，可以集思广益、集中民智。而充分听取公众意见和建议，不仅是环境保护实现科学决策、依法决策、民主决策的重要体现，也是建设社会主义民主政治的必然要求。社会公众对环保公共政策的广泛参与，"符合中央科学发展观、构建和谐社会、提高党执政能力的各项要求。政府与公众间的良性互动，不同利益群体的意见有一个表述的平台，本身就是真正意义上的'和谐'"②。

四　实行环境公益诉讼制度

"公益诉讼"一词始于 20 世纪 60 年代的美国，是伴随着公益运动的展开而广泛使用的一个术语。我国居民对此还不是很熟悉。所谓公益诉讼，是指任何公民、社会团体、国家机关为了社会公共利益，可以以自己的名义，向国家司法机关提起诉讼。公益诉讼具有两个显著特征：一是公益性，是以个体的诉讼样本求得公众利益的回归；二是可复制性，即凡是

---

① 张紫宜、孙笑征：《浅析环境知情权》，《行政与法》2004 年第 10 期。
② 王爱军、潘岳：《违反环境法规 以后点名批评会越来越多》，《新京报》2005 年 6 月 1 日。

合法权益受到侵害的人，都可成为诉讼主体①。无论在强国还是弱国，都容易发生政府以公益为名侵害公共利益的现象。为此，有必要建立诉讼机制来监督并制衡政府的权力，以保护社会公共利益。由于环境权益不仅仅属于私人利益，更属于社会公益，因此在发达国家的环境法中，大多采用了环境公益诉讼制度②。通过建立环境公益诉讼制度，使得普通百姓和政府部门对簿公堂，其强大的社会影响将唤起更多的人维护自身权益的意识，有助于社会公众环境意识和法制意识的提高，从而有助于监督政府权力，约束政府行为。此外，政府公职人员毕竟只是少数，单纯依靠政府对破坏环境行为进行监督，不仅监督范围有限，而且监督成本巨大。实行公益诉讼制度，则能够调动广大社会公众保护环境的积极性、主动性与能动性，有利于利用社会公众力量，对经济主体非法侵害、破坏、浪费公有资产和各类资源、污染环境的社会公害行为进行广泛监督，增强政府获取信息的能力，从而有助于政府部门行政执法。《美国联邦立法》中有这样一个判例：美国联邦议会曾批准在小田纳西河上修建一座用于发电的水库，先后投入了1亿多美元，当水库大坝即将完工的时候，科学家们发现大坝下生活着一种叫蜗牛鱼的珍稀鱼类，如果水库建成，这种鱼就会因环境的改变而灭绝。事情被披露后，引起公众关注，他们强烈反对修建这样一个水坝，而当地政府和联邦官员却坚持修建。最后，美国的环保组织以蜗牛鱼的名义向法院起诉，最高法院依据《濒危物种法案》判决停止大坝的建设③。至今，被废弃的水库大坝边，依然生活着一群无忧无虑的蜗牛鱼。目前，在我国建立公益诉讼制度的必要性已引起理论界的广泛重视，《民事诉讼法修改建议稿》已提出此项建议，我国有望通过修改民事诉讼法确立公益诉讼制度。

总之，随着社会民主化和法制化程度的不断提高，各国非政府性环保组织在环境保护方面所起的作用越来越不可忽视。社会公众或者依托环保

① 吴晓梅、胡梅娟：《"进沪费"催生公益诉讼》，人民网，2006年2月14日，http://www.people.com.cn/GB/paper49/16854/1480801.html

② 汪永晨：《污染企业的违法成本太低了》，光明网，2006年3月14日，http://www.gmw.cn/content/2006-03/14/content_386276.htm。

③ 流沙：《为了一种鱼》，《华人时刊》2004年第5期。

组织或者直接以个人名义参与环境保护，对环境污染的最大制造者——企业的行为进行监督，并通过社会舆论的力量督促各级政府部门担负起弥补市场失灵、保护环境的重任，甚至影响政府决策。同时，公众参与和监督机制也有其自身的缺陷，比如当前利益与未来利益、局部利益与整体利益发生冲突时，社会公众出于满足自身需要的目的，可能发生忽视未来利益和偏重局部利益的情况。因此，在促进区域开发与环境协调发展过程中，市场机制、政府机制和公众监督机制三者必不可少，不能互相替代，完善的、有利于增强区域开发与环境协调发展动力的机制就是通过三者的相互弥补和制衡，激发企业、政府和社会公众的环境保护动力的协调系统。

第五章

可持续区域开发的模式

如前所述，按照开发的指向不同，大致可以将区域开发划分为资源开发、产业开发和高新技术开发三种方式。一个区域在同一时期可能同时存在不同的开发方式，但总会有一种开发方式占据主体地位，由此决定了该区域所属的开发阶段。不同的开发方式对生态环境会产生不同的影响，因而不同的区域开发方式与生态环境协调发展的模式也不相同，具有不同特点。

第一节　以资源开发为主的生态环境补偿模式

一　以资源开发为主的区域开发产生的环境问题

随着经济、技术的发展，资源的含义越来越宽泛，本研究中的资源开发是指狭义的自然资源开发。当前，以资源开发为主的区域开发产生的环境问题主要表现在以下方面。

（一）开发过程中资源破坏和浪费现象严重

我国西部地区资源丰富。2005 年，西部 12 省市的原煤产量为 8.1 亿吨，占全国原煤总产量的 36.9%；原油产量为 4502.4 万吨，占全国原油总产量的 24.8%；发电量为 6104.3 亿千瓦时，占全国总发电量的 24.4%[①]。许多地区以资源开发为主，尚处于资源开发阶段。但在资源开

---

① 国家统计局编《中国统计年鉴》（2006 年），中国统计出版社，2006。

发过程中，存在着极大的浪费现象。以煤炭开采为例，在陕西、内蒙古、新疆等地，有不少煤矿的煤层很厚，有的煤层平均厚度为50~60米。按国家规定，开采较厚的煤层要采用工艺复杂的分层技术逐层开采，但成本会因此升高。而面对旺盛的需求，一般企业都很难抵挡住利润的诱惑，往往"挑肥拣瘦"地开采，不论煤层厚度是10多米还是几米，都只是开采中间最"肥"的煤层，大量资源就这样被浪费了。人们将这种现象称为"吃菜心"。"在陕西北部和内蒙古的煤炭矿区，高达4.8米的综采支架随处可见。但这种设备只能开采出煤层'大蛋糕'中间很小的一部分，其余部分则被'揉碎'混合在地层中无法取出。对于煤层较厚的西部地区来说，这种低技术开采模式对煤炭资源的浪费非常严重。在煤炭开发热火朝天的内蒙古鄂尔多斯地区，很多10多米厚的大型煤田就这样被掏空了。"① 有关资料显示，陕西省煤炭回采率平均不到30%，新疆煤矿的回采率也大约在30%的水平，而我国《煤炭工业技术规范》明确要求煤炭矿井的回采率最低不应少于75%。这意味着企业仅能开采出煤炭资源的三成，剩余的七成白白浪费在地下。这使得从储量上看能够开采上百年的煤矿，实际上仅30年就会开采殆尽。石油开采中的浪费现象同样惊人。新疆一般油井的采收率能达到40%，陕北一些油井的采收率连20%都难以达到，这意味着埋藏于地下的原油每吨仅能开采出100多公斤，其余800多公斤的原油全部流失了②。许多矿区在既没有详查也没有统一规划的情况下便迫不及待地进行开发，大量无序开发导致资源浪费严重。

（二）资源开发导致环境污染和生态破坏严重

资源开发、管理方面的缺陷导致的对自然资源不合理的开发，不但造成了资源的极大浪费，而且导致了严重的环境污染和生态破坏，造成了巨大的损失。如我国西部地区各类资源储量丰富，资源开发占据重要地位，但同时西部也是我国生态环境最脆弱的地区。全国有一半的生态脆弱县集

---

① 熊聪茹、储国强、刘军：《地下黑金浪费触目惊心　西部能源开发浪费何时休》，人民网，2004年12月10日。

② 熊聪茹、储国强、刘军：《地下黑金浪费触目惊心　西部能源开发浪费何时休》，人民网，2004年12月10日。

中在这里，土壤侵蚀面积高达 410 万平方公里，占全国总侵蚀面积的 83.3%；水土流失面积达 282.59 万平方公里，占全国水土流失总面积的 77%；森林植被破坏严重，森林覆盖率大大低于全国平均水平。西部地区每年因生态环境破坏造成的直接经济损失达 1500 亿元，占当地同期国内生产总值的 13%①。

在资源开发过程中，由于缺乏有效监管，有些开发活动还造成了严重的环境污染。以广西为例，广西矿产资源种类多、储量大，尤以有色金属最为丰富，目前探明储量的矿产有 89 种，其中 42 种矿产储量居全国前 5 位，居首位的有 14 种。广西黄金储量丰富，百色地区有"金三角"之称，由于目前金矿开采通常采用氰化物堆浸技术和混汞提金技术，因此，随着金矿资源开发进程的加快，采金过程中产生的大量含氰化物和汞的"三废"（废气、废水、固体废弃物）对环境的污染越来越严重。在采选过程中，大量氰化钠、汞元素或汞的化合物进入土壤和水体，导致土质和水质不同程度的恶化，给农业灌溉和人民生活带来严重隐患。例如，在高龙金矿区，虽然经过氰化钠堆浸后的废水、有毒尾矿都堆放在尾矿库，但由于保护措施不力，每当洪水暴发，氰化物质不可避免地被带到下游小溪，经常有牛、马等牲口因误饮了受污染的溪水而毙命。另外，尾矿库是建在岩溶发育的灰岩上的，而库底没有经过严格的防水处理，通过尾矿库内蓄水不足推测，有毒液体可能沿着库底裂隙和溶洞渗入地下水中。低剂量的氰化物和重金属汞的毒副作用也许短时间内不会导致人畜发病、死亡，但将长期潜伏在大自然和人体内，当积累到一定程度后，将对生态环境、矿区工人和周边群众身体健康构成威胁②。

据世界银行估计，仅环境污染给我国社会带来的损失，就相当于我国 GDP 的 3.5% ~ 8%。20 世纪 90 年代以来，每年自然灾害造成的直接经济损失约占 GDP 的 3% ~ 5%。若再包括一些难以计算的生态环境损失和资源破坏，直接经济损失将超过 GDP 总量的 1/10，即超过每年 GDP 的新增量，经济增长与环境资源损失相互抵消③。这种以牺牲资源与生态环境效

---

① 张贵峰：《"不发展"的发展意义》，《燕赵都市报》2005 年 10 月 20 日。
② 韦龙明等：《广西矿产资源开发的环境问题与对策建议》，《矿产与地质》2002 年第 6 期。
③ 廖红：《建立和完善生态补偿机制 推动可持续发展战略实施》，《中国发展》2003 年第 3 期。

益为代价来换取经济效益的做法与我国中央政府所确定的可持续发展目标是相背离的，必须采取相应的措施加以纠正。

二　生态环境补偿模式的内涵与特点

自然资源是国民经济与社会发展的重要物质基础，目前，资源问题已成为我国经济发展的瓶颈。一般来说，自然资源可以划分为两大类，即"储存性或不可再生资源和流动性或可再生资源"①。前者包括金属矿物、煤、石油、天然气等，后者包括动植物、土壤、水、大气等。可再生资源和不可再生资源的划分并不是绝对的，在某些外部条件作用下，可再生资源也可能转化为不可再生资源，如某种动物灭绝后，就成为不可再生资源。因此，通常我们所说的充分利用资源、保护资源，不仅是指不可再生资源，也包括若毫无节制地使用同样会产生严重环境恶果的可再生资源。

对于以资源开发为主的区域开发，针对其产生的主要问题，应实行生态环境补偿模式，以促进经济与生态环境的协调发展。所谓生态环境补偿，是指"通过对损害（或保护）资源环境的行为进行收费（或补偿），提高该行为的成本（或收益），从而激励损害（或保护）行为的主体减少（或增加）因其行为带来的外部不经济性（或外部经济性），达到保护资源的目的"②。通过实施生态环境补偿促使开发企业减少对环境损害的原理见图 5−1。图中 AC 为实施生态环境补偿之前开发企业的平均成本曲线，P 为产品价格，通过向损害生态环境的企业收费或征税，使企业外部成本内部化，则开发企业的平均成本曲线将上移为 AC_2，A 点与 B 点之间的距离就是政府向开发企业征收的环境损害费用或税收。在非垄断竞争的市场条件下，由于开发企业无法控制产品价格，因而在实行生态环境补偿之前，企业的最大可能产量为 Q_1，实行生态环境补偿之后，企业的最大可能产量则缩减为 Q_2，从而减少对生态环境的损害。通过生态环境补偿激励开发企业增加保护生态环境行为的原理则正好相反。假设 AC_2 为对生态环境产生有利影响的开发企业的平均成本曲线，在实施生态环境补偿之前，其最大

---

① 〔英〕朱迪·丽丝：《自然资源：分配、经济学与政策》，蔡运龙等译，商务印书馆，2002，第 24 页。

② 毛显强、钟瑜、张胜：《生态补偿的理论探讨》，《中国人口·资源与环境》2002 年第 4 期。

可能产量为 Q_2，当政府对其环境保护行为给予补偿（$B-A$）时，其平均成本曲线下移为 AC，相应的，其最大可能产量增加为 Q_1。生态环境补偿的目的在于通过经济手段促进资源的合理开发和充分利用，提高资源利用效率，制止滥砍乱挖，杜绝资源浪费，控制环境污染和环境破坏，保护生态环境。

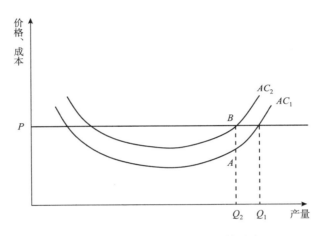

图 5－1　生态环境补偿对企业的影响

三　生态环境补偿模式的实现途径

对资源开发实施生态环境补偿并非新生事物。1983 年，云南省针对采矿业对生态环境的影响，以昆阳磷矿为试点，对每吨矿石征收 0.3 元的采矿区植被及其他生态环境破坏恢复费用，被认为是我国最早的生态补偿实践。随后，一些省区陆续开始征收针对矿山开发的补偿费用。1989 年，江苏省制定并实施《江苏省集体矿山企业和个体采矿业收费试行办法》，规定对集体矿山和个体采矿业开征矿产资源费和环境整治基金。1990 年，福建省决定对国营、集体和个体煤矿征收生态环境保护费。1992 年，广西壮族自治区对乡镇集体矿山和个体采矿企业实行征收排污费制度[①]。

实施生态环境补偿，需要一系列配套措施，从资源开采市场准入阶段到资源开发管理阶段，直至资源开发后的生态功能保持和恢复（针对可再

①　冷淑莲：《关于建立生态环境补偿机制的思考》，《价格月刊》2007 年第 2 期。

生资源而言）阶段，分别采取相应措施。

1. 在资源开采市场准入阶段，通过颁发行政许可证、征收许可费和招标、拍卖、挂牌等方式，实行资源开采权的有偿出让

资源开发企业规模小、设备陈旧、技术落后是造成资源开发过程中浪费严重的一个主要原因。有资料显示，西部地区小煤矿占煤矿总数的 90%以上，其中有 58% 的小煤矿仍采用落后的巷采方式。对资源开采实行准入限制，利用资金、开采规模、回采率、环保等指标进行严格要求，抬高准入门槛，可以将达不到规范标准的小企业淘汰出去，从而大大减少由小企业造成的浪费现象。

颁发行政许可证是国家对经济主体进行资源开采实行控制的一种有效手段，在这一环节，可以对经济主体的资源开采能力（包括技术、资金、设备、资质等）进行审核，从而对资源开采实行宏观、总量控制。通过征收许可费，增加资源开采成本。一方面，对资源开采行为进行限制，剔除不具备资金、技术等竞争实力的经济主体；另一方面，通过市场机制，将增加的开采成本顺次转嫁，提高资源价格，有利于促进资源的充分利用。

我国矿产资源属国家所有，但长期以来，矿业权都以行政审批的方式无偿地出让，不仅造成国有资产大量流失，而且在出让过程中容易出现权力与资本合谋现象，滋生腐败。私自开矿、无序开矿、大矿小开、采富弃贫的浪费现象屡禁不止，廉价甚至无偿占有资源是造成浪费的根源。市场经济条件下，要使之产生更大的经济效益，就必须规范开采权出让行为。采用招标、拍卖、挂牌等方式对矿产、土地等资源的开采（发）权实行公开有偿出让，主要有以下几方面的好处。一是有利于资源价格的合理定位。有关资料显示，1 吨普通建筑石料以前仅 3 元，开采权有偿出让后 1吨的价格达到 17 元。二是可以杜绝资源开采开发中的私开乱采，有效避免无偿采矿造成的矿产资源浪费。通过开采权的有偿取得，开采者肯定会更加珍惜有限的资源，提高管理水平，考虑综合效益。以前开采者一碰到地质条件不好的矿区，就废弃不采，有偿出让后这种现象将得到有效遏制。三是有利于避免暗箱操作，避免国有资产流失。2001 年，山东泰安对宁阳县黄沙储量 15 万余吨的沙场进行了公开拍卖，从 28 万元起拍，最终以35.6 万元的价格成交；2003 年，南京市浦口区对两宗采矿权进行拍卖，两宗采矿权分别以 782 万元和 4680 万元的高价位出让，分别高出底价 4 倍和 6 倍，充分显示了采矿权的市场活力①。四是有偿出让资源开采权，还有利于对开采方进行选择，从源头上对相关问题进行控制。以江西金矿拍卖为例，2002 年 8 月，媒体公布了江西将进行中国首次金矿采矿权公开拍卖的消息，虽然这次拍卖最终因受政策层面限制而作罢，但对投资者的限制性规定可以有所启迪。这次拍卖设计了三项针对投资者的"高门槛"：第一，规定采矿的三个技术指标必须达到采矿回采率≥85%、矿石贫化率≤10%、选矿回收率≥90%，并对伴生有用矿物综合回收；第二，审查投资者的资质，必须是具有独立法人资格的公司，其经济实力要能承担对采矿先进工艺、环保及安全生产的投入；第三，开采者必须遵守政府主管部门设立的各项指标规定，如为了减少环境污染，必须选用浮选矿方法，严禁采用有毒及污染严重的氰化法等，严格按照开采、选矿设计方案进行生产②。

采用招标、拍卖、挂牌等方式对资源的开采权实行公开有偿出让并不是新生事物，然而由于种种原因，却并未在全国广泛施行。全面推行资源开采权的有偿出让，是充分利用资源、提高资源利用效率、缓解资源对经济的瓶颈约束、为生态环境保护积累资金、促进区域开发与生态环境协调发展的必由之路。

2. 在资源实际开发阶段，通过限定开采数量、征收资源税和环境补偿费等方式，促进资源的有效供给和合理开发、充分利用

与其他国家相比，我国资源总量较为丰富，但面对经济高速增长带来的巨大资源消耗和粗放式经济增长方式带来的巨大资源浪费，以及庞大的人口总量，我国资源数量则远不能满足未来需求。供求规律是经济学的基本理论，在正常市场条件下，商品价格除了由其价值决定外，供求情况是商品价格的重要影响因素，当供给大于需求时，必然会导致价格下降。不考虑市场需求而盲目进行资源开采，致使有些资源价格与其价值严重偏离。偏低的资源价格不利于资源的充分利用，加剧了资源浪费。建立较详

---

① 师擎：《无序开采加重资源紧缺　矿产开采权今后统一有偿出让》，《南京日报》2004 年 4 月 23 日。

② 谢春雷：《中国金矿首次拍卖能带来什么》，《南方周末》2002 年 8 月 16 日。

细的国家资源数据库，在对市场需求进行调查分析的基础上，对资源开采数量进行控制，是节约资源、保护生态环境的重要途径。

资源税是以自然资源为课税对象，为了调节资源级差收入并体现国有资源有偿使用而征收的一种税。我国目前只对矿产品和盐征税，从大类上看，属于地方税种（除海洋石油资源税目外）。现行资源税自 1994 年实施，长期以来，税率没有根据市场情况做大的变动，直至 2005 年 7 月 1 日，才在全国范围内调高石油天然气资源税的税额。较低的资源税不仅不利于资源的充分利用，而且削弱了地方政府积累资金治理生态环境的能力。此外，现行资源税制设计不尽合理，国家作为资源的所有者，当资源价格上涨时，政府只得到利益的一小部分，利益的主体归开发企业所有。以中石油为例，由于中石油属下的油田只为国家上缴非常微薄的资源税，近两年国际油价大涨，使得中石油因国际油价提高而发生税后纯利润大幅度增长，2004 年全年净利润达 1029 亿元，比上年增长了 47.9%，形成分红利润率高达 100% 的现象。加之中石油在海外上市，这就意味着"属于全体中国人的资源性财富，大部分通过上市的这家国家石油公司被海外投资者'偷走'了"[1]。关于这一点，经济学家樊纲在 2003 年就已指出。而在国外，在石油价格上涨的情况下，获益的主体并不是石油公司，而是产油国政府——各国通过石油特许使用税和各种各样石油税赋的相应提高，将石油的溢价部分收归国家财政所有。当然，石油公司也不是一点好处都得不到，价格涨了，收入高了，石油公司的收益也会相应提高，但大头一定是国家拿走，归全民所有。因此，改革资源税收制度，一方面，由按照资源开采数量征税转变为核定资源储量，按照资源储量征税。资源开采企业开采出来的资源数量越多，成本相应就越低；开采出来的资源数量越少，成本相应就越高。这可以促使资源开采企业改进开采方式，尽量将资源全部开采出来，较好地避免资源开采过程中的浪费问题。另一方面，提高资源税率，专款专用，积累环保资金。

环境补偿费不同于资源税，它是根据公平原则，采取"谁污染、谁治理""谁破坏、谁修复"的方式，对在资源开发过程中造成环境破坏的企

---

① 郭大鹏：《资源税"小动"还是"大动"》，《中国企业家》2005 年第 7 期。

业收取补偿费。通过建立生态环境补偿费制度，可以设立固定的生态环境保护与建设资金渠道，实现生态环境保护与建设投入的规范化和市场化。我国当前所收取的环境补偿费主要存在两方面问题：一是标准过低，难以满足环境保护的资金需求；二是使用不规范，有限的资金尚不能保证完全应用于环境保护。因此，应在调查研究的基础上，确定环境补偿费的收费标准，同时，对收取的环境补偿费，应专款专用，切实发挥该项资金的环境补偿作用。

3. 保证制度供给，明确资源开发的后续处理，确保资源开采后的环境修复

在资源开发过程中，不可避免地会对生态环境产生影响甚至破坏。以矿产资源开发为例，开发矿藏，将占用土地，破坏当地的植被，开采过程中产生的废砂和废石的存放也需占用一定的空间。更为严重的是，矿藏开发后，由于地下被掏空，若不进行处理，将导致地面沉降。据报道，由于开采石灰石，2003 年 3 月，深圳市龙岗区坪山镇汤坑村数千平方米的菜地突然发生了沉降。发生沉降的菜地出现了大量裂缝，而且还出现了两个 2 米深的大坑，小的直径有 3 米，大的直径有 5 米。由于克拉玛依地区油田开发等原因造成的地面沉降使得乌鲁木齐 10 余年来地面下沉约 160 毫米①。矿区采空塌陷更为常见，在全国的煤矿及采矿区均有出现。"截至 2004 年 12 月 3 日，全国煤矿累计采空塌陷面积超过 70 万公顷，造成的损失已经超过 500 亿元。"② 相比之下，矿区的沉陷比地震对环境的危害更大。地震的危害主要是人员伤亡和财产的损失，但对环境的破坏相对轻些，并且通过正常的耕作和修复很快便能恢复。但是，矿区的沉陷不同，地表大面积塌陷或突然或渐进式地被破坏，几十年过去了，仍然能看到当年沉陷的痕迹和造成的诸多灾难性后果，如耕地不明原因地减产、房屋无缘无故地裂缝、水井莫名其妙地干涸等。

对于资源开发后的种种破坏环境的严重后果，应出台相关法规制度，按照"谁开采，谁治理"的原则，对企业资源开发后的责任予以明确规

---

① 楚泽涵、李艳华、李艳丽：《矿产开采沉降造成环境损害》，《科技日报》2004 年 4 月 29 日。
② 《煤矿采空塌陷累计超过 70 万公顷 国债埋单 500 亿》，《第一财经日报》2005 年 1 月 7 日。

定，并加强监管，确保制度落实。例如，对于煤矿采空引起地面沉陷问题，应学习同样是产煤大国的美国、加拿大等发达国家的做法，坚持采用将矸石、废石、河沙或者水泥等回填进采空区去的方法；对于资源开采造成的植被破坏，也应规定企业的植树、种草责任。

4. 完善价格形成机制，形成以价值为基础的、能够反映市场供求状况的资源价格

当前，我国资源产品价格尚未真正放开，特别是关系国计民生的能源价格，没有形成完善的价格形成机制和价格调控机制。价格形成机制反映市场供求、调节市场供求不够，价格调控机制也不适应需要，能源价格总体偏低。以煤炭价格为例，煤炭是我国最主要的能源。从生产角度看，2004 年原煤生产占我国能源生产总量的 75.6%；从消费角度看，2004 年原煤消费占我国能源消费总量的 67.7%[①]。据统计，1998～2003 年煤炭行业的净资产利润率仅为 2.57%，其中 1998 年、1999 年为负数。即使是最好的一年 2003 年也只有 6.04%，而当年全国规模以上工业企业平均净资产利润率为 12.06%，比全国平均水平低约 6 个百分点。资源价格偏低，一方面使企业生产经营缺乏降低资源消耗的动力，高耗能行业和高能耗设备的改进替代缺乏经济利益的压力，全民节约意识薄弱，造成资源严重浪费；另一方面导致资源性行业长期亏损，企业缺乏自我积累的能力，设备落后，事故频繁。根据世界银行资料，外国专家对 2500 家公司所做的实证研究发现，能源使用量降低，55% 归功于价格调整的效果，17% 是研究和开发的结果。

资源性产品价格偏低，除有些资源的产品特性导致客观上缺乏准确定价的基础外，从主观来看，主要在于未形成完善的价格形成机制。具体包括两个方面的原因：一是价格受政府控制，不能准确反映市场供求；二是成本核算不合理，许多应由企业负担的费用未计入成本，而由社会承担，从而影响了合理价格的形成。我国煤炭资源价格就是个典型实例。

首先，我国从 1992 年起逐步放开煤炭市场价格，煤炭价格长期实现"双轨制"，即一般的煤炭实行市场价，占煤炭市场总量一半的电煤实行政

---

① 国家统计局编《中国统计年鉴》（2005 年），中国统计出版社，2005。

府指导价。2004 年 6 月中旬，国务院针对煤炭供需形势，决定电煤价格由供需双方协商确定。但现实情况是，由于历史的惯性、部分地方政府的干预和发电企业集中采购的优势，目前真正意义上的相互协商确定煤炭价格的机制并未形成，电煤与市场煤、计划内与计划外、省内与省外三种价格差距依然较大。截至 2004 年 9 月末，国有大型煤炭企业电煤平均价格为 155.59 元/吨，比同期商品煤平均售价低 42.95 元/吨①。

其次，从煤炭出矿价的计价成本来看，现行煤炭计价成本实行的是不完全成本，不仅未考虑资源及环境等外部成本，而且普遍少提折旧及安全等支出。根据山西测算，仅煤炭资源、水资源、土地塌陷、煤矸石污染和占地等损耗，每吨煤炭未计入成本部分即达 97.33 元。若包括安全欠账、工资偏低、少提折旧和发展接续产业费用的积累等因素，则将相当于现有生产成本的 50% 左右②。煤炭出矿价的计价成本不全导致了一系列问题。一是资金积累不足。煤矿安全技术改造资金、环境保护资金和接续产业发展资金缺乏，导致安全生产和生态环境没有保障，产业发展缺乏可持续性。近年来，煤矿安全事故频发，据有关部门不完全统计，全国煤炭安全生产至今欠账 500 多亿元，2004 年因生产事故死亡 6027 人。二是导致资源的进一步破坏。地方煤矿把应列入成本开支或积累的资金转为超额利润，从而刺激煤炭的乱采滥挖，导致资源的进一步破坏。三是不利于形成完善的价格形成机制。价格与其实际价值相背离，无法充分发挥市场经济条件下价格的指示器作用。

我国煤炭价格名义上已形成开放的市场价格，尚且存在诸多问题，而其他许多资源依然实行政府定价，如天然气价格目前还存在着"计划内气价"和"自销气价"双轨制，并且价格调整滞后，有些地区的天然气政府定价从 1997 年起就没有调整过。石油价格形成机制的市场化程度虽然较高，国内原油市场价格早已与国际市场接轨，但成品油价格还未完全由市场竞争形成。因此，应尽快完善价格形成机制，形成以价值为基础的、能够反映市场供求状况的资源价格。

---

① 黄富慧、姜雪丽：《煤炭界呼唤煤炭价格新机制》，《北京现代商报》2004 年 12 月 1 日。
② 中国价格协会联合课题组：《关于深化能源价格改革的若干重要问题研究》，《价格理论与实践》2005 年第 10 期。

此外，鉴于我国当前初级产品与工业制成品之间依然存在"剪刀差"，资源价格总体偏低，而以资源开发为主的区域所生产的大部分产品都提供给了经济发达地区。为了保证各区域的均衡发展，一方面，应加强中央宏观调控，进一步强化中央财政的转移支付功能，增加对林区、矿区、草原等地区的财政补贴；另一方面，有必要建立地区间环境补偿机制，实行区域环境补偿。

第二节　以产业开发为主的协调发展模式

一　以产业开发为主的区域开发产生的环境问题

具体地说，以产业开发方式为主的区域开发所产生的环境问题主要表现在以下方面。

一是高速经济增长导致资源加速消耗，产生严重的资源枯竭和生态破坏问题。长期以来，片面追求高增长的价值取向，导致我国经济增长主要是靠大量消耗资源来实现的，形成了以资源消耗为主要特征的粗放式的经济高速增长模式。20世纪后20年，我国用能源消费翻一番支持了国内生产总值翻两番。不可否认，近年来，我国单位GDP能耗显著下降。有关研究显示，1980～2002年的22年间，按照不变价格计算，我国每万元GDP能耗标准煤从14.34吨下降到4.76吨，下降66.8%；每万元GDP电耗从7200千瓦时下降到5200千瓦时，下降22.7%。1971～1999年，按购买力平价计算，我国单位增加值能耗下降68%，而同期世界平均下降22.7%，欧洲国家平均下降11.2%。从国际范围来看，我国的进步是明显的，但这一成绩是从纵向上与我国过去过高的经济增长粗放度相比较得来的，从横向上与其他国家相比较却依然有很大的差距。2000年，单位产品实物消耗指标国内先进水平与世界水平的差距如下：火电耗煤为24.1%，钢耗煤为20.9%，水泥综合能耗为44.0%，乙烯能耗为69.7%[①]。虽然政府已将转变经济增长方式提到了议事日程，但从总体上看，我国经济增长方式尚未发生根本性的转变，资源消耗、浪费严重，资源利用率低。统计数据显

---

① 《关于"十一五"规划和2020年远景目标的若干问题》，《理论与当代》2005年第6期。

示，2003～2005 年，我国单位国内生产总值能耗分别上升了 4.9%、5.5% 和 0.2%。2006 年，在国家强力推进节能政策的情况下，单位国内生产总值能耗虽然下降 1.2%，但与年初制定的能耗降低 4% 的目标相差 2.8 个百分点[①]。资源消耗方面，按名义汇率测算，2006 年我国钢消费量为 3.88 亿吨，占世界总消费量的 30%，水泥消耗 12.4 亿吨，占 54%，而创造的 GDP 总量却仅占世界 GDP 总量的约 5.5%。资源消耗量大，一方面导致产生的废弃物增多，环境压力增大，2006 年我国化学需氧量、二氧化硫排放量分别增长 1.2% 和 1.8%，与年初确定减少 2% 的目标相差悬殊；另一方面导致资源需求强度增大，使不可再生资源的枯竭速度加快，使某些可再生资源，如水、森林等的自身循环被破坏，从而导致严重的环境问题。

二是重化工业高速发展导致产业结构失衡，对生态环境的压力急遽加大。尤其在我国，由于一些污染环境、严重消耗资源的产业集中度低，存在低水平重复建设问题，资源消耗和环境污染问题日益突出。以钢铁工业为例，钢铁生产需要消耗大量的电力、煤炭、石油、水等资源，是一个高能耗、高投入、高污染的行业。2004 年，中国粗钢产量已达到 2.7 亿吨，约占全球钢产量 10.5 亿吨的 25.7%，2005 年粗钢产量达到 3.5 亿吨。截至 2004 年，中国已连续 9 年保持钢产量世界第一，但是相当多的高端、高附加值产品，如发电专用设备、大口径管线等却不能生产，需要大量进口，钢铁产业低水平建设严重。从产品结构看，钢铁产品的近一半是螺纹钢、线材、窄带钢等长线产品；从布局看，有个别中型城市的钢铁企业竟达 50 多家；从能耗看，我国钢铁企业的能源利用效率大大低于世界先进水平。我国吨钢综合能耗比国际先进水平高出 15%～30%。2005 年 1～6 月的统计显示：我国 80 家重点钢铁企业的吨钢综合能耗平均达到 752.01 千克标准煤/吨，全国的平均水平为 781 千克标准煤/吨，而国际先进水平为 646 千克标准煤/吨；耗水量是国际先进水平的 2.7 倍；吨煤产出效率相当

---

① 国家信息中心经济预测部宏观政策动向课题组：《节能减排 我国产业政策的新起点》，《中国证券报》2007 年 4 月 6 日。

于美国的 28.6%、欧盟的 16.8%、日本的 10.3%[①]。2005 年，中国大概有 800 多家钢铁企业，其中 15 家 500 万吨以上规模的钢铁企业的产量占全国总产量的 45%，而美、德等国家前五名的企业产量占全国总产量的 70%~90%[②]。钢铁产业集中度低的现状，不仅造成了严重的环境污染和市场混乱，而且制约了企业自主创新能力和竞争力的提高，加剧了钢铁行业内部企业之间的无序竞争。河北省是我国的钢铁大省，2006 年全省钢产量约占全国钢产量的 21.72%，连续 6 年居全国第一位，同样存在集中度低和低水平重复建设问题。截至 2004 年底，河北省炼铁能力为 7703 万吨，其中 300 立方米以下高炉炼铁能力为 3616 万吨，约占全省炼铁能力的 47%[③]。截至 2005 年底，河北省钢铁企业数量达 200 余家，其中唐山市就有 57 家，邯郸市有 40 家，但产能在 100 万吨以上的企业只有 23 家。从钢材品种机构上看，2005 年河北省普钢产量约占总产量的 93%，优钢为 6%，合金钢仅为 1%[④]。

三是工业废弃物数额巨大、回收利用率低，加剧了环境污染和资源浪费。工业废弃物是造成环境污染的主要原因之一。工业废弃物回收利用率低，使得一些原本可以回收利用的原材料变成"三废"被处理或排放掉，也使得一些原本可以资源化的污染物难以回收利用，这不仅造成了严重的环境污染，而且使资源不能有效利用，无法解决日益突出的资源短缺和资源枯竭的困境。以钢铁企业为例，我国钢铁业排放的各种废弃物占全国工业排放废弃物的 16%，而对于这些废弃物的综合回收利用率却只有 58%，远远低于 98% 的世界先进水平。如果一个 1000 万吨的钢铁厂，所有的固体废渣回收利用率达到 98% 的国际水平，这些废渣可以供一个年产 300 万吨的水泥厂所需要的全部燃料[⑤]。

---

① 《2005 年钢铁业设备管理盘点与展望》，大宗钢铁网，2006 年 1 月 10 日，http：//www.ssec - steel.com.cn。
② 朱敏：《2005 年钢铁业盘点》，中国矽钢片网，2006 年 1 月 12 日，http：//www.xgp.net.cn。
③ 国家发改委：《关于对河北省新增钢铁产能进行清理推动钢铁工业结构调整步伐的通知》。
④ 河北省经济信息中心课题组：《未来河北省钢铁产业定位与做强》，河北经济信息网，2006 年 11 月 29 日，http：//www.hebei.net.cn。
⑤ 朱敏：《2005 年钢铁业盘点》，中国矽钢片网，2006 年 1 月 12 日，http：//www.xgp.net.cn。

二 协调发展模式的内涵与特点

产业开发是工业化中期和后期区域开发的主要模式。从环境库茨涅兹曲线来看，图5-2中，工业化中期的环境压力依然很大，处于环境库茨涅兹曲线峰顶附近。但环境压力的产生却有别于资源开发：资源开发方式下，环境问题主要产生在各类资源的开发过程中，是自然资源的开发导致的生态环境破坏；而产业开发方式下，环境问题则主要产生在使用各类能源、原材料进行产品生产的过程中，是资源使用产生废弃物和资源浪费而导致的环境污染、资源枯竭和生态破坏。

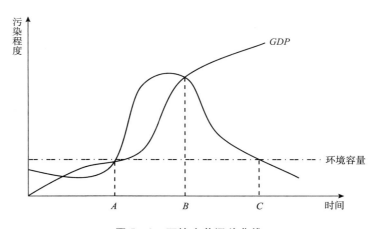

图5-2 环境库茨涅兹曲线

其中：A为重化工业时代起点；B为工业化中后期开始产业结构高级化；C为工业化基本完成；A-C为污染时代。

针对上述问题，对于以产业开发为主的区域开发，应实行区域开发与生态环境协调发展模式，以促进经济与生态环境的协调发展。所谓协调发展，是指在区域开发过程中，通过加强政府宏观调控，促进经济增长方式转变，促进产业结构和产品结构升级，以提高资源利用效率，减轻环境压力，达到促进经济与生态环境协调发展、保护生态环境的目的。其核心在于通过政府宏观管理，在促进经济发展的同时，尽量减少产业开发对环境造成的压力，保持区域经济与生态环境协调发展。

三　协调发展模式的实现途径

1. 调整产业结构，控制高耗能、高污染产业规模，降低高耗能、高污染产业比重

产业结构是指国民经济各产业在整个国民经济中所占的比重。产业结构具有较大刚性和相对的稳定性。从生产角度讲，产业结构是一个资源配置器，但从生态环境保护角度看，由于在相同技术条件下不同类型的产业结构所消耗的资源和产生的污染物种类及量值不同，合理的产业结构对生态环境的保护有着促进作用，在同样的技术条件下，合理的产业结构能使资源利用效率最高，对环境的不利影响最低，因此，从生态环境保护角度调整产业结构是促进区域开发与生态环境协调发展的重要途径。产业结构的合理性也是从根本上解决环境问题的重要手段[①]。我国政府已充分认识到产业结构优化对生态环境保护的重要作用，国务院 2005 年底发布的《促进产业结构调整暂行规定》中明确指出：对经济社会发展有重要促进作用，有利于节约资源、保护环境、产业结构优化升级，需要采取政策措施予以鼓励和支持的关键技术、装备及产品，予以鼓励；对于工艺技术落后，不符合行业准入条件和有关规定，不利于产业结构优化升级，需要督促改造和禁止新建的生产能力、工艺技术、装备及产品，实行限制；对于不符合有关法律法规规定，严重浪费资源、污染环境、不具备安全生产条件，需要淘汰的落后工艺技术、装备及产品，进行淘汰。只有真正落实环境保护的基本国策，对于高耗能、高污染企业切实整改或关闭，调整高耗能、高污染产业规模，降低高耗能、高污染产业比重，才能保证经济与生态环境的协调发展。以上海市为例，1987～2005 年，上海市对桃浦工业区实施环境综合整治，建设了日处理 6 万吨的污水处理工程，实施了区内集中供热，从产业结构调整入手，关停了区内所有产生恶臭污染的生产线或企业，实现了从传统化工区向都市型工业园区的转型，消除了恶臭气体污染影响；1998～2005 年，上海实施了吴淞工业区环境综合整治，以产业结构调整和升级为主线，调整关停了污染严重的 17 家企业和 40 条生产线，

---

① 戴伯勋、沈宏达主编《现代产业经济学》，经济管理出版社，2001，第 88～90 页。

完成了43项企业污染就地治理项目，从而使区内环境质量达到了国内同类工业区的先进水平。

2. 理顺资源价格形成机制，促进经济增长方式转变

转变经济增长方式是降低资源消耗、保护生态环境的根本途径。而转变经济增长方式是涉及众多因素的系统工程，其中合理的资源价格是使以资源消耗为特征的经济增长方式真正发生转变的重要因素。生产企业作为自然资源的主要消耗者和环境问题的主要制造者，在资源的市场价格很低、为其生产产生的环境负外部性支付的成本很少的情况下，出于追逐经济利益的本性，是不可能产生降低资源消耗、转变经济增长方式、保护生态环境的内在动力的。目前，我国许多地区的经济增长，以及许多产业的经济增长，是用政府补贴了的、低廉的、仅仅核算了资源开采成本，而没有核算资源和环境成本换来和支撑的①。以水价为例，如果包括了开采地下水、超采地下水、跨区域调水的生态环境成本，那么很多产品的竞争力将大打折扣。只有加强完全成本核算，理顺资源的价格形成机制，使自然资源的市场价格真正反映其价值，使企业提高资源利用效率获得的收益大于其成本支出，企业才可能产生转变经济增长方式的内在动力，从而促使全社会经济增长方式发生真正转变。

3. 积极发展循环经济，转变经济增长方式，提高资源综合利用程度

建立在资源减量化（Reduce）、再使用（Reuse）、再循环（Recycle）原则（简称"3R"原则）基础上的循环经济，是转变经济增长方式、提高资源利用效率的重要途径。从涉及的范围来看，循环经济可以分为区域内不同企业之间的物质循环和同一企业内部不同部门之间的物质循环。国内外循环经济的发展实践表明，通过构建区域内不同企业之间以及同一企业内部的循环经济模式，可以加强资源的综合利用，最终形成低投入、低消耗、低排放和高效率的节约型增长方式，实现区域经济与生态环境的协调发展。例如，河南省周口市近年来在农业产业开发过程中，通过多层次推进农业循环经济，初步实现了农业经济增长与区域生态环境的协调发展。一是构建以政府为主导的大循环。周口市围绕种植业、养殖业和农副

---

① 杨伟民：《未来经济和产业布局的战略构想》，《西部论丛》2005年第4期。

产品加工业的生态化，构建了小麦、油料、畜产品、棉花、蔬菜果品、板材和药材六大生态产业链条。这六大链条中的每个链条又各自形成了资源循环，如郸城县的财鑫液糖厂以玉米为原料，除了生产液糖，每吨玉米还可产出 680 公斤淀粉、90 公斤玉米皮、65 公斤蛋白粉、50 公斤玉米浆、26 公斤玉米油。从玉米油中，又可提炼出玉米色拉油。此外，还可以利用各种产品的下脚料生产皮芽饼，作为饲料和肥料。这样，玉米的有效利用率高达 95%。二是企业构建自身小循环。企业从清洁生产、绿色管理和零消耗、零污染抓起，实施物料闭路循环和能量多级利用，使一种产品产生的废弃物成为另一种产品的原料，并根据不同的对象建立水循环、原材料多层次利用和循环使用、节能和能源重复利用、"三废"控制与综合利用等良性循环系统。比如，莲花集团的产品和产业链条是：小麦经工业面粉厂加工成工业面粉，进入谷月元粉厂分离出谷月元粉并推向市场，生产的小麦淀粉经制糖、发酵，精制生产出味精、氨基酸等产品。小麦初加工过程中产生的麸皮、味精生产过程中产生的糖渣等，经饲料公司加工，成为动物饲料。味精生产中发酵工段产生的高浓度有机废水，经浓缩、喷浆造粒和喷雾干燥等工艺，生产出优质的有机、无机复合肥，回到大田。莲花集团与周围地区的农业形成了一个经济效益和生态环保效益均衡发展的统一体，并带动近 2 万人就业，产生了良好的社会效益[①]。

4. 切实落实区域开发的战略环评制度，从源头控制环境污染和生态破坏

环境影响评价是我国环境法中规定的一种强制性措施，是从源头上控制环境污染和生态破坏的一种措施，代表着环保思想从"末端治理""生产过程控制"过渡到了第三阶段，即"源头防治"阶段。我国原来只注重对建设项目开展环境影响评价，但建设项目只处于整个决策链（战略、政策、规划、计划、项目）的末端，所以建设项目环评也只能补救小范围的环境损害，无法从源头上保护环境，也不能指导政策或规划的发展方向，更不能解决开发建设活动中产

---

① 高德领：《多层次推进农业循环经济》，《人民日报》2005 年 11 月 16 日。

生的宏观影响、间接影响、二次影响、累积影响①。2003年9月1日开始实施的《中华人民共和国环境影响评价法》中确定了战略环评（Strategic Environmental Assessment）的地位。该法明确要求对土地利用规划，区域、流域、海域开发规划和10类专项规划进行环境影响评价，从而将环境影响评价由微观领域推进到宏观领域。在区域开发过程中，开展战略环境评价可使人类开发活动的替代方案、对环境的累积影响、附加影响、地区性或全球性影响以及非工程影响（如经营管理方式导致的影响）、环境风险等方面在早期的政策、规划或计划阶段得到充分的考虑②。决策部门在制定区域开发政策和提出区域开发规划时，如果能够更多考虑环境影响并积极采取应对措施，不仅可以防止环境污染和生态破坏，也可大大减少经济损失和社会矛盾；如果不从各种开发活动的源头预防环境问题的产生，则将永远陷于"防不胜防、治不胜治"的恶性循环中，并将在未来付出更大的社会成本与经济代价。

5. 发展产业集群，提高产业集中度

在我国，各产业普遍存在集中度低的问题。产业集中度低，不仅如新制度经济学的著名代表人物科斯所指出的会增加企业的交易成本，而且也制约了企业自主创新能力的提高，并导致环境监管困难，是造成环境污染的重要原因之一。在区域产业开发过程中，政府作为管理者，促成产业的适当集中，则有利于整合资源，提高企业经济实力和科技创新能力，从而有利于提高资源利用效率和解决环境污染问题。

第三节　以高新技术开发为主的可持续发展模式

一　高新技术开发对生态环境影响的特点

高新技术开发是工业化完成后区域开发的主要方式。首先，从开发指

---

① 潘岳：《战略环评与可持续发展》，《国家行政学院学报》2007年第12期。
② 闫育梅：《战略环境评价——环境影响评价的新方向》，《环境保护》2000年第11期。

向来看，由于科技创新作为区域开发活动的主要动力，技术成为拉动经济增长的主要因素，而不再依靠增加自然资源投入的粗放式增长来推动经济发展，从而使可持续区域经济增长成为可能。其次，各种高新技术的发展也为实现区域可持续发展提供了可能。以水泥生产为例，水泥是重要的建筑材料，2005 年全国水泥产量为 106884.79 万吨，传统的水泥生产企业往往都是烟尘滚滚，尘土飞扬。据统计，我国水泥企业的粉尘排放量占到了工业行业粉尘排放总量的 40% 左右，矽肺病更是水泥厂工人易患的职业病。然而，金隅集团北京水泥厂由于利用了先进的生产工艺，采用了国际先进的节能减排技术，不仅通过了 ISO14001 环境管理体系认证，实现了清洁化生产，厂区异常洁净，10 余年来未出现一例矽肺病，而且虽然引进技术、设备的投资量巨大，但其效益与投入相比更为可观，实现了经济效益与生态效益的有效统一，企业的竞争优势越来越明显。最后，高新技术开发能够有效提高资源利用效率，为区域可持续发展奠定了基础。例如，对种植型农业实行计算机控制下的滴灌技术改造，不仅可以极大地提高水资源的利用效率，还可以实现增产、减少化肥投入、保护环境的目的；各种新材料、新能源技术的出现，不仅在一定程度上突破了传统的以石油、煤炭等不可再生资源为能源和某些更新速度较慢的可再生资源为原料的资源约束，而且可以变废为宝，实现资源的充分利用，从而为区域可持续发展奠定了基础。

二　可持续发展模式的内涵与特点

以高新技术开发方式为主的可持续发展模式，是指在高新技术开发方式下，知识、技术和科技创新成为拉动区域经济增长的主要动力。科技发展不仅使资源利用效率显著提高，而且能够为生态环境保护提供有力的技术支撑，使区域开发与生态环境由矛盾体转化为协调体，形成可持续发展的区域开发模式。

与以产业开发方式为主的协调发展模式相比，在以高新技术开发方式为主的可持续发展模式下，区域开发与生态环境显著存在着内在的、自发的协调性，生态环境已成为区域开发的系统变量；而传统产业开发由于依然较大地依赖于自然资源的投入，因而它与生态环境的协调发展主要依赖外力作用，是一种被动的协调。

三　可持续发展模式的实现途径

1. 鼓励科技创新，发展高新技术

当前，技术不仅是经济增长的主要推动力，而且也是实现区域开发与生态环境协调发展的重要支撑条件。科技创新及其扩散所具有的乘数效应，可以极大地放大其他生产要素的作用，从而有助于提高资源利用效率，减少产业开发对生态环境的不利影响。然而从整体来看，我国企业不重视研发，全国只有近25%的大中型企业有研发机构，高新技术的研发经费还不到发达国家的1/10，企业的技术创新能力和水平还比较低，各级财政投资在科技投资总额中占较大比重。为此，作为区域开发的重要参与主体的各级政府部门，必须确立正确的科技政策取向，即在进行科技投入时，不仅要考虑其对自然的开发能力，而且要充分考虑到对生态系统的修复能力。同时，采取多种措施，有效运用科技法规或政策，形成对生态化科技创新的制度激励，促进企业实施生态化科技创新，为区域开发与生态环境的协调发展提供技术支撑。

2. 加强环保技术开发，发展环境产业

环境产业是减轻环境压力、保护生态环境的重要基础和技术保障。在一些发达国家，环境产业经过几十年的发展，已成为一个技术成熟稳定的工业行业。发达国家环境产业的产值已占到了国内生产总值的10% ~ 20%，介于风头正劲的制药业和信息业之间，高于其中的计算机行业，并且它还以高于GNP增长率1~2倍的速度发展着[①]。世界上普遍将环境产业视为高新技术产业之一，而我国在这方面起步较晚，环境产业技术水平偏低。在环境产品生产、环境技术开发等领域，常规技术占主导地位。能自己解决投资、自己完成技术开发并占领市场者，仅有20%。具有高新技术水平的二氧化硫处理设备、除尘脱硫一体化设备，以及工业废气净化装置

---

① 《环保产业行业报告》，易拜咨讯网，2005 年 9 月 30 日，www. ebuywww. net. cn/info_ zj/ huanbao. htm 49K。

等设备开发能力十分薄弱，大多数只能从国外进口①。此外，我国环境产业还存在资金投入不足、企业规模偏小等问题。为此，在区域开发过程中，政府应积极采取措施，按照投资社会化、运行市场化的原则，引导资金流向环境产业，增加环境产业投资，促进有利于资源节约、替代和循环利用的技术和产品的开发与推广，促进我国环境产业的迅速发展，保证区域开发与生态环境的协调发展。

3. 发展清洁技术，实现清洁生产

清洁生产的概念大约可追溯到 1976 年。当年，欧共体在巴黎举行了"无废工艺和无废生产国际研讨会"，会上提出"消除造成污染的根源"的思想。1979 年 4 月，欧共体理事会宣布推行清洁生产政策。我国已于 2003 年 1 月 1 日颁布施行了《中华人民共和国清洁生产促进法》，但因种种原因，清洁生产并未取得实质性的进展。国际公认的联合国环境署对于清洁生产的定义是："清洁生产是一种新的创造性思想，该思想将整体预防的环境战略持续应用于生产过程、产品和服务中，以增加生态效率和减少人类及环境的风险。"② 清洁生产的基本精神是源削减，是在单个组织之内将环境保护延伸到该组织有关的方方面面。对生产过程，要求节约使用原材料和能源，淘汰有毒原材料，合理利用常规能源，尽量利用可再生能源，并不断进行新能源的开发和节能技术的开发，采用高效设备，改进操作步骤，回收再利用原材料和中间产品，削减废物的数量和毒性；对产品，要求减少从原材料提炼到产品最终处置的全生命周期对人体健康和生态环境的不利影响；对服务，要求将环境因素纳入设计和所提供的服务中。通过发展清洁技术，实现清洁生产，可以最大限度地减少企业原材料和能源的消耗，降低企业生产成本，提高效益，减少废物产生量。无论从经济角度还是从生态环境角度来看，发展清洁技术，推行清洁生产都是符合可持续发展战略的，是实现区域开发与生态环境协调发展的重要途径。

---

① 《环保产业行业报告》，易拜咨讯网，2005 年 9 月 30 日，www.ebuywww.net.cn/info_ zj/ huanbao.htm 49K。

② 姜颖：《清洁生产、生态工业和循环经济》，《科技信息》2007 年第 36 期。

4. 建设生态城市，运用高新技术解决现代城市病，实现城市可持续发展

城市化是与工业化相伴生的。我国的工厂和工业主要集中在城市，在区域开发过程中，随着工业化程度不断加深，城市化进程也不断加快。而伴随着经济发展和城市人口的迅速增长，不可避免地出现了诸如交通堵塞、大气污染、水资源短缺、噪音污染、垃圾堆积等现代城市病问题，危害着人们的身体健康，降低了生存环境质量，不利于区域的可持续发展。与"生态文明"相联系的"生态城市"概念和发展模式的提出为未来城市发展指明了方向。"生态城市"概念是在 20 世纪 70 年代联合国教科文组织发起的"人与生物圈"（MAB）计划研究过程中提出的，简单地说就是"社会和谐、经济高效、生态良性循环的人类居住区形式，是一个经济发展、社会进步、生态保护三者保持高度和谐，技术和自然达到充分融合，社会生态化、经济生态化，城乡环境清洁、优美、舒适，从而能最大限度地发挥人类的创造力、生产力，并促使文明程度不断提高的稳定、协调与发展的自然和人工环境复合系统"[①]。城市走生态化发展道路，标志着城市由传统的唯经济增长模式向经济、社会、生态有机融合的复合发展模式的转变，是从灰色文明走向绿色文明的伟大创新。建设生态城市，运用高新技术解决现代"城市病"，在本质上适应了城市可持续发展的内在要求，是实现城市可持续发展、走出"城市病"困境的必然选择。

---

① 程娜等：《论循环经济与生态环境建设》，《国土与自然资源研究》2007 年第 4 期。

第六章

中国可持续区域开发的
计量评估与分析

　　我国传统的区域开发模式是以高能耗和高排放为代价的资源型开发。在资源日益短缺和环境质量持续恶化的今天，这种开发模式必然难以为继。事实上，由于外部性的存在，任何一项经济活动的成本代价，不仅包括对劳动、资本等传统生产要素的消耗，也包括由于外部性对社会发展所造成的代价。传统的经济增长理论是建立在纯经济系统分析基础之上的，对于经济活动所引发的资源环境消耗并未加以考虑，而当前效率研究中广泛采用的单位GDP 能源消耗，单位 GDP 的废水、化学需氧量、二氧化硫、二氧化碳的排放强度是基于单要素效率的测度指标，这些指标忽略了 GDP 产出是由能源消耗、环境排放与资本、劳动力共同作用的结果，因而具有明显的缺陷。本部分基于生产理论框架的非参数数据包络分析法（Data Envelopment Analysis，DEA），将资本存量、劳动力、能源和环境污染排放指数作为投入数据，将GDP 作为产出数据，综合测度我国的环境技术效率，并以此数据为基础借助聚类分析对我国各省区可持续区域开发，即区域经济发展与区域环境协调度进行评价。

第一节　技术效率与环境技术效率的测度

　　数据包络分析法（DEA）可以将效率分解为两部分：技术效率（TE）和配置效率（AE）。技术效率是指在给定产出水平下最小化投入的能力（Input – orientated）或在给定投入要素的条件下最大化产出的能力（Output – orientated）。配置效率则要求在给定的要素价格下实现投入（产出）最优组合的能力。由于无法获得污染排放等要素价格信息，因而本章的考察和测度是针对技术效率的。

环境技术效率概念的提出得益于技术效率概念。本章的环境技术效率是度量在固定 GDP 条件下所能实现的包含环境污染排放在内的最小综合要素投入与实际要素投入的比值，它是一个不大于 1 的正数，且不受变量单位变化的影响①。环境技术效率综合考虑了污染排放、能源、劳动力、资本存量等多元投入与经济产出的关系。而传统的单要素环境效率指标则仅仅比较了单一投入与 GDP 之间的关系，显然忽视了其他关键要素如资本、劳动力等的影响。

从上述分析可以得知，测度效率需要通过实际的观测样本点（实际的投入、产出水平）来进行估计生产前沿，本章使用非参数的 DEA 分析法估计生产前沿面。DEA 分析法通过线性规划确定所有效率决策单元中最有效率的点组成的前沿面，用于评价各效率决策单元（DMU）的效率。DEA 分析法由 Farrel 于 1957 年首先提出，但当时并未引起学术界的重视，直到 Charnes，Cooper，Rhode 发展出一个基于规模报酬不变（Constant Return to Seale，CRS）的 DEA 模型之后才引起广泛关注和运用（Coelh，1996）。Charnes 等（1978）分析了投入导向的技术效率，并假定存在规模报酬不变的生产技术，研究 N 个决策单元为生产 M 种产出时需要投入 K 种要素的技术效率问题②。

$$\operatorname*{Min}_{\theta, \lambda} \theta$$
$$s.t \begin{cases} -y_i + Y\lambda \geq 0 \\ \theta x_t - X\lambda \geq 0 \\ \lambda \geq 0 \end{cases}$$

其中，θ 是标量，λ 是 $N \times 1$ 维向量，解得的 θ 是效率决策单元的得分（即效率值），通常 $\theta \geq 1$。如果某地区的 θ 值为 1 时，表明该地区在能效

① 与环境技术效率不同，全要素能源效率是指在既定其他要素投入的前提下，按最佳实践，生产一定的产品所需投入的最少能源与实际能源投入量之比。

② Coelli, T. J., "A Guide to DEAP Version 2. 1: A Data Envelopment Analysis (Computer) Program", CEPA Working Paper, Department of Econometrics, University of New England, Armidale NSW Australia, 1996, pp. 10 – 13.

利用方面已经在中国内地各地区中取得了领先位置。当某地区的 θ 值小于 1 时，表明该地区的效率相对于前沿地区而言还有一定的差距，存在 $1 - \theta$ 的技术效率损失[1]。

DEA 需要通过线性规划识别处于前沿的点，作为非效率决策单元改进的目标。图 6 - 1 中，处于前沿面的决策单元的最大化产出已标准化为 1，相应的能源和其他投入要素也通过与产出相除进行标准化处理。B 和 D 是有效率的决策单元，它们构成了最优前沿，与之对应的 A_1 和 C_1 是非效率的。效率分值 θ 对于 A 和 C 分别为 "OA/OA_1" 和 "OC/OC_1"，随之便产生一个问题，即 A 是否是有效率的？DEA 通常构建的是分段线性前沿，由于分段线性前沿可能与坐标轴平行而导致松弛（Slack），在 A 点保持产出不变，X_1 投入量可以进一步减少 AB，即投入松弛，松弛量问题求解过程可以应用由开发的 DEAP 2.1 软件来进行。因此，对于决策单元 A_1 达到最优技术效率的潜在要素投入应为 "$OA_1 \times \theta - AB$"[2]，进而我们将各决策单元的潜在要素投入量与实际投入量的比值界定为环境技术效率。

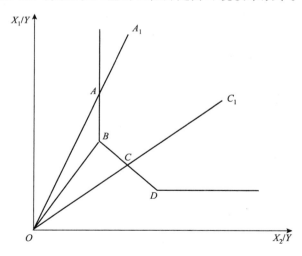

图 6 - 1 基于投入的 CRS - DEA 模型

① 魏楚、沈满洪：《能源效率及其影响因素：基于 DEA 的实证分析》，《管理世界》2007 年第 8 期。
② 师博、沈坤荣：《市场分割下的中国全要素能源效率：基于超效率 DEA 方法的经验检验》，《世界经济》2008 年第 9 期。

由于本章关注的是投入要素，因此本章将采用 CRS 假设下基于投入法的 DEA 模型。

在国内的研究中，DEA 方法被广泛应用于测算区域层面的能源效率和技术效率。采用 DEA 方法对区域效率进行评价，关键在于选取和界定投入和产出指标。

在能源效率方面，魏楚和沈满洪（2007）采用规模报酬不变（CRS）DEA 模型，以劳动力、资本存量、能源消费量作为投入指标，以 GDP 作为产出指标，估算了 1995~2004 年中国省际能源效率。得到的结论是，中国能源技术效率的演变先上升后下降，并且能源技术效率的区域分布按东北老工业基地、东部、中部和西部逐级递减。徐国泉和刘则渊（2007）延续了魏楚和沈满洪的分析框架，采用中国大陆 30 个省份的面板数据，测算全要素能源效率，分析比较了 1998~2005 年中国八大经济区的技术效率。结果表明，中国区域全要素能源效率呈现由东南向西北逐步下降的趋势，并且与区域发展水平呈"倒 U 形"的关系。师博和沈坤荣（2008）将知识存量纳入生产函数，运用规模报酬不变的超效率 DEA 模型测算中国省际全要素能源效率。分析结果表明，1995~2005 年全要素能源效率在东部水平最高且较为平坦，但在中西部却展现出"螺旋形"的演进态势。袁晓玲等（2009）在中国省际全要素能源效率的省际相对有效性进行评价时，利用熵值法把工业废水排放量、工业废气排放量、工业烟尘排放量、工业粉尘排放量、工业二氧化硫排放量、工业固体废弃物产生量六个指标综合成污染排放指数，并在此基础上测算出包含非合意性产出环境污染的中国省际全要素能源效率，检验了中国分区域全要素能源效率的收敛情况。以上研究结论不完全一致，其原因有两方面：一方面，模型的投入要素种类不同；另一方面，投入产出变量统计口径不同。

在技术效率方面，传统的研究没有考虑工业企业污染排放对生产效率的影响。涂正革（2008）根据我国 30 个省市地区要素资源投入、工业产出和二氧化硫排放数据，计算各地区环境技术效率，发现区域间环境工业协调性极不平衡。东部沿海地区工业发展与环境关系较为和谐，但是中西部地区环境技术效率普遍较低。

本部分基于生产理论框架的非参数数据包络分析法（DEA），将资本存量、劳动力、能源和环境污染排放指数作为投入数据，将 GDP 作为产出数据，测度我国环境技术效率，以期为我国环境能源政策的制定找到合理的科学依据，探寻到节能减排工作的重点。

本章研究的环境技术效率与涂正革（2008）的不同之处在于：一是受袁晓玲等（2009）的启发，对污染排放指数的测算利用主成分分析法，把工业废水中化学需氧量排放量、工业废水中氨氮排放量、工业烟尘排放量、工业粉尘排放量、工业二氧化硫排放量、工业固体废弃物产生量六个指标综合成污染排放指数；二是在投入产出指标的选取上，把污染排放作为未支付的投入要素而不是非期望的产出。

第二节　模型变量与数据的说明

本章的研究涵盖我国除西藏自治区、台湾及香港和澳门特别行政区以外的所有地区，为保持统计口径的一致性，把重庆市的数据归入四川省，总共 29 个省级地区（省、自治区和直辖市）。本章采用年度面板数据，样本区间为 2003 ~2007 年。假定生产过程中需要四种投入要素，即资本存量、劳动力、能源和环境污染排放，生产出合意性产出 GDP。

1. 资本存量

目前已被普遍采用的测算资本存量的方法是戈登·史密斯在 1951 年开创的永续盘存法。由于国内没有进行过大规模的资产普查，所以我们在本章中所采用的方法是在确定一个基准年后运用永续盘存法按不变价格计算各省（自治区、直辖市）的资本存量。张军等（2004）对我国省际资本存量的估算进行了开创性的研究，多数学者都直接或间接采用张军估算的资本存量数据进行研究。单豪杰（2008）利用国家统计局基于经济普查和年度修正的最新数据资料，重新估算了 1952 ~ 2006 年全国和省际的资本存量。因此，本章 2006 年前的样本数据直接采用单豪杰（2008）的研究成果，并向后推算得到 2007 年的资本存量。由于原始数据是以 1952 年不变价格计算的实际 GDP 表示，为了保证投入产出变量统计口径的一致性，采用各地 GDP 平减指数将资本存量换算为以 2003 年为基期计算的相应数据。

2. 劳动力

劳动力数据来自历年《中国统计年鉴》各省（自治区、直辖市）就业人员统计，当年就业人数按照（当年末就业人数＋上一年末就业人数）/2计算得到。在实际工作中，因教育、培训、经验等的不同，劳动力的质量可能有很大的差异，这种差异也应该对区域环境技术效率造成一定的影响。但这种影响难以准确计量，我们曾采用徐国泉等（2007）的方法估算了各地15岁以上人口的平均受教育年限，发现由于估算过程中采用的各年受教育程度人口数据的调查方法不同，样本前后不一致，部分地方出现了突变的情况。因此，在本章中对劳动力的质量就没有加以区分。

3. 能源

用各省（自治区、直辖市）每年的能源消耗量表示能源投入，由于各省的能源消费结构存在差异，为了比较方便，统计上把煤炭、石油、天然气和水电四种主要一次性能源的消费量转换成统一单位加总而成。2003～2007年能源消耗量原始数据来源于相应年份的《中国能源统计年鉴》，单位为"吨标准煤"。其中海南和青海缺少2006年的能源数据，取前后两年的平均数补齐；西藏由于缺少能源数据，因此没有包括在样本内。

4. GDP

各省（自治区、直辖市）每年的GDP变量采用的是以2003年的不变价格计算的实际GDP，原始数据来源于《中国统计年鉴》。第一次全国经济普查后，各地的总量、速度、结构等在统计上都发生了不同程度的变化，为避免数据选取的不一致，我们对2005年前的数据采用2006年《中国统计年鉴》提供的经济普查后修订的各地生产总值。

5. 污染排放

文献中通常有两种处理污染排放变量的方法：一种方法把污染排放作为未支付的投入要素，与资本、劳动力和能源等生产要素一起引入生产函数，代表文献如Ramanathan（2005）、陈诗一（2009）等；另一种方法则把污染看作非期望产出，和期望产出（如GDP）一起引入生产过程，比如涂正革（2008）、袁晓玲等（2009）。

本研究采取把污染排放看作投入要素的第一类处理方法，是基于这样的思路，即自然环境吸纳和沉积废弃物的功能可以为经济提供某种形式的社会资本服务，经济活动单位通过这种社会资本服务或者说对自然环境的消耗可以在给定其他投入要素的前提下增加它的产出水平[①]。

基于研究的全面性和数据的可得性，本章以各省（自治区、直辖市）2003～2007 年工业废水中化学需氧量排放量、工业废水中氨氮排放量、工业烟尘排放量、工业粉尘排放量、工业二氧化硫排放量、工业固体废弃物产生量六个指标作为污染排放的原始指标。原始数据来源于相应年份《中国统计年鉴》。由于 DEA 方法要求投入产出指标不宜过多，因此，本章采用主成分分析法，把六大污染排放指标综合成一个污染排放指数，污染排放指数的具体算法可以分解为 5 个步骤。

（1）将原始变量数据进行标准化处理。本章采用 Z 分法。变换公式为：

$$Z_{ij} = \frac{x_{ij} - \overline{x_j}}{s_j}$$

$$\overline{x_j} = \frac{1}{n} \sum_{i=1}^{n} x_{ij} \qquad s_j = \left[\frac{1}{n-1} \sum_{i=1}^{n} (x_{ij} - \overline{x_j})^2 \right]$$

$$i = 1,2,3,\cdots,n \qquad j = 1,2,3,\cdots,p$$

x 表示评价样本，j 表示评价指标。经过去量纲化处理后，均值为 0，方差为 1。

（2）求解标准化变量的相关矩阵。

其计算公式为：

$$r_{ik} = \frac{1}{n-1} \sum_{i=1}^{n} \frac{(x_{ij} - \overline{x_j})}{s_j} \frac{(x_{ik} - \overline{x_k})}{s_k}$$

（3）求解相关矩阵 R 的特征根、特征向量和贡献率。

R 的特征方程式为 $|\lambda_g I_p - R| = 0$；$\lambda_g (g = 1,2,\cdots,p)$ 表示该方程式的特征根，它的大小描述了各个主成分在被评价对象上作用的大小。用 L 表示一个 p 维向量，向量 L_g 是特征根 λ_g 对应的特征向量，即标准

① 陈诗一：《能源消耗、二氧化碳排放与中国工业的可持续发展》，《经济研究》2009 年第 4 期，第 41～55 页。

化向量。表明每个分量说明原始变量的信息量,即方差贡献率。一般主成分个数等于原始指标个数,如果原始指标个数较多,进行综合评价时就比较麻烦。主成分分析法就是选取尽量少的 k 个主成分($k < p$)来进行综合评价,同时还要使损失的信息量尽可能少。

k 值由方差贡献率 $\sum\limits_{g=1}^{k} \lambda_g \big/ \sum\limits_{g=1}^{p} \lambda_g \geq 85\%$ 决定。

(4)对 k 个主成分进行综合评价。

先求每一个主成分的线性加权值,即

$$F_g = l_{g1}Z_1 + l_{g2}Z_2 + l_{g3}Z_3 + \cdots + l_{gp}Z \qquad g = 1,2,3,\cdots,k$$

再对 k 个主成分进行加权求和,即得最终评价值,权数为每个主成分的方差贡献率,即

$$F = \sum_{g=1}^{k} \left(\lambda_g \big/ \sum_{g=1}^{p} \lambda_g \right) F_g$$

(5)支撑能力原始得分的平均值等于 0,我们将标准 Z 值转化成 10 分的分值,转化公式为:

$$S = 5 + Z$$

第三节　各地区环境投入指数的估算

根据前文中所述方法,由于要采用主成分分析法把六大污染排放指标综合成一个污染排放指数,因此本章首先采用 KMO 和巴特利特(Bartlett)球形检验是对主成分分析的适用性进行检验。经计算得出的总量指标的 KMO 值为 0.849。根据统计学家 Kaiser 的标准,KMO 若大于 0.7,则不能否定主成分分析的可行性。同时,巴特利特(Bartlett)球形检验值为 728.477,相伴概率在小数点三位后仍然为零。因此,应该拒绝原假设,认为相关系数矩阵不可能是单位阵,既原始变量之间存在相关性,可以进行主成分分析。

以 2004~2008 年《中国统计年鉴》中的相关数据作为原始数据计算的 2003~2007 年平均每年的环境投入指数呈现先上升后下降的变化趋势,分别为 4.98、5.00、5.07、5.01 和 4.94。29 个地区 2007 年的污染排放总

量估算结果见图 6 - 2。从图中可见，四川的环境投入指数为 6.716，远远高于其他省份；山东、河北、山西、河南的环境投入指数分别为 6.236、6.169、6.112、6.041，属于投入较高的省份；环境总量投入较低的省份包括海南（3.772）、青海（3.879）、北京（3.900）。

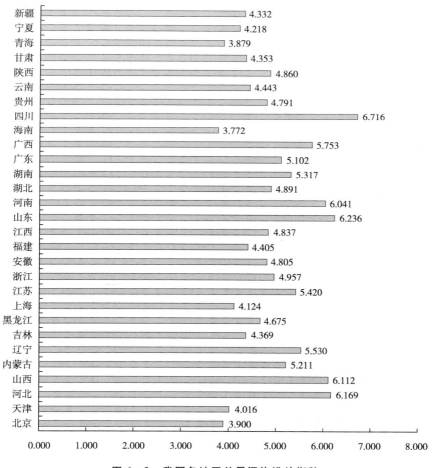

图 6 - 2　我国各地区总量污染排放指数

各地区人均污染排放指数见表 6 - 1。从表中可见，总的来看，2003 ~ 2007 年全国人均环境投入指数也呈现先升后降的"倒 U 形"曲线。2003 年开始持续攀升，在 2005 年达到波峰，为 5.112；2005 年后，人均环境投入指数出现了一定程度的下降，至 2007 年降为 4.936。

表6-1 我国各地区人均污染排放指数

地 区	2003 年	2004 年	2005 年	2006 年	2007 年	平均
北 京	4.126	4.153	4.156	4.161	4.124	4.144
天 津	4.810	4.777	5.064	4.788	4.792	4.846
河 北	5.188	5.299	5.426	5.359	5.180	5.290
山 西	6.338	6.450	6.574	6.437	6.311	6.422
内蒙古	6.092	6.112	6.953	6.317	5.957	6.286
辽 宁	5.409	5.428	5.801	5.144	5.200	5.396
吉 林	4.749	4.896	4.927	4.708	4.652	4.786
黑龙江	4.732	4.745	4.810	4.650	4.635	4.714
上 海	4.425	4.462	4.451	4.446	4.452	4.447
江 苏	4.644	4.734	4.801	4.681	4.671	4.706
浙 江	4.856	4.930	4.956	5.015	5.051	4.962
安 徽	4.535	4.597	4.641	4.595	4.600	4.594
福 建	4.510	4.548	4.641	4.558	4.508	4.553
江 西	4.726	4.767	4.782	4.712	4.645	4.726
山 东	4.636	4.697	4.786	4.735	4.862	4.743
河 南	4.664	4.832	5.080	4.959	4.861	4.879
湖 北	4.547	4.648	4.748	4.758	4.764	4.693
湖 南	4.941	5.062	5.218	5.138	5.061	5.084
广 东	4.430	4.404	4.393	4.385	4.349	4.392
广 西	5.366	5.664	6.160	6.018	5.677	5.777
海 南	4.030	4.033	4.017	7.196	4.017	4.659
四 川	4.567	4.674	4.799	4.898	4.920	4.772
贵 州	4.471	4.477	4.557	4.727	4.698	4.586
云 南	4.433	4.424	4.414	4.326	4.294	4.378
陕 西	4.919	4.893	4.944	4.917	4.848	4.904
甘 肃	4.646	5.011	5.105	4.841	4.823	4.885
青 海	5.347	5.387	5.493	6.051	4.768	5.409
宁 夏	6.563	6.800	7.545	6.255	7.582	6.949
新 疆	5.150	5.123	5.004	4.959	4.842	5 016
平 均	4.891	4.966	5.112	5.094	4.936	5.000

第四节　各地区环境技术效率估算及协调度综合评价

根据以上的相关数据，应用软件包 DEAP 2.1，以各地资本存量、劳动力、能源消费、污染排放作为输入变量，GDP 作为输出变量，规模效应假设为不变规模效应（CRS），松弛调整量计算采用多步方法，进行投入导向型（Input – orientated）分析，依次测算出 2003 ~ 2007 年我国各地区的相对环境技术效率，结果见表 6 – 2。本章所测算的我国省际环境技术效率与涂正革（2008）的测算结果相比要低一些，省份之间的排名也不完全一致，除了研究对象、选取变量的不同外，把污染排放作为投入是重要的原因（我们也曾将污染排放作为非期望的产出引入模型，发现效率得分有较大幅度的提高）。全国环境技术效率最高的省份为北京、上海和广东，在2004 ~ 2007 年均处于前沿曲线上。

表 6 – 2　我国各地区的环境技术效率

地　区	2003 年	2004 年	2005 年	2006 年	2007 年	平　均	排　名
北　京	1.00	1.00	1.00	1.00	1.00	1.00	1
天　津	0.94	0.94	0.97	0.97	0.94	0.95	4
河　北	0.77	0.77	0.77	0.76	0.74	0.76	15
山　西	0.77	0.76	0.74	0.70	0.68	0.73	20
内蒙古	0.87	0.79	0.74	0.73	0.71	0.77	14
辽　宁	0.82	0.80	0.80	0.79	0.77	0.80	11
吉　林	0.81	0.78	0.75	0.69	0.66	0.74	17
黑龙江	0.82	0.83	0.85	0.84	0.82	0.83	9
上　海	1.00	1.00	1.00	1.00	1.00	1.00	1
江　苏	0.93	0.88	0.85	0.88	0.89	0.89	5
浙　江	0.85	0.86	0.89	0.90	0.90	0.88	6
安　徽	0.78	0.76	0.75	0.74	0.72	0.75	16
福　建	0.88	0.86	0.87	0.87	0.87	0.87	7
江　西	0.79	0.74	0.72	0.72	0.72	0.74	19
山　东	0.75	0.74	0.73	0.73	0.73	0.74	18
河　南	0.84	0.83	0.81	0.76	0.71	0.79	12

地　区	2003 年	2004 年	2005 年	2006 年	2007 年	平　均	排　名
湖　北	0.70	0.69	0.69	0.68	0.68	0.69	22
湖　南	0.85	0.84	0.84	0.83	0.81	0.83	10
广　东	1.00	1.00	1.00	1.00	1.00	1.00	1
广　西	0.83	0.80	0.78	0.74	0.72	0.77	13
海　南	0.84	0.86	0.89	0.85	0.83	0.85	8
四　川	0.67	0.65	0.66	0.68	0.67	0.67	23
贵　州	0.59	0.58	0.58	0.57	0.58	0.58	26
云　南	0.69	0.67	0.65	0.63	0.61	0.65	24
陕　西	0.63	0.62	0.61	0.58	0.58	0.60	25
甘　肃	0.72	0.69	0.69	0.68	0.67	0.69	21
青　海	0.47	0.45	0.45	0.45	0.45	0.45	29
宁　夏	0.50	0.47	0.45	0.44	0.44	0.46	28
新　疆	0.60	0.58	0.58	0.57	0.57	0.58	27

受到魏楚、沈满洪（2007）和涂正革（2008）的启示，本章借助聚类分析将 29 个地区的环境技术效率划分为 5 类，并将之区分为"经济发展与环境高度协调地区""经济发展与环境较协调地区""经济发展与环境较不协调地区""经济发展与环境较不协调地区""经济发展与环境极不协调地区"。2003～2007 年环境技术效率的平均值与聚类分析的结果显示，我国各地区经济发展与环境协调度如下：高度协调地区包括北京、天津、上海、广东 4 个地区；较协调地区包括江苏、浙江、福建、海南、黑龙江、湖南、辽宁、河南 8 个地区；不协调地区包括广西、内蒙古、河北、安徽、吉林、山东、江西、山西、甘肃、湖北、四川 11 个地区；较不协调地区包括云南、陕西、贵州、新疆 4 个地区；极不协调地区包括宁夏、青海 2 个地区。

可见，2003～2007 年，我国 29 个地区中，经济发展与环境处于相对协调状态的仅有 12 个地区，约占全部地区的 41%；17 个地区处于不协调状态，约占总数的 59%。其中山西、内蒙古、辽宁、吉林、安徽、河南、湖南、广西、云南、甘肃、河北 11 个地区环境技术效率持续下降，只有浙江环境技术效率持续上升，北京、上海、广东则始终处于环境效率前沿曲线上，效率值始终为 1。而单纯从 2007 年环境技术效率得分看，由于经济发展与环境较协调的地区减少为浙江、江苏、福建、海南、黑龙江、湖南 6 个省，不协调地区上升为辽宁、河北、山东、安徽、广西、江西、河南、内蒙古、湖北、山西、甘肃、四川、吉林 13 个省，高度协调地区、较不协调地区与极不协调地区与 2003～2007 年平均水平一致，从而使得 2007 年我国 29 个地区中，经济发展与环境处于相对协调状态的地区仅占 34%，高达 66% 的地区则处于不协调状态。从而使得促进我国区域开发与环境的协调发展的任务极为紧迫。

第七章

可持续区域开发的案例研究

第一节　长江三角洲高速城市化与区域协调发展

近年来，长江三角洲不仅成为中国最活跃的经济聚集区，而且也进入城市化快速发展的时期。高速城市化必然使原有的地域空间格局发生急剧变化，涌现大量的城市社会问题，尤其是区域协调发展问题日益突出。如何在经济高度集聚和城市化快速发展的过程中解决结构失衡和环境恶化等问题，实现区域经济的协调发展，是应该深入探讨的重要课题。

一　长江三角洲城市化发展的现状

长江三角洲（简称"长三角"）的概念有狭义与广义之分。狭义的指上海市和江苏省的南京、苏州、无锡、常州、镇江、南通、扬州、泰州，以及浙江省的杭州、宁波、湖州、嘉兴、绍兴、舟山、台州，共计16个城市；广义的则指上海、江苏和浙江两省一市的全部地域。本章把考察的视角主要集中在狭义上的长三角地区。

1. 长三角在中国经济发展中的地位

长三角位于我国东部沿海的中段，具有得天独厚的江海交汇、南北居中的区位条件，同时它又地处我国东部沿海开放城市带，成为中国对内对外联系的主要节点，是中国走向世界的重要门户，也是中国经济发展的龙头和心脏，它的发展对我国经济的发展有着举足轻重的作用。2005年，它以占全国1.14%的国土面积，创造了全国17.2%的国民生产总值、21%的地方财政收入、34%的进口总额、36%的出口总额，吸引了44%的实际利用外资额。未来10年内，长三角将有可能成为我国区域发展的重要增长极和亚太地区经济发达地区之一。基于长三角的战略地位和经济社会基础，长三角已经成为我国功能比较完备的经济区。其区域功能主要表现为以下几个方面：①作为中国最大的城市群体，在中国城市化中大量吸收中西部转移人口，对中国城市化和城市现代化起示范带头作用；②已经成为中国最大的制造业基地和最重要的高新技术产业区，带动中国工业化和信息化进程，在中国新型工业化道路上起到示范推动作用；③已经成为率先实现现代化的地区，对中国现代化起到主导、示范和推进的作用；④作为成为中国经济发展能级最高、动力最强的经济区，在中国经济发展中发挥"引擎"作用；⑤作为中国经济实力最强、为国家做贡献最多的地区之一，迅速增加中国经济的绝对量，在增强中国综合实力上起到骨干支撑作用；⑥作为经济能级最高、城市最集中、竞争力最强的地区，代表中国参与国际竞争。

2. 长三角城市化发展的现状

经济发展和高度集聚是城市发展的基础。长三角地区是我国经济高度发达的地区之一，也是经济活动高度集聚的地区之一。与此相对应，长三角目前城市化浪潮可以说是势头汹涌，发展速度相当快，已经成为我国城市化水平较高、发展速度较快的领先地区。其主要特征表现在以下几方面。

（1）伴随城市化加快发展，长三角形成了以中心城市为核心的联网辐射的区域发展新模式。长三角16个城市中有10个城市将城市化战略列入"十一五"发展战略之一，其余城市也无一例外地把加快城市化进程列入了"十一五"发展重点。许多城市都调整行政区划，撤县（市）建区，扩大市区面积，以增强经济实力和综合竞争力。而且长三角平方公里是一个人口高度密集地区，人口密度是全国的5倍多，在不到10万平方公里的区域内居住人口达到7500万人，加上外来人口可达上亿人，人均资源相对贫乏。所以，长三角城市化表现出明显的特点，就是要素的配置主要不是表现为农村向城市集聚，而是表现为城市与城市之间的竞争与合作，这是由于长三角是一个城市和城镇高度密集的地区，基本上相隔几十公里就有一个大中城市，小城镇的密度是全国的 12 倍，而且大多数县级市和中心城镇已经发育成为中小城市。因此，如何通过有效的协调机制，促进城市与城市之间的协调与分工，对于促进整体经济的发展具有重要的作用。促进中心城市之间的经济社会联系，形成中心城市联网辐射的区域发展新模式。

（2）长三角的都市经济圈和城镇体系已初具规模。城市地域概念有三种类型的界定，即城市的行政地域、实体地域和功能地域。都市经济圈反映了中心城市功能对外围地区直接影响所及范围，是一种重要的城市地域概念。我国城市研究所用资料，特别是人口资料，几乎都是从城市的行政地域概念为出发点的。随着我国城乡经济的迅速发展和相互空间关系的日趋复杂，要求打破行政地域、加强不同城市之间经济联系的愿望越来越迫切。现在，长三角的特大城市（上海、南京、杭州）都非常重视都市经济圈的建设和发展，比如南京市在"十一五"发展规划中明确提出："在完善主城、都市圈、市域三个层次的规划布局构想基础上，进一步拉开现代化城市建设框架，有序拓展城市发展空间，促进产业和人口的合理布局；继续优化城镇体系布局，推进城乡协调发展；继续健全和完善城市管理，全面提高城市管理的综合水平。"上海市也高度重视城镇体系的协调发展，在"十五"规划中提出："在'十一五'期间，上海要以提高城市综合服务功能和市民生活环境质量为目的，基本形成开放、便捷的对内对外综合交通运输体系和多心组团、分层配套、城乡一体的城市布局结构，生态环境进一步改善，初步形成人和自然较为和谐的城市发展局面；基本形成由中心城、新城、中心镇和集镇四个层次组成的城市形态体系框架。"杭州市也明确地提出加快中心城市、中小城市、中心城镇的协调发展。除沪、宁、杭以外，区域内的其他城市，比如苏州、无锡等城市也在积极调整行政区划，加强中心城市辐射和带动的作用，呈现城市带的雏形，形成城镇体系协调发展的格局。

（3）长三角已经成为"世界第六大都市圈"，实现了与世界城市体系的顺利接轨。在经济全球化的过程中，中国经济能否与世界经济顺利对接，将主要取决于中国能否把握时机，最大限度地发挥和确立自身的比较优势。随着城市化的发展和各个城市的扩张，上海作为长三角地区的首位城市，在区域经济发展中的地位与作用日益突出，上海核心城市功能将不断完善，带动城市群区域经济一体化协调发展。上海是立足全球经济竞争的桥头堡，是竞争优势的发源地。到 2015 年，上海将基本建成国际经济、金融、贸易、航运中心之一的城市，城市综合竞争力将达到现代化国际大都市水平。就经济中心而言，上海将与南京、宁波形成功能互补的长三角金融城市体系，成为长三角及沿江地区企业血脉相连的中心和国际跨国公司管理在中国进行投资和贸易的基地。就金融中心来讲，上海将成为国际资本集散中心、国际国内投融资中心、金融活动中心、金融信息中介服务中心，这为外资大规模进入上海以及长三角和整个长江流域提供了便捷通道。而高层次自由港和自由贸易区的建设，则使上海成为国内外商品进出口中国的中转枢纽站。尤其是随着新国际劳动地域分工的形成和环太平洋时代的来临，中国参与国际大循环的强度将显著增大。长三角各大城市正在走向联合，长三角形成以上海为中心的"世界第六大都市圈"，为长三角区域各城市共同开创未来的新天地。

二 长江三角洲城市化发展中的结构失衡问题

长三角成为中国城镇最密集、城市化水平最高的地区之一。但是，长三角在城市化的发展过程中也存在一些结构失衡问题。这些问题主要表现在以下几个方面。

1. 城市产业结构趋同导致区域城市系统失调

长三角地区产业结构的最大特点是缺乏矿产资源，区内条件极为相似，从而导致各城市在经济发展过程中均以加工业为主，产业结构严重趋同。其中，苏南和浙北及其内部各县市之间产业结构趋同现象尤为突出，已经成为影响这两大地区经济社会发展的最重要的因素之一。总体来看，长三角城市群次级中心城市的产业结构呈现"二三一"的格局，即第二产业占主导地位，第三产业等各项社会事业的发展相对落后，不利于城市功能的完善和发挥，不利于形成区域性的经济、金融、信息、文化和科教中心。目前，长三角各城市偏重个体利益，相互间协作配合不足，导致城市间存在重复建设和结构雷同的弊病，产生恶性竞争。各城市的发展多数以自我为中心，对区域的整体利益认识不足，缺乏系统的地区协调发展规划。

从长三角产业结构来看，2005 年上海市、江苏省、浙江省的三次产业结构分别为 0.9：48.6：50.5、8.0：56.6：35.4、6.6：53.4：40.0①，表明三地的产业结构趋同现象十分严重。在长三角 16 个城市中，有 11 个城市选择汽车零配件制造，有 9 个城市选择石化，有 12 个城市选择电子信息产业。调查发现，在新一轮沿江开发中，江苏沿江各市县基本上都在实行以港兴市、以重化工为主的发展战略，即"沿江开发＝港口＋重化工＋物流"的发展模式，导致江苏沿江各市县产业同构现象加剧。产业同构加剧引资大战，而反过来引资大战又使业已存在的低层次产业同构现象在更高的产业层次上重演，形成大量的重复建设，导致资源的浪费。这种产业结构的趋同性导致各城市间竞争程度加剧，区域经济的协调性差。近年来，长三角地区从原料（蚕丝、棉花等）竞争到市场竞争都十分激烈，就是产业结构趋同的表现。从各城市的三次产业结构看，各城市均以第二产业为主，第三产业居中。

2. 城市群区域经济协调运行体制尚未形成

由于经济的高速增长和集聚，长三角地区目前城市化发展的速度比较快是合理的。但从长三角城市化发展的实际来看，不少城市特别是二级城市脱离区域经济发展的整体状况，片面追求速度、竞相打造特大城市或大城市的情况比较普遍。在江浙两省，苏州、无锡、常州、舟山和嘉兴等市都制定了特大城市发展规划，还有不少中小城市纷纷制定了各自的大城市发展规划。城市发展脱离区域整体发展状况，以各自城市为中心，一味贪大、贪全，必然造成区域发展的无序状态和区域城市体系的失调。

目前，由于经济体制改革、经济结构调整和市场化程度的提高，长三角城市群在三个省级行政体系管理下，地区之间的协调难度很大，存在明显的诸侯经济的特征，导致城市群内部城市与城市、行业与行业之间的经济发展与外贸经营产生激烈竞争，削弱了城市群对外发展和对外经济贸易的整体功能。同时，也使得某些行业或企业缺乏活力，产业组织能力低，优势不突出，技术进步对经济增长的贡献只有 30%，远远低于 60%～70% 的国际先进水平。长三角没有整体经济发展的协调机构与机制，导致整个

---

① 宋林飞主编《长三角年鉴 2006》，社会科学文献出版社，2007，第 1114～1115 页。

区域经济关系矛盾突出、区域基础设施的共享性较差，从而在相当广泛的领域内，还制约着长三角城市群的整体发展水平。

3. 城市不当定位制约区域经济的协调发展

在长三角城市化发展过程中，必然要求各次级中心城市按照完善城市综合功能的目标，加快城市现代化建设，化解掣肘区域城市化和区域经济一体化发展的不利因素。但大多数城市不顾自己的实际情况，都以"中心城市"为自己的发展定位，以我为中心，竞相打造"中心城市"，而较少考虑和周边城市的相互关系，不在区域城市等级体系和功能体系中去摆正自己的位置，致使区域整体的城市体系产生混乱，投资冲动过度膨胀，城市竞争非理性化，进而造成城市体系功能弱化、城市建设脱离现实并盲目无序的情况。尽管存在上海及南京经济协作区，能够推动横向经济的长期发展，但由于体制上的障碍，使得区内各层次的横向经济联合难以突破行政分隔，影响投资结构的合理化及生产要素的优化组合，城乡之间、城市之间、地区之间的合作还难以完全跳出行政分隔的束缚，以至于出现像深水码头选点难等区域性问题，这是对其城市化和城镇体系发展的最大限制。

三 长江三角洲城市化对区域协调发展的影响

1. 城市扩展与区域土地容量的矛盾

长三角地区土地资源的人均占有量远远低于其他区域，城市规模扩大占用土地和耕地资源不足的矛盾日益突出。表现在土地资源的有限性与城乡、区域发展的巨大空间需求之间的矛盾，给城市群的持续发展带来了极大的资源限制性效应，出现了"地荒"现象。

众所周知，长三角地区人均土地面积 0.135 公顷，仅为全国平均的 1/6 强；人均耕地面积 0.045 公顷，远低于全国平均水平（0.078 公顷），而且已在联合国规定的警戒线 0.053 公顷之下；人均占有粮食 371.3 公斤，与小康型生活所要求的 460 公斤尚有一定差距，而长三角在 73 个县市区中有 38 个县市区低于上述标准，其中浙江有 25 个县市区低于警界标准。同时，长三角地区城市用地也甚为不足，尤其是上海市，人均城市用地仅约 40 平方米，远未达到建设部规定的 60～120 平方米，制约了城市功能的发挥和人民生活的改善。长三角地区土地后备资源主要是滩涂、丘陵缓坡地和旧宅基地等，数量相当有限。因此，长三角地区在今后较长的一段时间内将难以改变土地紧缺的形势。

与此同时，随着经济的发展和城市化的推进，耕地占用现象严重，城镇数目增多，开发区也在增加、扩张，城市建成区面积不断扩大，而且交通用地、旅游休闲用地及乡村居住用地等都逐渐增加。据统计，1979～2001 年（不包括 1997 年）长三角地区累积流失耕地达 45.21 万公顷，年均递减 5.9‰，高于全国水平（全国年均递减 2.98‰）。浙江耕地面积仅占全国 1% 多一点，而 1979 年以来，新减少的耕地面积达 726 万亩，相当于 2003 年末耕地面积的 30.4%。而无论是金融资本还是产业资本，和土地结合都是一个必要条件。于是，高速发展中的浙江各地，普遍出现了用地难的状况，像温州、台州、义乌等地都有数以千计的企业排队等地。在苏州，由于开发区的盲目建设造成耕地的大量减少，1996～2003 年，年均递减率高达 13.16‰。目前，长三角区域内一般大中城市的人均占有建成区面积仅为 55～75 平方公里，有的城市如苏州、无锡甚至低于此数，严重限制了城市各项用地按比例合理发展。

2. 城市化与区域生态环境的失调

长三角地区在城市化的进程中一直都十分重视城市的生态环境问题，但生态环境的恶化趋势仍未得到有效的遏制。

大气污染严重，酸雨频繁，气候变暖趋势明显。长三角城市化的加快发展，使大气污染加剧，二氧化硫（SO_2）、氮氧化物（NOx）含量增多，不仅导致区域空气质量下降，而且易于形成酸雨。沿长江带、沪杭甬一带为酸雨的高频率地区，且酸度高，PH 值常小于 4，酸雨发生频率高达 75% 以上。酸雨的危害极大，它改变了长三角地区的土壤性质与结构，破坏了植被生态系统和包括地下水在内的水生生态系统，危害了农业生态；酸雨还腐蚀建筑物、道路、交通工具等，每年由此带来巨额经济损失；酸雨还降低饮用水质量，增加洁净饮用水成本。

近年来，长三角地区随着城市化进程加快，城市的楼房向群落化、高层化发展，以沥青和水泥为主体的城市道路向高架、高速发展，城市空调装机数膨胀，人们的生活和生产活动增加了额外的热量，导致"热岛效应"日益突出。20 世纪 90 年代以来,长三角地区主要城市的年平均气温较 20 世纪 50 年代上升了 0.9 摄氏度,变暖趋势更加明显[1]。随着经济的发展,长三角地区各城市建成区面积不断扩大,土地利用也朝着有助于"热岛效应"的方式转变。上海地区的"热岛效应"在 1980 年以前局限在距离市中心 7 公里的范围内,从 20 世纪 80 年代开始迅速扩大到距离市中心 7~17 公里的区域内,到 20 世纪 90 年代"热岛效应"影响范围进一步扩大到 17~33 公里的区域[2]。

3. 城市化与区域农业生态环境的恶化

长三角地区城市化的高速发展,以及经济的快速增长,使工业"三废"排放量迅速增加,加剧了耕地的污染。其中持久性有机污染和有毒重金属污染问题突出。废弃物堆放致使废液下渗污染灌溉水源,直接污染耕地。毒物质滞留在土壤中,抑制土壤微生物繁殖,并造成土壤板结,降低农作物根系吸收养分和光合作用能力,导致干物质产量减少,并使谷物中有害物质含量增加。据统计,苏州市有关部门广泛采集的 151 个土壤样品中,土壤汞污染率达 68.2%,其中重度污染占 9.3%。某些地区进行不适当的耕作,造成水土流失,如湖州市现有水土流失面积达 677.66 平方公里,占总面积的 11.6%,其中轻度侵蚀面积 486.38 平方公里,中度侵蚀面积 147.12 平方公里[3]。许多地区土壤耕层变浅,容重增加,物理性状变差,肥力下降。

湿地是重要的国土资源和自然资源,是具有多种功能的生态系统。湿地不仅为人类提供大量食物、原料和水资源,而且在维持生态平衡、保持生物多样性、涵养水源、蓄洪防旱、降解污染等方面都能起到重要作用,被誉为"地球之肾"。它与森林、海洋一起被称为地球三大生态系统,受到全世界的广泛关注和重视。长三角经济发展迅速,人地矛盾十分突出。为了发展经济,各地纷纷围湖造田、填海造地,使得湿地资源日趋消失,

---

[1] 张道:《全国国土综合开发重点地区水资源和地质环境评价》,地质出版社,1994,第 14~29 页。

[2] 丁金才等:《上海地区盛夏高温分布和热岛效应的初步研究》,《大气科学》2002 年第 3 期。

[3] 杨桂山:《长江三角洲近 50 年耕地数量变化的过程与驱动机制研究》,《自然资源学报》2001 年第 2 期。

长三角鱼米之乡的古老名片正悄然褪色。例如，新中国成立 50 年来，上海市共围垦滩涂 100 余万亩①，主要用作农副业用地，部分用作工业用地和市政建设用地，如兴建了金山石化总厂、宝山钢铁总厂、浦东国际机场和三甲港海滨旅游区等。

近 10 年来，由于长三角经济高速发展，城市化全面高涨，城市地区的人口密度持续增大，人口在向城镇集中的同时，也使生产、生活污水急剧增加且集中排放，致使太湖流域出现普遍的"水质性缺水"，生态安全成为迫切的大问题。水资源的短缺和水环境的污染已成为限制长三角经济发展的主要因素。据初步估计，长三角城市群污染排放量占全国的 1/5，环境质量呈急剧下降趋势。太湖原本是上海、无锡、苏州等市的主要饮用水源，但目前太湖流域 70% 的河湖受到污染，80% 的河流水质达不到国家规定的 III 类水标准，直接影响到区域城乡的可持续发展。

四 长江三角洲城市化中实现区域协调发展的对策

根据发达国家的经验，城市化水平达到 50% 左右之后，大量的城市社会问题就会涌现出来，尤其是区域协调发展问题就会日益突出。长三角地区在高速城市化过程中为了能够尽量避免各种区域失调问题的产生，在未来城市化发展中，实现长三角地区的协调发展，应当注意以下几个方面。

1. 按照合理分工的原则调整区域产业结构

目前长三角正处于产业结构的大调整时期，需要在有效竞争的基础上加强区域间合作，避免重复建设和过度竞争，更好地发挥作为全国乃至亚洲"高、精、尖、新"制造业基地的作用。为此，各地应从实际出发，以市场需求为导向，以增强企业和产业竞争力为目标，加快改造传统产业，大力振兴支柱产业，积极培育新的经济增长点，推进产业结构、地区结构、城乡结构，以及技术和产品结构全方位的调整优化，由低技术传统产业为主向现代技术为主、高度化的产业结构转型，逐步形成合理的区域产业结构体系，实现地区协调和城乡一体化发展。具体而言，在产业结构调

---

① 杨欧、刘苍宇：《上海市湿地资源开发利用的可持续发展研究》，《海洋开发与管理》2002 年第 6 期。

整中，长三角地区江浙两省的 14 个城市，应充分利用上海已有的科技优势和庞大的市场，紧密加强与上海的合作，加强分工与互补意识，主动接受上海的辐射，使自己成为上海产业链中的延伸段，即生产加工或服务配套基地，形成全国乃至世界性的产品制造业和经济制高点。

为改变长三角目前产业发展战略和产业结构趋同的状况，有必要借鉴国外大城市带的发展经验，在发挥江浙沪比较优势的基础上，重塑各地区的分工。上海的产业定位应该是国际经济、贸易和金融中心，把信息服务业、金融业、物流业作为新的经济增长点，形成上海最具比较优势的产业。苏南地区则应该把第二产业作为区域优势分工领域，全力打造我国最大的工业基地，即沿沪宁高速公路、高速铁路构建高新技术产业带，沿长江构建耗水大、运量大的基础工业产业带，沿上海周边地区构建加工工业带，以及沿太湖岸边构建旅游度假产业带。由于宁波一带具有深水港的发展条件，港口重化工业的发展前景在区内具有比较优势，应以炼油、石化工业为主，杭州湾传统民族特色工业也具有优势，旅游业和专业化市场也是重点发展的产业。因此，长三角内的分工应该是上海以发展高等级的服务业（金融、贸易、航运、信息服务）为主，而苏南与杭州湾地区应该以轻纺、耐用消费品、机械工业和石化工业的发展为主，其中特色工业要发扬光大。第三产业以旅游业、专业化市场为主，形成与上海互补的区域市场体系。

在产业结构调整进程中，除了从追求经济效益最大化的角度出发处理好城市之间的分工外，还必须注意处理好经济效益、社会效益和生态效益之间的协调关系，建立健全相应的环境和资源保护政策，确保区域的协调发展。长三角地区在制订经济发展计划的过程中，必须将环境和资源问题纳入社会发展的部标体系。应该以节约和循环理念为指导，促进经济增长方式转变。经济增长要实现由主要依靠投资和出口拉动增长向依靠消费和投资、内需和外需共同拉动增长转变；产业结构要实现由主要依靠工业带动增长向依靠工业、服务业共同带动增长转变；资源利用方式要实现由"资源→产品→废弃物"的单向式直线过程，向"资源→产品→废弃物→再生资源"的反馈式循环过程转变，使经济增长实现良性循环。同时，要以产业结构调整为主线，加快建立新型产业体系。大力推进产业结构的战略性调整，积极推进自主创新能力建设，推动产业技术创新。做大做强电子信息、石油化工等支柱产业，加快发展汽车、装备制造等主导产业，积极培育生物工程、新材料、新能源等战略产业；加快发展服务业，坚持生活服务业和生产服务业并举，推进现代服务业快速成长。

2. 加强区域合作与空间协调

长三角地区各城市已经出现了网络化趋势，区域内城镇相互连接，连绵一片，城市之间相互渗透，相互影响加大，城市之间的矛盾也日益突出，而我国的城市管理体制仍是以行政体制为基础的垂直管理体制，不能满足这种局部区域内各城市之间协调发展的需要。

区域合作与空间协调是城市群协调发展的重要条件。只有打破行政区划界限，推动区域经济一体化进程，才是实现区域协调发展的关键。目前，长三角经济、社会、文化的发展已经呈现明显的整体性、综合性和动态整合性特征，由原来各自为政的"行政区经济"走向大都市圈经济必将成为长三角联动发展的新形态。因此，长三角各成员城市政府应该尽快转变传统的"市域"观念，树立新型的区域观与"立足全球、区域联动、共同发展"的整体战略意识。尤其在城市产业结构调整、基础设施建设等方面，应打破省市行政界限，从国家利益和大都市圈的整体利益出发，积极创造和寻求相互之间的密切合作，使长三角在共同参与世界经济竞争中取得有利地位。

西方发达国家在城市化过程中也出现了类似于长三角地区这种区域内不协调的状况。对于这种情况，各国采用了不同的措施来加以协调。例如，法国为了加强市镇之间和市镇周围区域的统一规划和管理，政府鼓励成立城市联盟和市镇联盟。到1995年，全法国已经有756个市镇联盟和4个城市联盟。其法定权限包括城市规划、经济区域划分、消防、给排水、垃圾处理、公共停车场、批发市场等规划管理。长三角地区应当借鉴法国的经验，建立区域协调联盟机构，以解决相互之间出现的利益冲突问题。

作为国家重点建设的跨省区经济区域，长三角地区实际上是一个有机的整体，各级地方政府应该立足于这一认识，在遵守国家现行法律制度的前提下，在建立跨行政区的区域经济管理体制上做更多的探索，突破行政区域的界限，对环境资源问题采取联手治理行动。在涉及地方利益时，区域内各级地方政府要克服传统的行政区划分割所造成的地方保护主义思想，树立长三角的全局与整体意识，以整体利益为重，打破传统的行政区划界限，按照比较利益原则实现生产要素在区域内的自由流动，实现区域内的合理分工与协作。加强各省市政府间的协调和衔接，逐步消除地方保护主义等妨碍区域合作的思想障碍和政策体制障碍。

建立健全相关社会政策，完善相应的城市管理制度体系，也是解决区域协调发展的重要途径。在就业政策方面，不仅要继续推行城镇下岗职工再就业的政策，同时还要在长三角地区构建和完善城乡统一的劳动力市场，促进城乡劳动力的合理流动。在区域内建立合理的人口流动渠道，按照市场机制来吸纳流动人口，并在流动人口的就业方面进行相应的管理。

3. 通过环保联动推进区域经济与环境的协调发展

长三角同属于太湖流域，是一个不可分割的整体性生态系统。近年来，随着社会经济和城市化的快速发展，太湖流域的跨界环境污染日趋严重，水质恶化。虽然已制定较好的治理规划，但缺乏统一协调的措施。尤其是各自为政的治水，阻滞了太湖流域排洪的出路，从而影响了长三角统一的规划建设与环境统一治理，进而影响了区域的协调发展。

在长三角高速城市化进程中，要注意建立和完善资源高效利用机制，推进资源的节约和合理高效利用，加快节约型社会建设步伐。通过对资源的市场配置、宏观调控及价格机制等方面的改革，实现资源有效合理分配，提高使用效率。改变低级别分散性的能源管理模式，采用相对集中的能源管理模式，建立和完善能源供应、安全保障和应急储备机制。以优化资源利用方式为核心，逐步形成不可再生资源消耗低、可再生资源效用大、可持续利用资源的绿色消费体系。要建立健全促进资源节约的激励和约束机制。实行资源利用效率和最低技术水平准入标准，分级设定土地资源利用最低准入门槛。大力发展循环经济，构建节约型的产业结构和消费结构，努力缓解资源制约。鼓励新能源、可再生能源和节约能源技术的推广应用，对高消耗及落后的技术、工艺和产品实施强制性淘汰制度。

同时，推进管理体制的改革与创新，建立和健全区域经济与环境协调发展的保障机制。一要推进资源利用和环境保护方面的市场化改革，完善自然资源有偿使用机制和价格形成机制，提高水资源和土地资源的使用价格，试点逐步建立用水、用地、用电和排污权交易制度，促进资源的合理开发、节约使用、高效利用和有效保护。二要加强资源利用和环境保护的法律法规及标准化体系建设，建立健全资源节约和合理利用的相关制度，建立重点耗能产品和新建建筑项目市场准入制度，建立水资源统一管理体制和节水管理制度，落实《节约能源法》等政策法规。三要强化节约资源和环境保护的监督管理和执法力度，在生产、建设和生活等领域，加大各种资源利用和环境保护的监督管理和法治力度，规范资源的开发和环境的利用，规范物资的回收和循环利用。建立健全节能、节水和环保执法监测机构，抓紧制定配套执法规章和标准，建立起一支高效、公正、廉洁的行政执法队伍，保障相关法制和行政措施的落实。

对于长三角来说，应该开展长三角环境与生态规划工作，加强长三角地区水资源和生态环境保护，集约利用有限资源，建立可持续发展的资源环境支撑体系。其中包括建立以节地和节水为中心的资源节约型农业生产体系，建立以重效益、节能、节材、产业生态化为中心的工业生产体系，建立以节约运力为中心的综合运输体系，建立节约资本与资源的技术经济体系。建立长三角环境保护机制，多渠道筹集环保资金，逐步保证环保投入占 GDP 比重的 3%，并制定鼓励发展环保产业的相关政策，实施环境治理与保护的区域联动。

加强水污染综合治理，重点实施太湖水质变清工程，开展城市水环境综合治理，沿河湖城镇集中建设污水处理设施；控制大气污染与防治酸雨，重点治理主要城市和大气污染严重的工业企业，改善能源生产和消费结构，加大清洁能源的比重，从而使多数地区大气和水的质量达到或接近国家规定的环境质量二级标准，实现发展与环境保护同步。加强区域内洪涝灾害、地面沉降、江岸坍塌等灾害治理工程的统筹规划和建设协调。同时，加强生态网络建设，不断深化生态建设内涵，重点规划建设由国家自然保护区、国家森林公园、绿地、主要湖泊和水系、大型生态花园和文化公园及街心花园等组成的生态基础设施。

第二节　西北区域开发模式的转换与区域可持续发展

由于对自然资源的不合理开发和利用，西北的土地早已不堪重负，生态环境极其脆弱，并且有恶化的趋势。因此，我国西北地区经济和社会的发展，要走出困境，摆脱危机，就不能再沿用原有的传统开发模式。如何在开发西北地区经济的同时，以可持续的方式建设大西北，实现环境、经济、社会的协调发展，是关系西北区域开发成功与否的关键。

一　西北地区的传统区域开发模式

西北地区地处亚欧大陆腹地中心，在行政区划上包括陕西、甘肃、宁夏、青海、新疆五省区，面积 310.17 万平方公里，占全国陆地面积的 32.31%。西北地区边境漫长，国土辽阔，能源矿产资源丰富，具有重要的战略价值。西北地区是中华文明的发源地，是我国开发最早的地区之一。统一六国的秦朝、称雄于世的西汉、鼎盛一时的唐朝，均建都于西北地区。据史料记载，西汉时期开发西域上百年，屯田垦荒，引入了较先进的农业技术和生产方式，促成当地经济长时期的繁荣。近代以来，许多有识之士纷纷倡导开发建设西部。孙中山先生在其《建国方略》中就对西北地区的资源开发和经济建设提出了战略构想。新中国 60 多年的开发建设，使西北地区经济社会有了长足发展，生产力水平有了显著提高。纵观西北开发的历史，多以移民屯垦式的农业开发和立足资源优势的矿业开发为先行，并以此带动其他各行各业的发展，是典型的资源指向型区域开发模式。

资源优势是历史上西北开发的主要内容和内在依据。马克思曾经指出，人类在文明初期主要依赖生活资料资源，当社会经济发展到一定阶段时，则主要依赖生产资料资源。生活资料资源主要是指适合于农作物生长的耕地，生产资料资源主要就是为工业提供原料和动力的矿产资源。人类对两类资源的大规模开发利用形成了前后相继的农业社会和工业社会。有学者认为，中国在 20 世纪 50 年代以前是土地资源开发导向的流域型农业经济发展阶段，而50年代以后则是矿产资源开发导向的城市工业经济发展阶段。

西北地区具有明显的资源比较优势。我国西部未利用土地占全国的86.69%，仅新疆维吾尔自治区尚未利用的土地就相当于10个江苏省。西北地区土地辽阔，地质成矿作用复杂多样，各个地质年代都生成了矿产资源，这些因素导致该地区能源和一系列矿产资源相当丰富。西北五省区是我国能源资源最集中的地区，煤炭预测资源量为23598.7亿吨，占全国预测资源量的51.8%；石油285.2亿吨，占30.3%；天然气14.9万亿立方米，占39.2%①。《2001年中国国土资源公报》提出在西部大开发中重点加强十大矿产资源集中区的矿产资源勘察与开发利用，在西北地区就分布有塔里木能源资源集中区、黄河中游能源集中区、东天山北祁连山有色贵金属及能源资源集中区、柴达木能源化工矿产资源集中区、秦岭中西段地区有色贵金属资源集中区。由此可见，西北地区矿产资源优势比较明显，矿产资源相对集中，能源矿产蕴藏量比较丰富，开发利用的潜力巨大。

历史时期西北地区的农业开发，主要是对土地资源的开发利用，尤其是土地的垦殖和农区的扩展成为区域开发的主题。纵观西北区域开发历史，移民实边和屯田垦殖成为区域开发的主要模式。西汉初年，晁错建议汉文帝"募民徙塞下"，开发黄土高原宜农地区。汉武帝时期，政府组织的移民队伍源源不断地到达人口稀少的西北边疆地区，使这里的人口数量迅速增加，土地开垦面积不断扩大。当时全国的人口不过4000多万人，而在武帝数十年间，向西北移民共有7次，总计人口在200万人以上。移民开发还逐步越出黄土高原，走向河西走廊及大漠南部，西北大片地区由游牧经济转变为农耕经济。经两汉以军屯田和移民实边为主要内容的经济开发，西北由少数民族占据的大片游牧区转变为农业区，农区范围空前扩大，农牧分界线几乎推向黄土高原西北边缘，并与河西走廊和天山南部农业区连为一体，唯有干旱荒漠和草原区还保留畜牧地。除关中以外的河套、河湟、河西、南

---

① 陆大道等：《2004中国区域发展报告》，商务印书馆，2005，第54页。

疆等农区，都是在汉代开发建成的。汉代以后，随着社会历史条件和自然环境的变化，西北边地的民族结构和生产结构时有交替。但历代沿用的屯田开发手段，总体上使农耕不断扩大，畜牧逐渐萎缩，水土流失和沙漠化一年一年扩大，垦殖活动也越来越艰难①。

而在区域工业化进程中，西北地区同样走了一条资源依赖型的开发之路。新中国成立之初，从全国一盘棋的思想出发，国家加强了对西部地区的工业开发建设。"一五"期间国家在中西部地区投资的重点工业项目有124项，占投资总量的80%，仅陕西和甘肃两个省就有40个项目。20世纪60年代初期，鉴于当时的国际局势，党中央于1964年做出了进行三线建设的决策，西北地区被列为"大三线"。通过"大三线"建设，新建了一批骨干厂矿企业，西北工业基础进一步得到增强。20世纪70年代末改革开放以来，西北工业开发的脚步仍未停止。从20世纪80年代中期开始，西北一些地方倚重煤炭等资源优势，又提出了以资源开发为主的区域开发战略。1999年6月17日，江泽民在西北五省区国有企业改革发展座谈会上强调，要"抓住世纪之交历史机遇，加快西部地区开发步伐"，并提出了加快西部地区开发的总原则。在当年底的全国经济工作会议上，正式提出了实施西部大开发战略，由此拉开了新一轮西北开发的序幕。

二　西北传统区域开发模式产生的问题

西北地区是新中国成立以来，我国经济开发和国防建设的重点地区之一，尤其在能源资源的勘探和开发方面，为全国的经济发展做出了重大贡献。但是，这种依赖资源条件的工业开发模式，使西北地区产业结构形成了明显的资源型、初级化的特征，其高度依赖原材料、能源，产品技术含量低，增长方式粗放，经济效益差。长期的资源开发，使人们往往高估甚至夸大自然资源的作用，形成过度依赖劳动力、资本、原料与能源的经济发展模式。这种开发模式还导致区域产业结构严重失衡，具体表现在工业结构中，能源、原材料等资源型重工业超前发展，轻型加工业落后。目

---

① 惠富平、王思明：《汉代西北农业区开拓及其生态环境影响》，《古今农业》2005年第1期。

前，西北地区大多数工业都是建立在资源初级开发的基础上，能源和初级产品占主导地位，产品深加工不够，产业链条短，发展层次低，产业竞争力弱。2003 年，西北地区轻重工业比例的问题更为突出。其中，青海、宁夏、甘肃三省区轻重工业产值之比分别高达 1：7.56、1：5.68 和 1：5.57（见表 7 – 1）。轻重比例关系不协调，已经成为西北地区长期以来制约经济发展的结构性问题。

表 7 – 1　西北地区轻重工业比例与全国的比较

单位：%

地　区	1983 年		1995 年		2003 年	
	轻工业	重工业	轻工业	重工业	轻工业	重工业
陕　西	44.63	55.37	42.48	57.52	35.30	64.70
甘　肃	18.33	81.67	28.76	71.24	15.22	84.78
青　海	34.12	65.88	28.90	71.10	11.68	88.32
宁　夏	3.21	96.79	27.76	72.24	14.96	85.04
新　疆	41.62	58.38	49.35	50.65	25.13	74.87
西　北	24.12	75.88	38.70	61.30	24.74	75.26
全　国	43.10	56.90	49.38	50.62	42.93	57.07

资料来源：陆大道等：《2004 中国区域发展报告》，商务印书馆，2005，第 72 页。

　　这种以土地垦殖和资源开采为主题的开发模式，对区域生态环境产生了严重影响。自西汉直到 20 世纪末的 2000 多年中，西北地区因农业经济开发而引起生态环境恶化的现象时有发生。楼兰是丝路上的重镇，曾经是一个著名的绿洲。西汉政府控制该地后，开井渠、屯田积谷。大约在隋代，楼兰古城一带已演变成沙漠之地。再以胡杨林为例，胡杨是沙漠中的骄子，在我国新疆地区大面积生长。1958 年，据国家综合考察队统计，塔里木盆地生长着 780 万亩胡杨林。1979 年，新疆林业航测时，胡杨林已减少到 420 万亩。塔里木河下游两岸的胡杨林带被人们称为"绿色走廊"。据史料记载，18 世纪 40 年代，这一地区有胡杨 180 万亩，这里水草丰茂，牧业兴旺，人们安居乐业。到 20 世纪 50 年代，胡杨面积减少到 100 万亩。目前，塔里木河下游的胡杨仅剩 11 万亩。这一史实不仅是历史时期新疆丝路古道上楼兰、高昌、尼雅等著名城市消失的最好解释，也是塔里木河下游河道北移 80~100 公里的注解①。

　　目前，西北地区的生态恶化已经非常严重，尤其在以下几个方面比较突出。①水资源日渐枯竭。西北地区水资源短缺，分布不均。该地区大部分区域的年降水量在 400 毫米以下，其中有 200 万平方公里面积的年降水量不足 200 毫米，南疆东部、河西西部和柴达木中西部不足 50 毫米，荒漠戈壁在 20 毫米以下而蒸发量超过 1000 毫米。兰州以西的甘、蒙、青、新的绝大部分地区年降水量低于 300 毫米。西北地区现有耕地半数没有水利设施，经常受旱，以新疆、甘肃西中部、宁夏南部山区、陕西黄土高原等最为严重②。②水土流失严重。我国是世界上水土流失最严重的国家之一，而西北又是我国水土流失最严重的地区。1999 年，占全国陆地面积 32.31% 的西北五省区，水土流失面积达 41 万平方公里，占全国水土流失面积的 1/4 左右。如陕西省的水土流失面积为 1400 万公顷，占全省总面积的 69%，每年约有 5 万吨泥沙注入黄河。③荒漠化迅速发展。荒漠化发展最快的地区是西北草原牧区，西北地区荒漠化土地面积达到 212.8 万平方公里，占全国荒漠化土地总面积的 76%，土地荒漠化严重、土地退化加剧。据资料介绍，2001 年我国发生的 32 次沙尘暴中，境内源区主要在西北地区的内蒙古东部和新疆。④草原退化加剧。由于长期过度放牧，重用轻养，盲目开垦，以至于草原退化呈发展趋势。我国天然草场普遍过度放牧，超载率超过 50% 以上，超载造成的草原植被退化使鼠虫猖獗肆虐，仅宁夏草原每年的鼠虫危害面积就达 93.3 万余公顷。2000 年，"三化"草场 1.35 亿万公顷大部分都在西北地区③。⑤森林资源锐减。2002 年，我国的森林面积为 1.6 亿公顷，覆盖率只有 13.92%，仅为世界平均森林覆盖率的一半，而西北地区的青海森林覆盖率只有 0.35%，新疆为 0.99%，宁夏为 1.54%，甘肃为 4.33%。西北地区生态指标呈现恶化的趋势，见表7-2。

---

① 马正林：《中国历史地理简论》，陕西人民出版社，1987，第 66 页。
② 陆大道等：《2004 中国区域发展报告》，商务印书馆，2005，第 32 页。
③ 农业部：《全国草地生态环境建设规划》，2003 年 4 月，第 42 页。

表 7 - 2　2002 年西北干旱区部分生态指标

单位：%

项　目	陕　西	甘　肃	青　海	宁　夏	新　疆	全　国
水土流失率	66.87	37.95	3.61	69.94	0.07	16.98
草地退化率	35.54	47.87	29.97	86.26	46.42	33.94
荒漠化率	15.9	50.62	33.06	75.98	86.07	34.55
森林覆盖率	24.15	4.33	0.35	1.54	0.99	13.92

　　资料来源：中国科学院可持续发展研究组：《2002 中国可持续发展报告》，科学出版社，2003；草地退化率数字摘自农业部《全国草地生态环境建设规划》，2003 年 4 月。

　　西北地区工业开发过程中，环境污染日趋严重。在公众的印象中，西北地区地广人稀，环境容量大，只存在生态破坏问题，不存在环境污染问题。但实际上，由于环境意识不强和治理污染不力，西北地区环境问题已经十分突出。具体情况见表 7 - 3。2002 年，全国 600 多座城市，大气质量符合一级标准的不足 1%。在全国 8 个环境污染最严重的城市中，西北地区就占了 3 个，依次是兰州、西安和乌鲁木齐。西北地区环境污染现状已经非常严重，局部地区建设的速度赶不上污染破坏的速度，而且一旦产生环境污染，对西北地区的社会经济影响比东部地区更大，再不及时治理，后果难以设想。

表 7 - 3　2002 年西北地区环境污染指标

地区	工业固体废弃物产生量 （万吨/亿元）	工业废水排放量 （万吨/亿元）	工业废气排放量 （立方米/元）
陕　　西	1.64	20.97	1.92
甘　　肃	1.96	43.34	3.37
青　　海	1.35	22.49	2.50
宁　　夏	2.00	39.33	5.17
新　　疆	0.60	16.55	1.61
西北地区	1.48	35.97	2.31
全　　国	0.90	25.64	1.54
西北地区/全国（%）	164.91	140.29	149.56

　　资料来源：国家环境保护局编《中国环境统计年鉴》（2002 年），中国环境科学出版社，2003；国家统计局编《中国统计年鉴》（2002 年），中国统计出版社，2003。

西北地区生态环境恶化，不仅给西部带来苦果，而且直接威胁到东部以至于全国的生态安全。西北是长江、黄河等大江大河的发源地，每年上游地区水土流失使20多亿吨泥沙进入长江、黄河，造成河道、湖泊淤积，悬河、悬湖增多，增加了中下游地区的水患[①]；北方干旱期延长并伴随着水资源日益短缺和黄河断流加剧（见图7-1）；生态环境破坏为沙尘暴提供了更多的沙源，每年形成的沙尘暴不仅危害西北地区，而且危及京津地区，甚至危及南京等长江下游地区。西北地区是我国生态环境的重要屏障，其环境优劣直接决定了全国的总体环境状况。因此，西北地区生态环境的恶化不仅是西北地区贫困的最根本原因，也已成为中华民族的心腹大患。

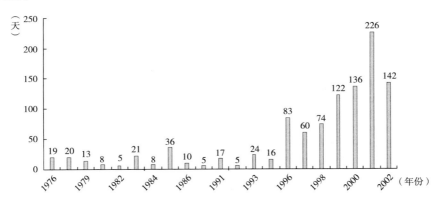

图7-1　黄河下游断流天数（以利津站为代表）
资料来源：陆大道等：《2003 中国区域发展报告》，商务印书馆，2004，第220页。

三　西北区域开发的理论思考和开发模式转换

西北区域开发是一项巨大的系统工程，它涉及经济和社会发展的各个方面，这是一个艰巨而又伟大的实践。30多年来东部沿海地区的开放开发获得了巨大的成功，但也引发了一系列经济、生态和社会问题。因此，目前在生态环境比较脆弱的西北地区展开大开发，如果再沿袭原有的发展观念和开发模式，不仅会浪费国家大量的人力、物力、财力，失去我国经济

---

① 陆大道等：《2000 中国区域发展报告》，商务印书馆，2001，第207页。

再上一个台阶的机会，而且会使西北地区原有矛盾进一步恶化。因此，必须严肃思考西北区域开发思路和模式的转换。

长期以来，在人们的观念中，西北辽阔的土地和丰富的自然资源似乎是取之不尽、用之不竭的，似乎可以任意开采而无须限制也不需要补偿。况且，在生产力发展水平的初级阶段，由于观念和资金的缘故，人们对经济的发展以及眼前的实效考虑得较多，而对如何保护资源和环境、实现可持续性的发展则考虑得较少。由于西北的环境早已不堪重负，已极大地制约和影响了西北地区甚至危及到全国的经济和社会的持续发展。要实现人的价值目标，必须正确处理好人与自然之间的关系，促使环境与经济的协调发展。我国西北地区要走出困境，摆脱危机，就不能再沿用原有的传统发展观，而必须追求人与自然的和谐，环境与经济、社会的可持续发展。人们只有转变关于发展的思考方式和评价标准，才能在开发实践中使行为方式既符合主体的价值目标而又不对生态环境造成破坏。

我国西北地区特殊的历史、文化背景，特殊的社会、经济、自然环境状况，决定了西北开发不能简单模仿国内外现有的发展模式。19世纪美国的西部开发是在生态环境较好的原始未开发地展开的，西进的人们只需砍伐树木、贩卖皮毛便可谋生，美国政府只需以低廉的价格向国民出售土地即可。而我国西北地区在每一片宜人居住的土地和绿洲上都已经分布着过多的人口，而且这些土地和绿洲还常常面临着严重的水土流失与风沙侵袭。二者的开发条件差别巨大，因此，完全套用美国当年以市场推动力来促进开发的发展模式是不可行的。我国东部地区在20世纪80年代初实施开放政策，积极培育市场机制，正是抓住了国外许多技术与产品处于更新换代时期、许多资金寻找投资市场的机遇。而当前西部发展所面临的形势，与改革开放初期东部所面临的形势有较大不同，加之地理区位上的重大差异，使得西部大开发也不能把东部地区的那种"接力棒"式的发展模式"拿来"就用。况且，东部地区的发展走的是一条"人地关系"不协调的老路，最终还是让国家花费巨额的人力、物力与财力来治理环境污染。

由于西北地区自然资源的有限性与自然环境系统的脆弱性、资源产品与工业制品的比价较低、资源产业与地方经济发展的相关性弱等原因，西北地区的以开发资源为主的经济活动具有极大的不可持续性。而西北地区各种市场主体参与开发的热情逐渐高涨，有可能导致只注重开发活动的规模、经济总量，而忽视开发的质量与效益；东部地区的许多高能耗、高污染产业为加速更新换代而急于寻找新的出路；国外的许多资金和技术正急于向外输出，以便利用廉价或无价的自然资源和环境条件的"供应地"；等等。这些行为将会给西北脆弱的自然生态系统埋下严重的破坏隐患，造成"开而不发"的结果。

因此，西北开发应该转变传统的资源开发模式。

首先，西北开发应该转变对自然的态度。在历史时期的西北开发中，对人与自然的关系上的认识存在误区，认为人是自然的主人和主宰者，可以任意用人的力量对自然进行宰割。虽然取得了一定的发展，但是也引发了一些问题，如生态环境恶化等问题。解决问题的出路，关键在于人自身的革命，在于人的活动方式的转变，因为在人与自然的关系中，人是主动的方面。所以，我们在当今的西北开发活动中，要用理性和道德的眼光同等看待人与自然。既肯定人与自然的同一性，又充分认可我们在开发、改造自然界中的积极能动作用，做到明智而适度地对待自然。在西北开发的具体实践活动中，要求做到社会生产力和自然生产力相和谐，经济再生产与自然再生产相和谐，经济系统与生态系统相和谐，实现在保持自然资源质量和持续供应能力的前提下经济持续发展，在不超越自然环境系统的涵容能力和更新能力前提下的人类社会的持续发展。

其次，西北开发应该从传统发展观向科学发展观转变。由于自然与人为、历史与现实的原因，落后和贫困至今仍然是困扰西北的主要问题。所以，发展问题对于西北来说是迫切需要的。但是，不能采用单纯追求经济增长和财富总量的发展模式。这种发展模式，往往会出现经济与发展负相关、有增长无发展的现象。社会的发展应是集经济的增长、社会的稳定、贫困的消除、平等的促进、政治的民主、文明的提高等社会生活方方面面的进步于一体的整体性概念，这是一个大的系统工程。这应该成为西北开发的新起点，这种发展观所要达到的是经济和环境的协调发展，追求的是人与自然的和谐。它特别关注各种经济活动的生态合理，强调对环境有利的经济活动应予鼓励，对环境不利的经济活动应予摒弃，要用社会、经济、文化、环境、生活等多项指标来衡量发展，而不能单纯用国民生产总值作为衡量发展的唯一指标。这样，就能够较好地把眼前利益与长远利益、局部利益与全局利益有机地统一起来，使经济能够沿着健康的轨道发展。

再次，西北开发应该由单纯追求经济指标转向区域社会的文明进步。从西北地区的情况看，生产力发展水平较低，社会主义建设的根本任务，就是通过有效的经济手段创造高度发达的生产力，从而为人和社会的全面发展打下物质基础。在实践上，我们还可以通过社会主义精神文明建设的发展，来促进物质和生态的文明发展。西北虽然经济比较落后，但其文化并不落后。西北丰富的文化资源尤其是具有各个民族特色的民族文化资源，比其自然资源更具有开发潜能，因为这是一个取之不尽、用之不竭的宝藏。通过文化资源的开发、保持与再生产，既可以促进本地区经济的发展，还可以促进本地区乃至全国社会的全面发展。

最后，西北开发的关键应加强人才的引进和培养。科学技术作为历史的杠杆和最高意义上的革命力量，为物质文明和精神文明的发展奠定了基础，同时也是人类征服自然的利器。"科学技术是第一生产力"表明了科学技术对于中国的社会主义现代化建设尤其是西北开发建设的巨大价值。西北自然资源尽管十分丰富，但与经济无限增长的需求相比却十分有限，要确保自然在既满足当代人的需求又不对满足后代人需求的能力构成威胁的可持续发展观的指导下得以持续利用，唯一的选择就是依靠科技进步。而西北地区发展经济最大的制约因素就是缺少人才，特别是缺少高素质的人才。因此，在一定意义上说，西北经济要得以较大发展，关键是要培养和引进大批当地经济发展急需的各种人才。科技和人才，是西北经济腾飞的两只翅膀。而科技的创造和使用离不开人，人又是生产力的一个关键性、主导性的因素。综观世纪之交的形势，世界经济全球化进程明显加快，科学技术突飞猛进，知识和人才，民族素质和创新能力越来越成为推动经济和社会发展的关键因素。谁能加快培养创新人才和高素质的劳动者，提高全体人民的素质和创新能力，谁就能在未来的激烈竞争中处于主动地位，中国尤其是西北更是如此。

总之，西北开发必须转变传统的资源开发模式，采用可持续发展模式。传统开发模式的弊端在于单纯依赖自然资源优势追求以财富总量增长为核心的发展，而忽视对环境的保护。我国西北地区开发不能再走高能耗、高污染、低产出的传统发展道路，而应寓环境保护、生态建设于经济发展之中，置经济发展于保护环境原则的指导之下。在可持续发展的西北区域开发模式下，基础设施建设是基础，环境保护和生态建设是根本，产业结构调整是关键，振兴科研教育是条件，深化改革开放是动力，法制建设是保障，促进西北和整个中华民族的经济、社会和环境的可持续发展是目的。要在注重培育人力资源的基础上发展经济，追求环境效益、经济效益与社会效益的统一。在当前国内外政治经济形势发生巨大变化的情况下，西北区域开发应面对本地区的实际情况，突破传统的思维模式，遵循科学发展观，形成具有当代特色和符合规律性的实践模式。

第三节　长白山自然保护区开发与生态环境保护

一　自然保护区开发与生态环境保护的基本理论

自然保护区是指需要加以特殊保护的自然区域，包括有代表性的自然生态系统、珍稀濒危野生动植物天然分布区、独特的自然景观、有科学价值的自然历史遗迹，以及重要的自然风景区和水源涵养区等。自然保护区是近代人类为保护生态环境和自然资源，面对生态破坏挑战的一大创举，是人类社会进步和文明的象征。自然保护区都划有一定的面积，并依法对其进行特殊保护和管理。建立自然保护区是保护自然资源和生态环境最重要、最有效的措施，是维护生态安全，促进生态文明，实现经济全面、协调、可持续发展和人与自然和谐共存的重要保障。

自然保护区的经济价值，可从自然资源和自然环境两方面进行评估，其总经济价值包括使用价值和非使用价值[①]。使用价值是指当一物品被使用或消费的时候，满足人们某种需要或偏好的能力。自然保护区的使用价值主要包括直接实物价值、直接非实物服务价值和间接价值。直接实物价值，一般指在自然保护区的实验区（包括缓冲区），通过生产示范、资源持续利用示范和资源适度开发研究等活动获得的生物资源产品价值。一般

---

① 　高红梅：《试论我国自然保护区的价值及其管理》，《商业研究》2005 年 24 期。

包括林产品、林副产品、农副产品、医药产品等，如活立木价值，野果、药材、食用菌、畜牧养殖价值等。直接非实物服务价值，主要指自然保护区在提供科研基地、教学实习基地和适度开发旅游时所带来的经济效益，如科学研究价值、文化教育价值、旅游价值等。间接价值，可以理解为由于自然保护区生态功能的发挥，为人类社会提供的间接有益作用。它可以促进社会进步，维持经济的发展，创造社会经济价值，是自然保护区现有价值的一个重要组成部分，一般不反映在国家统计核算系统中。由生态系统功能提供的间接价值的具体表现是多方面的，如有机物质的生产，固定二氧化碳与释放氧气，调节区域气候，营养物质的循环贮存，水土保持，涵养水源，净化环境，提供自然环境的娱乐价值、美学价值、精神价值和历史价值等。自然保护区的非使用价值主要包括存在价值、遗产价值和选择价值。自然保护区最主要的价值形式体现在生物多样性的存在价值、遗产价值及生态功能的间接价值上。例如，经济学家们认为，保留科罗拉多大峡谷的自然状态、阻止全球性或地区性的物种灭绝，以及阻止独特的生态社区的破坏，存在着非常重要的非使用价值。价值观念问题已成为自然保护区建设与管理的核心问题，也是协调经济发展与资源环境保护关系的核心问题。忽视对保护区价值的准确界定，必然会导致保护区建设管理上的盲目性，使保护区建设管理缺乏可靠的信息决策。因此，应针对自然保护区的不同价值，对自然保护区进行区别对待、分类管理。

自然保护区开发要合理规划好功能区，保护好核心区开发试验区，划分旅游区，注重环境治理，严防污染破坏。按照国际惯例，自然保护区规划时要严格划分特殊保护区（占整个自然保护区面积不到1%）、原始环境区（占整个自然保护区面积的98%）、自然环境区（占整个自然保护区面积不到1%）、服务区（占整个自然保护区面积不到1%）。特殊保护区保护特殊的、稀有的动植物及现象，严禁游客进入；原始环境区保持原始状态，只允许从事需要简单设施的游憩活动，限制游客进入；自然环境区配备最低限度的游憩设施，在承载力限度内允许游客自由出入，但禁止汽车进入；服务区为旅游者提供各种服务，允许汽车进入。游憩活动一般是在自然保护区的缓冲区内进行的。缓冲区又可划分为游憩缓冲和密集游憩区，前者供少数游客游览，允许步行或独木舟一类的简单交通工具进入，限制修建永久性建筑物；后者是游客集中活动的地区，要以控制污染性工业和美化工程为目标，并对各种旅游污染严格控制和清理。服务社区是游客休息的集中场所，但应位于保护区边缘或外部比邻区，绝不能在旅游区内。在对旅游产品市场的需求及特征分析，以及自然保护区自然、社会、经济要素等基础资料和相关资料的调查搜集的基础上，通过景观分类和对景观结构功能及动态的诊断，以及不同类型的结构规划，构建不同的功能单元，从整体协调和优化利用出发，确定景观单元及组合方式，选择合理的开发利用方式。

坚持开发与保护并重，坚持在保护前提下的开发是自然保护区开发的基本原则，此外还包括生态美学原则、与社区共建原则、和谐原则、活动类型多样性原则、多方筹资原则等。自然保护区开发的总体原则可概括如下。

（1）保护与开发并重原则。自然保护区生态旅游资源开发必须符合自然保护区的管理规范，还要尽可能满足开展生态旅游的具体要求。在开发中要严格控制生态旅游区的空间范围、旅游活动项目和游客容量、自然资源的开发强度；坚持突出自然美，实现景点民族化、乡土化、民居景点化与居民服务化，建立明显的界标与宣传标志；坚持适度开发与合理经营相结合，等等。

（2）三大效益（经济效益、社会效益、生态效益）组合最佳原则。一是自然保护区通过生态旅游得到经费补充，促进当地经济发展，实现经济利益最大化；二是保证社会可接受性，促进社会稳定；三是自然资源得到有效保护，生态系统比较完整，环境受到污染较小，在一定程度上达到科普和生态意识教育的目的。实现"三大效益"的统一，是与一般旅游区的最大区别。

（3）统一规划、合理布局、重点开发、协调发展原则。针对不同类型的自然保护区，根据旅游资源的特色，选择市场潜力大的保护区优先开发，以避免盲目建设、遍地开发、一哄而上等现象。

二 长白山自然保护区开发的现状与问题

长白山脉位于亚欧大陆东端，吉林省东南部，跨延边朝鲜族自治州的安图县和白山地区的抚松县和长白县，地处东北亚地区旅游的核心，欧亚大陆桥的东端，与俄罗斯、朝鲜接壤，与日本隔海相望。东部以山地为主，西部以低山丘陵为主，山高谷深，土地多样，是中国十大名山之一，总面积 196465 公顷。

长白山自然保护区功能区具体划区为核心区、缓冲区和实验区。核心区位于保护区中心部位，面积 139681 公顷，占全区总面积的 71.10%，该区域保存着较完整的森林生态系统和垂直分布带，将成为生态监测的原始对照地，该区域严格禁止人为活动；缓冲区面积 20984 公顷，占全区总面积的 10.68%，绝大部分位于核心区与试验区之间，该区域主要位于松江河至长白县公路两侧和风灾区，区内将设立环境监测的标准地和观测站，限制人为活动；实验区处于核心区和缓冲区外围或某一区域，面积 35800 公顷，占全区总面积的 18.22%，该区域既对核心区隔离和保护，又能有计划地开展科学研究和资源开发的实验活动，同时还具有开展宣传、教育、培训、旅游等活动和生活区的功能，旅游活动主要在这一区域开展。长白山自然保护区开发中存在的问题主要表现在以下几个方面。

1. 自然资源开发引起的生态环境问题

（1）破坏森林。经营粗放，过量采伐，乱砍滥伐，毁林毁草开荒，以及各项基本建设等破坏了大面积森林，严重破坏了生态环境，导致了水土流失日益加重。

（2）陡坡开荒。新中国成立以来，人增地减，陡坡开荒日趋严重，造成了严重的土壤侵蚀，全区每年土壤流失近 2000 万立方米①。

（3）基本建设。随着经济建设规模不断扩大，加快了对各种自然资源的开发利用。然而在开发中，人们只顾眼前和局部的利益，忽视水土保持，滥伐林木、乱挖砂石、开矿、种参等，破坏了大量植被，造成大面积水土流失，带来了严重的后果。

2. 生态旅游资源开发引起的生态环境问题

自 1982 年长白山北坡进行旅游开发以来，虽然长白山的旅游市场日益

---

① 孟凡胜、陈金兰：《浅析长白山区生态环境存在的问题及保护对策》，《吉林林业科技》2004 年第 6 期。

壮大，但是一系列严峻的生态环境问题也迫在眉睫。

（1）20世纪80年代修通了山门至天池的公路，毁掉了大片珍贵的高山苔原，并留下了水土流失的隐患。

（2）位于岳桦带谷地的宾馆、饭店等接待设施逐年增多，对环境造成了极为严重的污染。

（3）游客、山民和驻保护区内人员的采摘践踏，造成药用植物和花卉植物数量剧减，使食物链遭到破坏，甚至使许多珍稀动物濒危。

（4）岳桦幽谷和温泉之间建有相当大的停车场，每到旅游旺季，每天进入保护区的车辆有近千辆，保护区内天池道口到黑风口公路两侧的汽车排队数公里，常常出现交通阻塞，造成严重的尾气污染和视觉污染。

（5）旅游管理松散，大量游客无导游陪同，旅游区也无明显、足够的行为警示标识，亦缺少足够的管理巡查人员，不少游客"为所欲为"，地下森林等景区垃圾遍地，许多游客在林中吸烟，带来很大的安全隐患[①]。

3. 旅游开发中存在的问题

（1）长白山北坡、西坡、南坡旅游开发不相协调

长白山作为闻名中外的风景名山，是吉林省最著名的旅游景区。但因其地理位置偏于吉林省东部一隅，交通不便，再加上管理体制没有理顺，景区被人为分割，难以形成优势互补。长白山北坡、西坡、南坡3个景区之间，由于交通不便和行政区划不同，游客一般只能游览一个方向，很少有游客能跨区观光，使长白山形象大打折扣。

（2）旅游旺季过短

长白山一年有9个月的冰雪覆盖期，旅游淡季、旺季十分明显。6、7、8月份为旅游旺季并依次向两头逐渐转为淡季。旅游旺季过短并且过于集中，导致旅游旺季时人满为患而旅游淡季时冷冷清清，由此而引发一系列生态环境和社会经济问题。所以，旅游季节问题是目前长白山生态旅游开发中面临的又一重大问题。

---

① 张茵、许学工：《长白山自然保护区生态旅游模式初探》，《地理与地理信息科学》2003年第1期。

（3）各种生态旅游资源组合开发程度较低

长白山 10 种主要的生态旅游资源配置在一起，实现了最佳组合效应，构成了我国乃至整个东北亚地区独特的垄断性旅游资源。但是从目前来看，其综合利用的程度很低，主要局限在天池、瀑布、大峡谷等几个主要景点，对其他生态旅游资源的潜力没有充分挖掘，而且旅游的形式也比较单一，主要以自然观光为主，休闲度假旅游、体育旅游、科研探险旅游、森林旅游、购物旅游、民俗旅游等没有和自然观光旅游很好地结合起来，使长白山的旅游收入大打折扣。

三 长白山自然保护区的可持续开发模式优选

1. 长白山自然保护区开发的价值目标

长期以来，由于观念和资金的缘故，人们对生产、经济的发展以及眼前的实效考虑、关注得更多，而且人们认为长白山自然保护区的资源似乎是取之不尽、用之不竭的，所以对如何保护资源和环境、实现可持续发展考虑得就比较少，也因此给长白山自然保护区带来了严重的生态和环境问题。事实表明，在人与自然的关系上，生态破坏力是由于人类改造自然不适当而酿成的自然反馈能力，它与人类生产力构成相互作用的一对矛盾。当人类改造自然的能力小于自然恢复能力时，大自然不仅会提供能源，还可以保护人类赖以生存的环境；反之，人类将遭受大自然的报复，面临生存危机。因此，要在长白山自然保护区的开发过程中，既获得经济效益，又要保护我们的环境，就要正确处理好人与自然的关系，促使环境与经济协调发展，实现长白山自然保护区的可持续开发。

2. 长白山自然保护区开发的实践模式

在追求优质生态环境的今天，长白山自然保护区的开发应该面对本地区的实际情况，突破传统的思维模式，遵循自然发展规律，形成具有当代特色和符合规律性的实践模式。既要开发长白山自然保护区，推动长白山地区旅游业迅速发展，又要求把这种开发活动保持在一定的合理范围内，要实现在保持自然资源质量和持续供应能力的前提下经济持续发展，在不超越自然环境系统的涵容能力和更新能力前提下的人类社会的持续发展。

3. 可持续发展——长白山自然保护区开发模式的最佳选择

无论是过去掠夺式的开发带给我们的教训，还是国家制定的各项保护自然保护区的政策都在告诉我们，对自然保护区进行自然资源开采以获取经济利益的日子已经一去不复返了，自然保护区的开发，主要就在于开展生态旅游项目上。然而，离开了优质的生态环境，生态旅游开发也就成了一句空话，经济效益更无从谈起。长白山自然保护区的开发，带动了长白山周边地区的经济发展，目前有很多像矿泉水加工、山野菜深加工的企业发展得红红火火，这与长白山丰富的资源、良好的环境是密不可分的，一旦长白山自然保护区的生态环境遭到破坏，这些地区也就丧失了优势，经济发展也将受到严重的限制。

总之，长白山自然保护区的开发应坚定不移地采用可持续发展模式。具体来说，就是保护长白山的自然生态环境，不能走靠砍伐树木、开采矿石等掠夺式的开发之路，而是应该"寓环境保护生态建设于经济发展之中，置经济发展于保护环境原则的指导之下"，追求环境效益、经济效益、社会效益的统一。

四 长白山自然保护区可持续开发的对策和建议

长白山自然保护区的开发与生态环境的保护并不是一对根本的矛盾，如果能将长白山的资源开发建立在保护生态环境这个最根本的基础之上，那么优质的生态环境将成为吸引开发商、投资商的主要因素，尤其在追求绿色、崇尚自然的今天，在营销和宣传手段的辅助下，对长白山自然保护区的保护不仅不会阻碍长白山自然保护区的开发，反而会促进长白山地区的开发。

（一）加强对长白山自然保护区生态环境的保护

1. 加强生态环境监测

原始的自然景观是长白山旅游区的特色，山地景观的敏感性和脆弱性决定了不当的旅游资源开发会产生环境污染和生态破坏。为此，完善的生态环境监测体系对于保证旅游资源持续利用显得尤为重要，对于敏感环境要素和敏感地带的监测更是重要。长白山旅游区的区域环境特征和生态地位决定了本区的生态环境监测除包括水、气、声等环境要素的常规监测外，还要重视生态要素的监测，如动植物多样性的监测、动植物种群变动、生境动态变化。另外，各种生态灾害如水土流失、山体崩塌、滑坡、泥石流等的监测也应包括在内。同时，我们也要关注长白山自然保护区的生态环境承载力问题。对任何一个旅游区的旅游资源进行开发都存在一个适度的问题，过度开发将导致旅游资源的破坏；开发程度不够，则不能发挥旅游资源的最大效益。旅游环境承载力是衡量旅游资源开发利用程度的综合指标，它是指一定时期内不会对旅游目的地的环境、社会、文化、经济以及旅游者旅游感受质量等方面带来不利影响的旅游资源开发利用的最高限度。有研究表明，长白山旅游区目前最适旅游环境承载力为 130 万 ~ 150 万人/年①。随着景区建设的完善，以及社会发展及管理水平的提高，潜在的旅游环境承载力将得到及时有效的发挥。

2. 严格执行环境影响评价制度

环境影响评价制度是我国环境管理的一项重要制度，《中华人民共和国环境影响评价法》于 2002 年 10 月颁布并于 2003 年 9 月起施行，使该制度有了更为明确的法律地位。该项制度是贯彻"预防为主、防治结合、综合治理"方针的重要手段，起着协调经济持续发展、保护环境两者关系，以及实现经济效益、社会效益、环境效益三者统一的重要作用。在旅游资源开发过程中积极贯彻执行环境影响评价制度，对于预防和保护旅游景区的生态环境具有重要的作用。

3. 适时开展旅游环境审计

针对可持续发展旅游业，环境审计可以被定义为"一种提供系统的、经常性的和客观的对一个特定的旅游主体（组织）、设施、建筑物、运行过程及其产品的环境业绩进行评估的管理工具"。实施旅游环境审计的目的是"确认和证明区域旅游开发及旅游业的环境依从水平，为旅游业提供一个有效的旅游环境业绩评估手段"。旅游景区的开发和管理者，通过组织旅游景区的外部环境审计和内部环境审计，对旅游

---

① 鲍超、方创琳：《长白山生态旅游资源的组合开发与可持续发展》，《延边大学农学学报》2006 年第 2 期。

区的环境管理进行检查和监督，及时发现旅游资源开发过程中存在的生态环境问题，做到及时发现问题并解决问题，确保生态环境保护目标的实现。

4. 积极贯彻有关管理制度

长白山旅游区旅游业发展已有 20 多年的历史，游客量已达 40 余万人/年[1]。但是到目前为止，长白山旅游区旅游业的发展还缺乏有效的旅游规划。尽快制定旅游发展规划，已是摆在自然保护区管理局及旅游管理部门面前迫在眉睫的任务。可以说，目前长白山旅游资源和旅游环境遭受不同程度的影响和破坏，在很大程度上与该旅游区缺乏科学的不同层次的旅游规划有关。建议长白山管委会尽快聘请有资质的单位制定适应长白山旅游业发展的各级、各类规划。旅游规划制定要从长白山自然保护区的整体生态特征和资源条件出发，打破行政分割界限，合理布局旅游项目，使分布在各坡的旅游项目体现自身特色，既可以避免对有限资源的重复开发、盲目开发，又可以避免旅游区内部产生不必要的恶性竞争。在科学规划、合理开发各类旅游资源的基础上，对容易遭受破坏的资源直接采取具体的保护措施，既是必要的也是非常有效的。这些措施既包括工程上的、技术上的也包括管理上的，如在苔原带采取必要的"轮休"或封闭、通过工程措施对温泉资源的统一利用和防护、存在地质灾害隐患地段的工程防护、对游客破坏资源环境的行为进行直接管理等。

5. 探索景区、社区共赢的渠道

国内外的旅游开发实践证明，只有实现了旅游区和当地社区的共赢，旅游业的可持续发展才能真正成为可能。通过各种渠道使当地居民参与到旅游业及相关产业中，一方面，可以有效避免他们对资源的耗竭性利用；另一方面，一旦当地居民切实从旅游业中受益，他们还会自发地保护旅游资源。在政府的科学引导下，使当地居民参与到交通运输、旅游产品的加工及销售、旅游景区的环境维护和管理中，是长白山旅游区当地社区参与到旅游业中的可行途径。

---

[1]　孟凡胜、陈金兰：《浅析长白山区生态环境存在的问题及保护对策》，《吉林林业科技》2004 年第 6 期。

（二）提升长白山自然保护区的自我发展的综合实力

长白山地区风景优美，资源丰富，为了打造长白山品牌，吸引游客和投资者，造福一方，我们应该在保护长白山自然保护区生态环境安全的基础上，加大对长白山的宣传，塑造长白山自然保护区的良好形象。

长白山自然保护区旅游景区要做好主题及形象的定位。旅游区的主题是指旅游景观、产品、区域所隐含和揭示的中心思想和意念内涵。旅游区的形象可以归纳为某一区域内外公众对旅游区总体的、抽象的、概括的认识和评价，它是旅游区的历史、现实与未来的一种理性再现。旅游区的主题和形象是旅游区的生命，也是形成竞争优势最有力的工具。以良好自然生态环境为特征的长白山自然保护区发展旅游业，其开发方向必然是基于自然生态环境和旅游资源的生态旅游，这一点毋庸置疑。从长白山旅游区的现状来看，"人与生物圈"保护区的特殊地位，使长白山旅游区的主题必然定位于自然生态旅游。旅游区的形象塑造是一个复杂的系统工程，基于笔者对长白山旅游业的研究，认为长白山旅游区的形象定位应与神秘天池、雄壮瀑布、林海雪原、完好的原始自然生态相关联。

长白山旅游区基础设施的不完善限制了长白山旅游业的发展，同时也是旅游资源遭到破坏的重要原因之一。景区外部基础设施建设，要以改善交通条件为首要任务，主要包括以下几点：提高从景区周边主要城镇进入旅游区的公路等级，并更新和增加客运车辆；尽快修建环自然保护区公路，使三个坡的旅游连成一个整体；争取由政府出面协调改善途经旅游区的铁路交通条件，增加景区邻近航空港的航班数量。对于景区内部基础设施建设，应以建设与环境相协调的游步道，并继续完善区内旅游设施为重，包括规范商业服务、改善通信条件、增加环保设施、建设游憩场所等。

旅游管理和服务是旅游工作的灵魂，旅游业的竞争就是旅游管理和服务的竞争，只有搞好旅游业的运营管理和服务质量，旅游业的持续健康快速发展才能成为有源之水、有本之木。针对长白山旅游区的实际，笔者认为，提高旅游区的管理和服务水平、提高旅游区管理者和员工素质是根本，科学组织服务队伍是提高旅游服务质量的关键，规范化服务是提高服务质量的基本手段，完善监督管理体系是保障。

要加大长白山旅游区旅游营销的力度。长白山旅游区旅游旺季主要集中在夏季，这并不意味着长白山旅游区仅仅适合开展夏季旅游。从旅游资源来看，长白山旅游区一年四季呈现不同的景观。在冰雪旅游已成为时尚的今天，以原始森林为背景的林海雪原景观使其具有其他旅游区无法比拟的优势。加大冬季旅游营销，既是做大旅游规模的重要措施，也是塑造旅游区形象的重要途径。

目前长白山旅游的旅游项目类型以观光游览为主，对旅游资源的利用层次不高。提升长白山旅游项目的品位、增加项目的科学文化内涵、丰富项目种类是确保旅游业持续健康发展的必要条件。笔者认为，长白山旅游区应立足资源优势，在继续开展观光旅游的基础上，开展科考旅游、探险旅游、康乐旅游、冰雪旅游、休闲度假旅游、会议旅游等类型。

（三）发挥政府在长白山自然保护区开发和保护中的积极作用

1. 完善林业局体制改革，断绝乱砍滥伐的根源

长白山地区幅员辽阔，林业资源丰富，建立了包括白河林业局和临江林业局等在内的很多林业局。自"天保工程"实施以来，林业砍伐受到限制，林业局效益大幅度下降，林业局的众多职工和家属为了生存，开始采伐甚至滥伐林木。这在很大程度上破坏了环境，影响了森林生态效益的发挥。因此，政府有关部门应该积极贯彻国家的森林生态效益补偿制度，加大对林业局的投入；完善林业局的体制改革；妥善处理林业局的职工，尤其是下岗职工的安置问题；积极引导当地居民进行切实可行的开发项目，调整产业结构，以缓解林业局的艰难局面，进而断绝乱砍滥伐的根源，消灭破坏长白山自然保护区森林资源的人为因素。

2. 加强长白山区各城镇的环境保护工作

长白山区包括延吉市、白山市、二道白河镇等众多城镇，这些城镇的环境污染问题也给长白山自然保护区的生态环境带来了负面的影响。政府相关部门应整治严重污染环境的企业，如煤矿、浴池等。同时，发展生态效益型农业、林业和特色产业建设，加强项目环境管理和环保执法，完善环境保护限期治理制度，确立政府环境保护目标责任制，提高监测能力，最大限度地保护城镇的生态环境。

3. 拓宽经费渠道，建立合理的经费分配机制

解决自然保护区的资金投入问题，要坚持多渠道并举的原则。各级政府要把保护区建设管理所需经费纳入基本建设计划和财政预算之中，各级自然保护区管理部门要增加对其管理的保护区的投入；各级政府和有关部门应予以资金、技术、税收等政策优惠；科研经费的安排应予以倾斜，提高保护区科技人员待遇，促进保护区科学研究工作；鼓励社会捐助，积极争取国际资助。要建立一个公平分配利益的机制，以确保从加强保护所得的利益能够得到合理的分配，更好地激励改善生态环境的活动，缓解当地的贫困问题，缓解保护和社区发展的矛盾，甚至使保护成为当地经济发展的动力和机会之一。要加强经费的管理，确保经费有效地用于生态保护。政府的经费应该更高比例地应用于保护地管理人员素质提高、生物多样性监测和执法等方面，使建立起来的保护区能够有效地开展保护工作。

4. 加强自然保护区管理工作的规划管理和监督检查

自然保护区管理方面应建立起统一的纵向分级管理体制，责任落实到人、权责分明才能使保护区的保护管理落到实处。各级自然保护区主管部门要认真履行综合监督职责，建立并完善自然保护区管理工作监督检查制度和责任追究制度，同时需要建立一套自然保护区管理标准、职业标准和评估体系，希望通过实施这样的标准来加强评估，并将评估的结果与保护区的经费支持力度和行政手段等奖惩制度联系在一起，加强协调和监督，提高总体水平。

5. 加强宣传教育，提高公众生态旅游意识

加强对人们的生态环境教育，提高公民的旅游公德。在目前游客环境保护意识不强的情况下，必须强调以生态环境质量为主要内容的生态意识，提高广大参与者的生态素质。目前长白山自然保护区的旅游开发存在着重开发、轻宣传教育的问题。而宣传教育工作是保护区管理工作的重要内容之一，因此需大力加强对游客进行保护区价值、保护意义、法制以及动植物和生态学科普知识的宣传与教育。宣传教育的方式包括利用电视、广播、报刊等各种媒体，保护区内设置展览馆、游客中心、宣传牌以及导游讲解等。通过"寓教于乐"的方式，起到对旅游者进行自然保护教育的作用。

第八章

东北地区可持续区域开发的实证研究

东北三省是我国近 100 多年来资源开发和重化工业开发的典型区域，为实现区域均衡发展，2003 年 10 月，党的十六届三中全会做出了振兴东北老工业基地的重大决议，这是对我国区域经济政策的调整，也代表着东北地区再次成为我国开发的重点区域。本章以振兴东北老工业基地这一区域开发政策为背景，对东北地区开发现状进行实证分析，探索东北区域开发与生态环境协调发展的对策①。

第一节　东北地区可持续发展面临的生态环境问题

东北三省（辽、吉、黑）地处我国中高纬度地区，气候变化明显。根据 2006 年统计数据，东北三省总土地面积 78.8 万平方公里，占全国国土面积的 8.2%；人口 1.0817 亿，占全国人口总数的 8.4%；地区生产总值 19715.2 亿元，占全国国内生产总值的 8.5%。东北地区土地肥沃、自然资源丰富，由于清王朝的封禁，东北地区的生态环境相对全国来说一度处于较好水平（宋玉祥，2002）。自清末开关以来，东北地区经历了大规模的移民开禁，俄、日等国对自然资源的掠夺式开发，新中国成立后的超强度开发，以及长期实行以资源消耗、环境损害为代价的外延型经济增长模式，虽然从横向比较来看，目前东北三省的生态环境与我国其他地区相比依然处于较好水平，但从纵向比较和未来经济发展需要来看，如今东北地

---

① 本章涉及的"东北地区"是指黑龙江、吉林和辽宁三省。

区的许多自然资源已经和接近耗竭，生态环境不容乐观。中国工程院重大咨询项目"东北地区有关水土资源配置、生态与环境保护和可持续发展的若干战略问题研究"报告也显示，我国东北地区的生态环境状况已到达临界状态。东北地区的生态环境问题主要表现在以下方面。

一　森林生态系统功能衰退

东北地区是国家重点森林资源分布区，其间蕴涵着诸如红松、云杉、东北虎等诸多珍稀植物和动物物种。然而，一个世纪以来，由于过量开发和乱砍滥伐，使东北地区森林资源遭到很大破坏，森林面积、林木蓄积和林木质量下降。据统计，1929 年东北地区森林面积为 3646 万公顷，林木蓄积量为 42 亿立方米；在掠夺性开发下，1942 年东北地区森林面积已经减少到 3047 万公顷，林木蓄积量减少到 37 亿立方米[1]；新中国成立后这种趋势并未得到缓解，仅 1976~1986 年，东北林区森林面积就减少 85.1 万公顷，林木蓄积量减少 17733.1 万立方米；近年来，虽然国家实行了封山育林政策，然而森林资源并没有显著增加，目前东北三省森林面积已下降为 2998.15 万公顷，人工林面积约占 20%，林木蓄积量仅为 23.66 亿立方米。同时，大部分天然原始林变成了次生林，质量显著下降，生态功能衰退。以辽宁省为例，辽宁省的原始森林几乎绝迹，天然防护林比例偏低，只占天然林面积的 22.9%，尤其是龄组结构不合理，幼龄林和中龄林面积占天然林面积的 81.8%，近熟林和过熟林面积仅占天然林面积的 18.2%[2]。这种状况致使处于稳定状态的森林生态系统失去了固有的生态平衡，生物多样性明显降低，生态功能严重削弱，加剧了水土流失和洪涝等自然灾害的发生。在森林破坏较为严重的辽河流域，水土流失面积已达总面积的 1/3 以上；另据资料显示，近 150 年来随着长白山林区原始森林采伐面积扩大和速度加快，吉林省旱涝灾害频率由 12% 增加到 38% 以上[3]。

①　韩麟凤：《东北的林业》，中国林业出版社，1982，第 128 页。
②　刘文新等：《东北地区生态环境态势及其可持续发展对策》，《生态环境》2007 年第 2 期。
③　陈英姿、王宪恩：《东北地区生态环境建设研究》，《环境科学动态》2005 年第 3 期。

二 土地质量下降

东北地区土地资源丰富,土壤肥沃,土质以黑土、黑钙土和草甸土为主,黑土地总面积 76.24 万平方公里,是世界著名的三大黑土带之一。曾经有"随意插柳树成荫,手抓一把攥出'油'"的说法。丰富而肥沃的土壤是东北地区成为我国重要的商品粮基地的重要基础,2006 年东北三省粮食总产量为 7791.4 万吨,占全国粮食总产量的 15.7%。经过多年开垦,土地垦殖率已达较高水平,如黑龙江省的黑土、黑钙土的垦殖率已经分别达到 74% 和 72%。翻耕后的土壤有机质的合成与分解会逐渐失去原有的平衡,有机质的分解速度大于合成速度,土壤有机质会逐年减少,而长期以来实行的广种薄收、只种不养的粗放式经营则加剧了土壤有机质的流失速度,导致土壤肥力下降。有资料显示,黑土地开垦 20 年的肥力下降 1/3,开垦 40 年的下降 1/2。近年来,农家肥施用量日益减少,化肥施用量日趋增加,使得有机质还田量进一步减少,中部黑土有机质含量由开垦初期的 70~100 克/千克下降到 20~50 克/千克[①],土壤板结、地力下降,低产田面积增加。黑土地垦殖后还造成了严重的土壤侵蚀和水土流失。黑土层已由 50 年前初垦时的平均厚度 40~100 厘米,下降到如今的 20~40 厘米,目前每年的流失厚度约为 0.7~1 厘米[②]。

三 水资源短缺及污染严重

受气候影响,东北地区降水和径流的自然变化率较大,水资源时空分布不均衡,年内和年际波动明显。从总体上看,东北地区年降水量在近百年来呈略微减少趋势,水资源短缺现象十分严重。以 2005 年为例,2005 年全国人均水资源占有量为 2151.8 立方米,同期辽宁省人均水资源占有量为 896.3 立方米,吉林省为 2066.8 立方米,黑龙江省为 1954.2 立方米,均低于全国平均水平;全国平均城市用水普及率为 91.09%,辽宁、吉林、黑龙江三省该项指标则分别为 93.83%、83.20% 和 79.55%,除辽宁省外,

① 宋玉祥:《东北地区生态环境保育与绿色社区建设》,《地理科学》2002 年第 6 期。
② 刘巍、吕亚泉:《中国黑土地退化成因及生态修复学研究》,《东北水利水电》2006 年第 1 期。

吉林省和黑龙江省的城市用水普及率也低于全国平均水平。从局部城市来看，水资源短缺情况也十分严重。哈尔滨市已成为全国最缺水的城市之一，2001年日缺水32万立方米；长春市人均水资源占有量为269立方米，而人均综合用水量为252立方米，用水总量已然十分接近水资源总量，供需之间形势紧张；沈阳市2001年城市实际可供水量为每天238万立方米，而日均需水量达287万立方米，水资源供需缺口平均每天达49万立方米①。

缺水的同时，工业排污导致东北地区水质严重污染，水环境污染已成为当前东北地区的最大环境问题②。辽河流域是我国水污染最为严重的流域之一，70%以上断面为劣V类，基本丧失环境功能；松花江流域河流水质超标率枯水期为87.5%，平水期为68.8%，丰水期为75%③。《辽宁省环境状况公报》显示，2005年辽宁省6条主要河流中，除鸭绿江为Ⅱ类水质外，辽河、浑河、太子河、大辽河和大凌河城市段水质污染严重。6条河流的36个干流断面中，有69.4%的断面为劣V类水质。主要污染指标为氨氮和化学需氧量，分别有66.7%和33.3%的断面超过V类水质标准。各水期中枯水期污染最重，75.0%断面为劣V类水质。

四 矿产资源开发诱发地质灾害

东北地区矿产资源种类齐全、储量丰富，已探明的矿产资源有100余种，石油、煤炭、铁、锰、钼等资源储量居我国前列。但经多年开采，资源丰富的优势已不复存在，很多矿产资源已经或接近枯竭。与地下资源采空相伴的，是引起上覆岩层运动并造成地面沉陷、边坡滑动等地质灾害，导致区域地面生态环境的严重破坏。以煤炭开采为例，由于未进行回填，东北地区出现了多处采煤沉陷区。对抚顺市老虎台采空区、劳动公园等地的地面沉降监测资料表明，该地区地面沉降累计最大值为380.79毫米，建

① 翟金良等：《东北地区城市水资源环境问题及其对策》，《城市环境与城市生态》2003年第3期。
② 《东北地区有关水土资源配置、生态与环境保护和可持续发展的若干战略问题研究》，《中国科技日报》2006年7月28日。
③ 刘文新等：《东北地区生态环境态势及其可持续发展对策》，《生态环境》2007年第2期。

筑物累计沉降量为 443.89 毫米，而且沉降速率有加快趋势；本溪市牛心台小河口煤矿采空区，在 1.2 万平方米的范围内，出现多处地面塌陷；营口大石桥市官屯镇大岭村西山多次发生地面塌陷，塌陷区东西长 300 米、南北宽 135 米，人工断裂 9 条，裂缝长 30～60 米、宽 0.5～3.0 米；阜新市共有 13 个沉陷区，总面积达 101.4 平方公里，有 2.7 万座房屋受到不同程度的破坏，有 1.52 万座处于危房状态，涉及居民 7.8 万人①。目前，东北三省采煤沉陷区面积已达到 954 平方公里，总共影响 25.2 万户居民、70 多万人口生计②。地面沉陷不仅对居民生命安全造成极大威胁，而且会破坏当地水系，导致东北地区水资源供需矛盾进一步恶化。

第二节　东北地区可持续区域开发的现状分析

一　东北三省可持续区域开发的动力分析

考察可持续区域开发的动力，实际上是分析区域开发各参与主体的环境保护动力情况。东北区域开发的参与主体也分为政府、企业和社会公众三个层次。

（一）地方政府部门的动力

地方政府部门是区域开发政策的制定者和执行者，地方政府部门的环境意识是实现区域开发与生态环境协调发展的决定性因素之一。一直以来，传统的以 GDP 为核心的考核体系决定了政府部门重经济、轻生态环境的行为特征，在区域开发过程中，单纯追求经济增长速度，忽视生态环境，包括东北地区在内的各级政府部门环境保护动力并不是很强，这一点从东北地区水质持续恶化可见一斑（见表 8-1 和表 8-2）。2003 年辽宁、吉林、黑龙江三省工业废水中化学需氧量排放量分别为 18.5 万吨、13.7 万吨和 13.4 万吨，工业废水中氨氮排放量分别为 1.1 万吨、0.4 万吨和 0.4 万吨；2004 年辽宁、吉林、黑龙江三省工业废水中化学需氧量排放量

---

① 唐春安：《东北矿区资源开采诱发的工程地质灾害与环境损伤特征》，《地球科学进展》2004 年第 3 期。

② 于平：《专家提示：振兴东北必须破解环境难题》，《中国环境报》2005 年 10 月 24 日。

分别为 13.6 万吨、13.7 万吨和 12.8 万吨，工业废水中氨氮排放量分别为
1.0 万吨、0.4 万吨和 0.5 万吨；2005 年辽宁、吉林、黑龙江三省工业废
水中化学需氧量排放量分别为 26.8 万吨、16.1 万吨和 13.7 万吨，工业废
水中氨氮排放量分别为 3.3 万吨、0.7 万吨和 1.2 万吨；2006 年辽宁、吉
林、黑龙江三省工业废水中化学需氧量排放量分别为 26.1 万吨、16.8 万
吨和 14.2 万吨，工业废水中氨氮排放量分别为 1.5 万吨、0.7 万吨和 1.0
万吨。2005 年，三省工业废水中化学需氧量排放量和氨氮排放量较前两年
均显著增加；2006 年，辽宁省工业废水中化学需氧量排放量仍然处于较高
水平，吉林省和黑龙江省的这一指标比上年分别增长了 4.3% 和 3.6%。

表 8 - 1   东北三省工业废水中化学需氧量排放量

单位：万吨

省　　份	2003 年	2004 年	2005 年	2006 年
辽 宁 省	18.5	13.6	26.8	26.1
吉 林 省	13.7	13.7	16.1	16.8
黑龙江省	13.4	12.8	13.7	14.2

资料来源：《中国统计年鉴》（2004～2007 年）。

表 8 - 2   东北三省工业废水中氨氮排放量

单位：万吨

省　　份	2003 年	2004 年	2005 年	2006 年
辽 宁 省	1.1	1.0	3.3	1.5
吉 林 省	0.4	0.4	0.7	0.7
黑龙江省	0.4	0.5	1.2	1.0

资料来源：《中国统计年鉴》（2004～2007 年）。

　　2006 年是我国"十一五"规划的第一年，在中央"十一五"规划中
提出"每年节能 4%、减排 2%"的目标下，上半年全国主要污染物排放
不降反升，在这一背景下，2006 年下半年开始，国务院授权国家环保总局
通过下达主要污染物减排指标的方式，与各省（自治区、直辖市）级政府
签订主要污染物减排责任书。在国家环保总局与黑龙江、吉林、辽宁三省
分别签订的《"十一五"水污染物总量削减目标责任书》和《"十一五"
二氧化硫总量削减目标责任书》中，明确提出到 2010 年底，黑龙江省化

学需氧量排放量总量目标控制在 45.2 万吨，在 2005 年的基础上削减 5.2
万吨，削减比例 10.3%（其中，松花江流域化学需氧量排放量控制在 41.9
万吨，在 2005 年的基础上削减 5.6 万吨，削减比例 11.8%），二氧化硫排
放总量在 2005 年的基础上削减 2.0%，控制在 49.8 万吨以内（其中火电
行业二氧化硫排放量不超过 33.3 万吨）；吉林省二氧化硫排放总量在 2005
年的基础上削减 4.7%，控制在 36.4 万吨，水污染物化学需氧量排放总量
在 2005 年的基础上削减 10.3%，控制在 36.5 万吨，松花江和辽河出境水
质达到规定目标；辽宁省二氧化硫排放总量将在 2005 年的基础上削减
12%，控制在 105.3 万吨以内（其中火电行业二氧化硫排放量不超过 37.2
万吨）。该责任书也确定将结果纳入干部政绩考核体系，规定考核结果要
坚持"三挂钩"：与建设项目审批挂钩，对没有完成责任书要求的地方，
暂停该地区增加相关污染物排放项目的审批；与限期治理挂钩，对没有按
期完成治理任务的企业，要实行限期治理，治理期间限产限排，对电厂还
要全额追缴脱硫优惠资金；与个人奖罚挂钩，对瞒报、谎报治污情况的单
位和个人，要按照有关规定严肃处理。对因工作不力而没有按期完成任务
的，要按照《环境保护违法违纪处分暂行规定》，严肃查处有关责任人。
同时，通过采取暗察方式，国家环保总局确定了一系列国家挂牌督办的重
污染企业，由各省级政府限期督办。黑龙江省就有 6 户企业被督办，吉林
省有 5 户企业被督办。

随着中央政府对生态环境问题的日益重视，特别是国家环保总局与各
省级政府签订了各类污染物总量削减目标责任书和实行"暗察"确定国家
挂牌督办企业后，环保责任落实到主要行政领导个人，而且与建设项目审
批相挂钩。2007 年，东北地区各省级政府将环保责任逐级分解落实，激发
了各级地方政府部门的环境保护动力，使得环保工作水平有了很大提高。

黑龙江省政府组织召开了全省节能减排工作会议，把各项节能目标逐
级分解落实到各市、县、区以及重点企业，作为考核地方各级政府领导班
子和领导干部以及国有企业负责人的重要内容，实行节能减排工作目标责
任制和问责制，以此推动节能减排的深入开展；制订下发了全省节能减排
综合性工作方案，成立了节能减排工作领导小组及办公室，下发了《关于
加强节能工作的实施意见》《重点用能单位节能管理办法实施细则》等规

范性文件，并且已将节约能源条例列入 2008 年的立法计划；加强执法监督，组织节能减排检查组，检查涉水排污企业 1200 余户，严厉整治违法企业近 390 户，同时加大节能减排宣传力度，让节能减排理念深入人心；在产业发展方面，加快淘汰电力、水泥、煤炭等行业落后产能，遏制高耗能产业发展，2007 年依法关闭非法和不具备安全生产条件的小煤矿 193 处，淘汰焦炭企业 7 户、铁合金企业 3 户、电石企业 1 户，关停高耗能通用机组 14 台，总装机容量 40.7 万千瓦，严格执行国家产业政策，未批复新增炼钢、炼铁能力项目及氧化铝、电解铝、铁合金、铅锌、铜冶炼等高耗能项目[①]。就哈尔滨市来看，截至 2007 年底，共实施了 34 个重点减排工程，文昌污水处理厂向太平污水处理厂调水、呼兰利民污水处理厂建设 2 个主要水污染物减排工程已投入运行，市区污水处理率达到 42%；哈热电厂新建机组同步脱硫、中石油哈分公司硫黄回收、省岁宝热电公司改用生物质燃料等 18 个主要污染物减排工程已完工；哈热电厂 4 台发电机组和双城市龙基酒业等 14 户企业的落后生产线已关停或淘汰。同时，哈市还取缔 56 户污染严重的小造纸、小电镀等企业，淘汰落后生产设备、产品 120 余项。经环保部门核算，2007 年哈尔滨市减排化学需氧量可超额完成年度减排任务，减排二氧化硫可完成年度减排任务[②]。

2007 年以来，吉林省在产业结构调整、整治违法排污企业等方面加大工作力度，取得了明显成效。在污染严重的造纸行业，按照国家关闭 3.4 万吨以下草浆生产装置、1.7 万吨以下化学制浆生产线和排放不达标的年产 1 万吨以下以废纸为原料的造纸企业的要求，加大淘汰造纸行业落后生产能力的力度，取缔关闭不符合国家产业政策、没有治理设施而违法生产的企业，停产治理或限期治理设施不完善、不能稳定达标的企业，第一批取缔关停不符合环保要求的造纸企业 93 户，淘汰落后产能 12.4 万吨，实现削减化学需氧量排放量 1.16 万吨。加大对糠醛企业的环境监管，暂停审批新建糠醛项目，要求所有投入试运行的糠醛生产企业废水必须做到达标排放，有 13 户糠醛企业由于未能按时完成治理任务而被关停。2007 年，

---

① 郑丽萍：《工业大省算好节能减排"明细账"》，新华网，2008 年 1 月 5 日。
② 薛婧、韩丽平：《34 个重点工程定乾坤 哈尔滨完成减排目标成定局》，《黑龙江日报》2007 年 12 月 18 日。

吉林省环保专项行动共出动检查人员 4.1 万人次，现场检查企业 17266 户。截至 2007 年底，国家对吉林省挂牌督办的 5 户企业中，除 1 户企业停产外，其他 4 户企业均完成整改并通过验收。重点督查的 34 户企业共投入治理资金 3.26 亿元，完成整治任务并通过环保验收的有 19 户，处于设备调试阶段的 6 户，停产治理的 7 户，关闭搬迁的 2 户。集中清理整治工业园区环境违法行为，责令 8 个工业园区限期补办区域环评，229 户企业限期补办环评审批手续①。

东北地区 2007 年取得的成绩固然反映了地方政府环境保护动力的增强和工作力度的加大，但另一方面也值得深思。在上述反映环保工作成绩的可观数字背后，是不是也同样反映了在国家未将环保结果与领导干部个人政绩考核明确挂钩之前，地方政府环保动力不足、工作不到位、力度较弱呢？毕竟这些被处罚的污染企业并非近期内突然设立、投产的，其存在并非一年之久，之前为什么没有被处罚或被处罚过但没有真正的改观，值得深思。

（二）企业的动力

企业生态环境保护动力的强弱主要通过企业的环境行为表现出来。一方面，从纵向上看，东北地区生态环境近年来呈恶化趋势，而企业是生态环境问题的主要制造者；另一方面，当政府部门严格执行国家有关环境法规时，黑龙江和吉林两省被查处、整顿的污染企业数量就高达数百户，虽然这个数字与两省企业总数相比比例不大，但从绝对数来看比较高。而且有的企业虽然安装了环保设备，但由于设备的运行费用较高，因而存在环保设备"晒太阳"的现象，平时环保设备不运转，只是在环保部门检查时才打开，这种现象并非罕见，而是时有发生。上述事实反映了东北地区企业的生态环境保护动力还比较欠缺。

从当前的情况看，三个方面的因素有利于强化东北地区企业的生态环境保护动力。一是地方政府部门环境执法力度增强。政府规制是决定企业

---

① 《吉林省加强环境执法与监管确保工业污染防治取得实效》，吉林省环境信息网，http://hbj.jl.gov.cn，2008 年 1 月 17 日。

生态环境保护动力的主要因素之一。企业的生态环境保护动力与地方政府部门的生态环境保护动力密切相关：地方政府部门的环境保护动力越强，环境保护工作力度越大，执法越严格，则当地企业的环境保护动力就越强；反之，企业的环境保护动力就越弱。近年来，特别是 2007 年以来，东北地区各地方政府的环境执法力度大大增强。通过加大环境违法企业的整治力度，对于不符合环境规章的企业，或给予行政、经济处罚，或限期治理，严重者停产、取缔，打击了企业的投机心理，使其想要生产获利，就必须采取增加环保设备等措施对污染进行治理，从而使污染企业具有了较强的环境保护动力。例如，国家对吉林省挂牌督办的 5 户企业中，截至 2007 年底，除 1 户企业停产外，其他 4 户企业均完成整改并通过验收；重点督查的 34 户企业中，截至 2007 年底，完成整治任务并通过环保验收的已有 19 户，处于设备调试阶段的 6 户。二是率先发展循环经济企业的示范作用。近年来，东北三省有部分生产企业率先发展了循环经济，通过更新技术设备探索资源的循环利用，取得了明显的经济效益。这种经济效益实实在在的提高，对于同类企业发展循环经济，以短期成本损失换取长远发展更具有现实的示范意义，从而有利于企业环境保护动力的提高。2006 年，在地方政府的推动下，哈尔滨钢飞水泥有限责任公司开展了炼铁高炉煤气利用工作，通过改进工艺和技术创新，利用高炉煤气代替原煤组织生产，利用高炉煤气代替原煤水泥烘干机燃料，并利用高炉煤气发电及采暖。通过上述技术改造和技术创新，使企业每年废弃的 16367 万立方米高炉煤气得到充分利用，年节约煤炭 29460 吨，年减少烟尘排放 1325.7 吨，年减少二氧化硫排放 188.5 吨，年节省煤炭资金 1119 万元。在"钢飞"的带动下，2007 年，哈尔滨小岭冶金水泥有限责任公司完成了同样的炼铁高炉煤气综合利用工作，从而使该公司每年合计利用高炉煤气 15108 万立方米，每年节约煤炭 27194 吨，仅此一项年减少排放烟尘 1223.7 吨，年减少二氧化硫排放 174.4 吨，企业每年创收 1019 万元[①]。三是社会公众环境责任意识提高。社会公众是生态环境最有效的监督者，社会公众环境责任意识的增强，可以有效解决环保部门人力不足、监督不到位的问题。东北

---

① 杨兴文：《炼铁高炉里"捡"回两千万　节能减排见效》，《哈尔滨日报》2007 年 9 月 11 日。

地区社会公众环境责任意识提高是激发企业生态环境保护动力的重要因素之一。

（三）社会公众的动力

总的来看，随着经济的发展，东北地区社会公众的环境保护意识逐步增强。从环境信访来看，2000 年，吉林省各级环保部门共受理环境信访12701 件，其中受理群众来信 6724 封，接待群众来访 5977 批、共 4145 人次；2006 年，吉林省共受理环境信访 15943 件，其中受理群众来信 12584 封，接待群众来访 3359 批、共 3188 人次，接听举报电话 3.8 万个[①]。与2000 年环境信访相比，2006 年群众来信数量明显增多，增加了 87.2%；群众来访批次明显减少，减少了 43.8%。从环境信访总量（包括来信和来访）来看，2006 年环境信访总量比 2000 年增加了 25.5%。社会公众环境投诉增多，一方面可能反映出东北地区环境问题比较严重；另一方面也反映了关注环境的公众人数增加，公众的环境意识明显增强，环境维权意识提高。东北地区社会公众的环境意识与我国社会公众整体的环境意识水平应该是一致的。近年来有关调查显示，随着经济发展水平的提高，我国公众的环境意识已有很大提高。

然而从横向比较来看，包括东北地区在内的我国公众与发达国家公众的环境意识差距依然十分显著。2008 年 1 月 7 日发布的"中国公众环保民生指数（2007）"显示，以 100 分为满分，我国公众的环保意识总体得分不及格，为 42.1 分，环保行为得分仅为 36.6 分，环保满意度得分为 44.7分；而发达国家公众环保意识普遍较高，以美国为例，10 个美国人中有 8个人认为自己是环保主义者。就东北地区来看，对哈尔滨市进行的公众环境意识问卷调查数据显示，虽然认为"哈尔滨的环境污染与生态破坏状况"非常严重和比较严重的人数占到 84%，但仅有 6% 的被调查者非常同意"为了保护环境，宁可放慢经济发展速度"，22% 的人为大体同意，一

---

① 谢忠岩：《抓住机遇乘势而上　开创环境执法监察工作新局面——在 2007 年全省环境执法监察工作会议上的报告》，吉林省环境信息网，http://hbj. jl. gov. cn/hjjc/hjzf/t20070907_304293. htm。

半以上的被调查者表示不赞成①。与这种思想相适应，近年来随着粮食价格的大幅度提高，东北地区作为重要的粮食产区，许多农民受眼前利益驱使，在东北防护林等林地边缘蚕食林地、毁林开荒的行为不断增加。我国公众环境意识差更主要地表现为公众环境保护参与意识差，由国家环保总局宣教中心发起的对包括沈阳、马鞍山在内的 20 个城市进行的"2005 年度中国城市公众环境意识调查"数据显示，能够"做环保志愿者"和"为解决日常环境污染问题投诉上访"的人分别占 7.2% 和 5.7%，多数人认为"环境保护很重要，但自己不会积极参与"，认为"改善环境应由政府部门来承担"的依赖思想和由其他人去做的"搭便车"思想比较严重。因此，当前的环境保护工作不仅仅是要提升公众对日益紧迫的环境问题的认知度，更重要的是要将这方面的意识转化为环保的行动和实践。

二　东北三省可持续区域开发的机制分析

（一）法律法规机制

生态环境保护方面的法律法规和规章制度是区域开发与生态环境协调发展的依据和保障手段。联合国《21 世纪议程》指出："为了有效地将环境与发展纳入每个国家的政策和实践中，必须发展和执行综合的、可实施的和有效的法律法规。"② 我国自改革开放以来，陆续出台和实施了一系列生态环境保护方面的法律法规和部门规章。就生态环境保护法律来看，1985 年我国颁布实施了《中华人民共和国草原法》，1996 年 4 月 1 日颁布实施了《中华人民共和国固体废物污染环境防治法》，1997 年 11 月 1 日通过了《中华人民共和国节约能源法》。2002 年以来，为节约资源，充分发挥资源的利用效益，促进经济与自然环境协调和可持续发展，保证环境执法有法可依，我国加快了环境立法的速度，2002 年 1 月 1 日开始施行《中华人民共和国防沙治沙法》，2002 年 10 月 1 日起施行《中华人民共和国水法》，2003 年 1 月 1 日起施行《中华人民共和国清洁生产促进法》，2003 年 9 月 1 日起施行《中华人民共和国环境影响评价法》，2003 年 10 月 1 日

---

① 《哈尔滨市公众环境意识问卷调查结果》，http：//www.5264.net/download/files/survey.doc。

② 联合国：《21 世纪议程》，中国环境科学出版社，1993，第 61 页。

起开始施行《中华人民共和国放射性污染防治法》，2006 年 1 月 1 日开始施行《中华人民共和国可再生能源法》，2008 年 1 月 1 日起施行《中华人民共和国城乡规划法》。同时，对原有法律法规进行修订，2002 年 12 月修订了《中华人民共和国草原法》，2005 年 4 月 1 日修订实施《中华人民共和国固体废物污染环境防治法》，2008 年 4 月 1 日起修订施行《中华人民共和国节约能源法》。除环保法律外，我国还颁布实施了一系列环境保护行政法规和部门规章，如为实施《中华人民共和国海洋环境保护法》，防止海洋石油勘探开发对海洋环境的污染损害，1983 年 12 月 29 日国务院公布了《中华人民共和国海洋石油勘探开发环境保护管理条例》；为了保护、发展和合理利用野生植物资源，保持生物多样性，维护生态平衡，1997 年 1 月 1 日起国务院发布实施了《中华人民共和国野生植物保护条例》；为了防治电子废物污染环境，加强对电子废物的环境管理，根据《固体废物污染环境防治法》，国家环境保护总局 2008 年 2 月 1 日起施行《电子废物污染环境防治管理办法》。

　　国家制定的各项法律法规和部门规章为生态环境保护和污染治理提供了法律依据。以国家制定的各项法律法规和部门规章为基础，东北区域各省也相继制定颁布了一系列地方性法规和条例。如吉林省早在 1997 年以前就颁布了《吉林省环境保护条例》《吉林省野生动植物保护管理暂行条例》《吉林省自然保护区条例》等地方性法规 8 件、政府规章 3 件①。2000 ~ 2005 年，吉林省又颁布了环境保护地方性法规 4 件、政府规章 7 件。黑龙江省在 1999 年前也相继出台了《黑龙江省环境保护条例》《黑龙江省工业污染防治条例》等百余件政府规章、条例、地方标准和规范性文件②。辽宁省也制定颁布了《辽宁省环境保护条例》《辽宁省野生珍稀植物保护暂行规定》《浑河流域（抚顺段）水污染防治管理办法》等地方环境保护法规和规章。东北地区初步形成了比较完善的环境保护制度框架体系，使生态环境保护和污染治理有法可依。

---

①　中共吉林省委党史研究室编《百年回首——写进历史的吉林》，中央文献出版社，2001，第 375 页。

②　黑龙江省统计局编《黑龙江五十年（1949 ~ 1999）》，中国统计出版社，1999，第 20 页。

（二）行政管理机制

在传统的计划经济体制下，国家对经济和社会事务的管理主要采取了行政管理方式。与之相适应，在 20 世纪 90 年代之前，我国市场机制尚未建立，国家对生态环境保护也主要是以行政手段为主。在市场经济体制初步建立的今天，行政手段在保证区域开发与生态环境协调发展中依然具有重要作用。国家环境保护总局为此于 1999 年 8 月 6 日发布施行了《环境保护行政处罚办法》。

东北三省在区域开发中，实行的保证区域开发与生态环境协调发展的行政管理措施主要表现在以下方面。

一是实行了环境保护行政领导负责制。从 1990 年开始，吉林省就将各级人民政府完成环保工作任务进行目标化、定量化，以环境保护目标责任制的形式下达，并定期检查完成情况，要求地方人民政府对本辖区环境质量切实负责①。如 2007 年发布的《吉林省 2007 年政府环境保护目标责任制考评细则》，对地方政府的环境责任进行了量化，其中包括环境质量（城市空气环境质量、主要江河水质、饮用水源地水质）、总量控制（全地区废水中 COD 排放总量控制情况、全地区废气中 COD 排放总量控制情况）、环境污染防治及业务管理（企业污染治理与清洁生产、城镇饮用水源地保护、污染防治设施运行监管、建设项目环保法律法规执行情况、环境违法案件和污染事故查处情况）、城市环境基础设施建设及运行（污水处理厂建设及运行、垃圾处理场建设及运行、危险废物及医疗废物处置设施建设）、生态环境保护建设（环境优美乡镇建设、重点生态环境建设）和环境与发展综合决策六项内容，较完整地涵盖了生态环境保护的各方面内容。2006 年，吉林省省级政府与国家环保总局签订《"十一五"水污染物总量削减目标责任书》和《"十一五"二氧化硫总量削减目标责任书》后，省级政府将环保任务逐级分解下达，明确了各级政府部门行政领导的环保责任。黑龙江省逐步探索出各级党政一把手负总责、亲自抓，人大监

---

① 中共吉林省委党史研究室编《百年回首——写进历史的吉林》，中央文献出版社，2001，第 374 页。

督，环保部门统一监督管理，各有关部门齐抓共管，全社会广泛参与的有效工作机制①。

二是加强环保队伍建设。2006 年，吉林省环保局共举办 4 期环境监察人员培训班，共培训环境监察人员 314 人。环境监察机构标准化建设工作逐步推进，珲春市、长春市经济技术开发区、净月旅游开发区环境监察大队通过了国家一级标准化验收，长春市绿园区、宽城区环境监察大队通过了国家二级标准化验收，敦化市、安图县环境监察大队通过了国家三级标准化验收②。辽宁省在 1984 年已先后建立了 9 个环保科研所和 51 个环保监测站，基本形成了全省的环境监测网络③；到 1998 年，全省各级环保科研所和监测站增加 1 倍，达到 100 多个④。2007 年，黑龙江省环保部门共争取环境保护专项资金 3.04 亿元，其中中央资金 1.47 亿元，全省完成了 48 个县监测设备和 15 个县监察取证设备的招标采购工作⑤。

三是严格环境监察执法，加大环境污染治理力度。2000 ~ 2005 年，吉林省累计完成污染限期治理项目 7990 项，完成限期治理项目投资额 19.31594 亿元，关停并转迁企业 792 户；累计执行"三同时"项目 8769 个，"三同时"项目投资总额 560.33 亿元，其中环保工程实际投资 24.15 亿元；建设项目环境影响评价制度执行率，除 2000 年为 97%、2002 年为 99.93% 外，其余年份均为 100%⑥。2006 年，全省环境保护投资共计 835041.7 万元，比 2005 年增加 42.7%。其中，环境污染治理当年完成投资总额 826748.3 万元（含污染源治理当年完成投资额 177623.1 万元、城市环境基础设施建设当年完成投资额 649125.2 万元），环境管理能力建设投资额 8293.4 万元。仅就长春市来看，长春市政府连续 5 年开展了"整治违法排污企业，保障群众健康环保"专项行动，加强了饮用水源地和松花

---

① 黑龙江省统计局编《黑龙江五十年（1949 ~ 1999）》，中国统计出版社，1999，第 19 页。
② 谢忠岩：《抓住机遇乘势而上　开创环境执法监察工作新局面——在 2007 年全省环境执法监察工作会议上的报告》，吉林省环境信息网，http：//hbj. jl. gov. cn/hjjc/hjzf/t20070907_ 304293. htm。
③ 辽宁省统计局编《辽宁经济年鉴》（1984 年），中国统计出版社，1985，第 126 页。
④ 辽宁省统计局编《历史的跨越——辽宁 50 年回眸》，中国统计出版社，1999，第 306 页。
⑤ 呼涛：《黑龙江去年投入 3 亿元提升环保能力》，新华网，2008 年 1 月 16 日。
⑥ 根据《吉林省"十五"期间环境统计数据公报》中的数据计算整理。

江流域水污染防治，几年来共出动现场执法人员 2 万多人次，检查污水防治设施 3000 多台次，对市区 1679 户污水排放企业进行了排查，对 528 家单位落实了污染防治措施，对伊通河两岸 60 个污水、雨污合流吐口进行了截流，从而使得城市主要集中式饮用水源地水质达标率连续多年稳定在 100%。辽宁省 2006 年完成建设项目环保验收 5559 项，累计建成 33 座城市污水处理厂，日处理能力达到 356.3 万吨，污水处理率达到 50%，建成全省城市污水处理厂在线监控系统。开展低空面源污染治理，全省共拆除燃煤小锅炉 1897 台，砍烟囱 1361 根①。

四是加强自然生态环境保护。2005 年吉林省共有自然保护区 33 个，其中国家级 9 个、省级 15 个、地市级 3 个、县级 6 个，自然保护区面积 22178.8 平方公里，保护区面积占全省国土面积的 11.82%；生态示范区 23 个，其中国家级 11 个、省级 12 个；已命名全国环境优美乡镇数 1 个。黑龙江省 2005 年自然保护区总数已达 170 个，其中国家级 14 个、省级 45 个，总面积达 468.85 万公顷，比上年增加 41.07 万公顷，占全省国土面积的 10.3%；生态示范区 46 个，其中国家级 30 个、省级 16 个，总面积达 3559.83 万公顷，在全国一直名列前茅；全省生态功能保护区 5 个，其中国家级 1 个、省级 4 个，总面积达 964.04 万公顷②。截至 2006 年底，辽宁省的沈阳、辽阳生态市和台安生态县建设规划已开始实施，海城等 9 个县（区）生态县（区）建设规划通过专家论证，沈北新区等 6 个县（区）通过国家生态示范区考核验收，被命名为全国生态示范区③。

五是注重环保技术科研。2000 ~ 2005 年，吉林省共设立环境科研课题 159 项，累计完成环境污染治理投资总额 259.77 亿元，其中工业污染源项目治理投资 31.76 亿元④。辽宁省 2006 年完成两项国家"十五"重大科技攻关项目；环境科研课题获省政府科技进步二等奖 2 项、三等奖 2 项；承

---

① 辽宁省环境保护局：《2006 年辽宁省环境状况公报》，东北新闻网，http：//www. nen. com. cn。

② 黑龙江省环境保护局：《2005 年黑龙江省环境状况公报》，中国环境保护网，http：//chinaenvironment. cn。

③ 辽宁省环境保护局：《2006 年辽宁省环境状况公报》，东北新闻网，http：//www. nen. com. cn。

④ 根据《吉林省"十五"期间环境统计数据公报》中的数据计算整理。

担 11 项国家标准制定任务，启动地方环境标准修订工作，颁布 2 项省级机动车尾气排放控制标准；开展重点环保实用技术推广工作，3 个项目被评为国家环境保护重点实用技术示范工程，2 个项目被评为国家重点环保实用技术①。

（三）经济手段与机制

经济手段是促进区域开发与生态环境协调发展的重要措施。我国为保证区域可持续发展，以法律法规和部门规章的方式规定了一系列有关环境保护和污染控制的经济手段。东北地区实行的促进区域开发与生态环境协调发展的经济机制主要有以下两点。

第一，通过排污收费保护生态环境。

我国排污收费制始于 1978 年，目前，排污收费已成为我国污染治理资金的重要来源之一。近年来，我国东北地区排污收费额稳步提高。吉林省 2005 年缴纳排污费单位数为 26466 个，排污费征收总额 2.11 亿元，2000～2005 年累计征收 9.64 亿元②；2006 年全省排污费征收额持续增长，比上年度增加了 7.3%，达到 2.2635 亿元③；2007 年全省征收排污费近 2.8 亿元，比上年度增加约 5000 万元，增幅约为 23%，省局全年共稽查追缴排污费 1200 多万元④。一方面，排污收费制度可以为污染治理筹集资金；另一方面，排污收费也有利于刺激企业为获得长远利益而增加环保设备，从源头上控制污染。

第二，通过罚款、信贷、补贴等手段，达到保护生态环境的目的。

罚款虽然属于行政处罚，但它是通过给违法者以经济处罚为手段的。正如前面所述及的，法律法规和部门规章是政府行政执法和对污染企业进

---

① 辽宁省环境保护局：《2006 年辽宁省环境状况公报》，东北新闻网，http://www.nen.com.cn。
② 根据《吉林省"十五"期间环境统计数据公报》中的数据计算整理。
③ 谢忠岩：《抓住机遇乘势而上　开创环境执法监察工作新局面——在 2007 年全省环境执法监察工作会议上的报告》，吉林省环境信息网，http://hbj.jl.gov.cn/hjjc/hjzf/t20070907_304293.htm。
④ 王国才：《全面推进重点突破　努力开创环境保护工作新局面——在 2008 年全省环境保护工作会议上的讲话》，吉林省环境信息网，2008 年 1 月 28 日。

行经济处罚、收费的依据，行政执法以法律法规为依据，经济机制又是强化法律法规惩治效果的措施，三者你中有我，我中有你，不能截然分开。因此，罚款也是环境保护经济机制的重要组成部分。我国环境保护法律法规和部门规章基本上都规定了罚则。例如，2006 年 8 月 1 日起施行的《辽宁省海洋环境保护办法》规定，"违反本办法规定，进行海洋工程建设项目，或者海洋工程建设项目未建成环境保护设施、环境保护设施未达到规定要求即投入生产、使用的，由海洋与渔业部门责令其停止施工或者生产、使用，并处 5 万元以上 20 万元以下的罚款"，"违反本办法规定，拒不清除本单位用海范围内的生活垃圾、废弃物的，由海洋与渔业部门责令限期清除；逾期未清除的，由海洋与渔业部门指定有关单位代为清除，所需费用由用海单位承担，并可以处 1000 元以上 5000 元以下罚款"。通过对企业发放环保优惠贷款和给予财政补贴，可以保证环保企业的资金需求，降低企业的生产成本，增加企业的环境保护动力。

三 东北三省可持续区域开发模式的分析

如前所述，根据区域经济发展的阶段性特征，可以将区域开发划分为三个阶段：资源开发阶段、产业开发阶段和高新技术开发阶段。资源开发阶段是对农业社会和工业化初期区域开发特点的概括，其开发方式主要是资源开发；产业开发阶段是对工业化中期和后期区域开发特点的概括，开发方式主要是产业开发；高新技术开发阶段则是对工业化完成后的区域开发特点的概括。由于不同阶段的区域开发特点不同，对生态环境产生的主要影响也不相同，因此，探讨东北三省区域开发与生态环境的协调发展模式问题有必要首先明确东北地区所属的区域开发阶段。而这种区域开发阶段的划分实质上是基于区域工业化进程所进行的，为此，首先需要对东北三省的工业化进程进行判定。

工业化一般是指制造业或第二产业所创造的国民收入在整个国民收入中所占比重逐步提高，制造业或第二产业中就业的劳动人口占总劳动人口的比例持续上升的过程。分析一个国家或地区所处的工业化阶段的核心指标有两类：一类是人均收入水平指标，另一类是结构指标。我国学者李京文等选择了人均收入、GDP 结构、就业结构和城市化程度 4 个指标，并且认为人均收入水平对应的工业化阶段是对中国当前工业化水平较为恰当的判断。

　　从工业化理论看，钱纳里等借助多国模型提出的增长模式中，将工业化进程划分为 3 个阶段和 6 个时期，后又增加了一个 "0" 时期（见表 8 - 3）。我国 2006 年全国人均 GDP 为 16084 元人民币，按照 2006 年 12 月 31 日人民币兑美元的基准汇率 7.8087 元/美元计算，约为 2060 美元。与钱纳里的发展阶段比较，尚处于工业化初期阶段。但是，由于国际上公认发展中国家按汇率折算，其货币购买力、GDP 和人均生活水平往往被低估，我国学者也做过相应研究，认为综合考虑购买力平价法、主要经济指标对比法和物价上涨等因素，需按 1.5 ~ 2 的系数对我国的人均 GDP 进行调整。因此，本章采用评估货币币值常用的方法——购买力平价法对人民币汇率进行简单修正。

表 8 - 3　钱纳里等对经济发展阶段的划分

经济发展阶段	时　　期	人均收入水平 （1970 年美元/人）	人均收入水平 （1995 年美元/人）
工业化前的准备阶段	0	100 ~ 140	
	1 初级产品生产	140 ~ 280	530 ~ 1060
工业化阶段	2 工业化初期	280 ~ 560	1060 ~ 2120
	3 工业化中期	560 ~ 1120	2120 ~ 4230
	4 工业化后期	1120 ~ 2100	4230 ~ 7940
发达经济阶段	5 发达经济初级阶段	2100 ~ 3360	7940 ~ 12700
	6 发达经济高级阶段	3360 ~ 5040	12700 ~ 19050

　　资料来源：①〔美〕H. 钱纳里等：《工业化和经济增长的比较研究》，上海三联书店，1995，第 333 页；②福建省政府发展研究中心课题组：《福建省工业发展阶段研究》。

　　购买力平价理论（Theory of Purchasing Power Parity, PPP）是由瑞典经济学家卡塞尔在总结前人学术理论的基础上于 1916 年提出并在 1922 年出版的《1914 年以后的货币和外汇》一书中完善的，该理论认为两种货币在本国对总的商品和劳务的购买力对比，即购买力平价是决定两国货币汇率的基础。这一理论是在纯理论的取消贸易壁垒的开放经济环境下推导出来的，因此其应用具有一定的局限性。有学者采用计量经济学方法对人民币与美元的购买力平价关系进行了检验，如赵登峰（2004）[①]在对人民币汇率和中美通货膨胀率的关系进行直观的数据分析基础上，运用协整技术对中美两国货币购买力平价关系进行了计量检验；王志强等（2004）[②]则基于有条件非限制向量误差修正模型，利用界限检验方程分别对人民币兑美元等主要货币购买力平价进行了重新检验；窦祥胜等（2004）[③]在借鉴 Chou and Shih（1998）的研究成果的基础上，运用现实汇率、中美两国物价水平和关税税率等变量及 1981～2001 年的数据，对人民币和美元汇率的购买力平价进行了重新检验。上述研究结果均表明，从长期来看，人民币兑美元汇率符合购买力平价理论，因此可以采用购买力平价方法对人民币兑美元汇率进行修正。

购买力平价分为相对购买力平价和绝对购买力平价。前者描述的是一段时间内两国的物价变化和汇率变化的相关关系，其主要观点可以简单地表述为：两国货币的汇率水平将根据两国通货膨胀率的差异而进行相应的调整，表明两国间的相对通货膨胀决定两种货币间的均衡汇率；后者则是在两国市场上通过对同种商品价格的实际抽样调查比较得出两种货币的均衡汇率。相比较来看，相对购买力平价方法更为简单。相对购买力平价有多种表达方式，易纲等（1997）、陈建梁（2000）、俞乔（2000）等对此都有过具体研究，本章采用的是一种简单的表达形式（陈建梁，2000）[④]。

$$S_{t+T} = S_t \frac{P_{t+T}/P_t}{P^*_{t+T}/P^*_t}$$

其中，S_{t+T} 和 S_t 分别表示某货币在直接标价法下 $t+T$ 时和 t 时的汇率，P_{t+T}/P_t 和 P^*_{t+T}/P^*_t 分别表示本国和外国从基期 t 到当期 $t+T$ 时的一般物价指数。

---

① 赵登峰：《人民币汇率与中美购买力平价的计量分析》，《财经论丛》2004 年第 5 期。

② 王志强等：《人民币汇率购买力平价的界限检验》，《数量经济技术经济研究》2004 年第 2 期。

③ 窦祥胜等：《人民币均衡汇率估计——不同方法的比较》，《数量经济技术经济研究》2004 年第 4 期。

④ 陈建梁：《评人民币汇率调整的理论依据——兼评实际汇率分析法》，《经济研究》2000 年第 1 期。

从上式可以看出，基期汇率水平 S_t 的选取直接影响报告期的汇率水平 S_{t+T}，而选择 t 时的绝对购买力平价汇率作为基期汇率更为合理。易纲等（1997）[①] 通过对 56 种商品在中美两国市场的价格取样，估算出 1995 年底中美可贸易商品的绝对购买力平价汇率约为 7.5 元/美元。以 1995 年为基期，中美两国 1995～2006 年消费物价指数（CPI）见图 8-1，其中 2006 年中美 CPI 数据分别为 118.66 和 127.25。则

$$S_{2006} = S_{1995} \frac{P_{2006}/P_{1995}}{P_{2006}^*/P_{1995}^*} = 7.5 \times \frac{118.66}{127.25} = 6.99$$

即按照购买力平价计算，2006 年底人民币与美元的均衡汇率约为 USD1 = RMB6.99。这一汇率低于 2006 年 12 月 31 日人民币兑美元的基准价 7.8087。按此计算，2006 年我国人均 GDP 约为 2301 美元，属于工业化中期水平。这与当前大多数学者的判断是一致的（基于钱纳里等关于经济发展阶段的 6 个变动时期的划分，虽然当前研究人员对诸如人均收入、GDP 结构、工业结构、城市化水平、就业结构、消费结构等判断指标的选择和具体计算方法上存在差异，迄今为止并没有形成较为统一的判断，但大多数学者基本认为，20 世纪末～21 世纪初，中国工业化的进程进入经济发展的第三个时期——工业化中期阶段）。

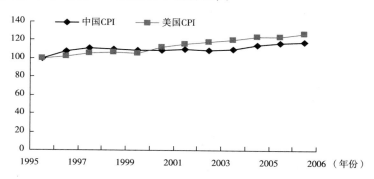

图 8-1　中美两国 1995～2006 年消费物价指数（CPI）

资料来源：中国 CPI 数据根据《中国统计年鉴》（2007 年）中的数据计算求得；美国 2005 年前 CPI 数据来源于中国国家统计局网站和美国劳工部网站公布数据，经整理计算求得。

---

① 易纲、范敏：《人民币汇率的决定因素及走势分析》，《经济研究》1997 年第 10 期。

2006 年我国各省（自治区、直辖市）的人均地区生产总值见表 8 - 4。将各地人均地区生产总值按照以购买力平价确定的均衡汇率 USD1 = RMB6.99 折算成美元，与钱纳里等人的人均收入水平进行比较。

表 8 - 4　2006 年我国各省（自治区、直辖市）人均地区生产总值

序　号	地　区	人均地区生产总值（元）	折合美元（1∶6.99）
1	贵　州	5787	828
2	甘　肃	8757	1253
3	云　南	8970	1283
4	安　徽	10055	1438
5	广　西	10296	1473
6	西　藏	10430	1492
7	四　川	10546	1509
8	江　西	10798	1545
9	青　海	11762	1683
10	宁　夏	11847	1695
11	湖　南	11950	1710
12	陕　西	12138	1736
13	重　庆	12457	1782
14	海　南	12654	1810
15	湖　北	13296	1902
16	河　南	13313	1905
17	山　西	14123	2020
18	新　疆	15000	2146
19	吉　林	15720	2249
20	黑龙江	16195	2317
21	河　北	16962	2427
22	内蒙古	20053	2869
23	福　建	21471	3072
24	辽　宁	21788	3117
25	山　东	23794	3404

续表

序　号	地　区	人均地区生产总值（元）	折合美元（1：6.99）
26	广　东	28332	4053
27	江　苏	28814	4122
28	浙　江	31874	4560
29	天　津	41163	5889
30	北　京	50467	7220
31	上　海	57695	8254

资料来源：根据《中国统计年鉴》（2007 年）相关数据整理、计算而得。

从表 8 - 4 可以看出，按照购买力平价确定的均衡汇率折算，我国广大西部地区普遍处于工业化初期阶段，东北三省及中部、东部地区的大部分地区处于工业化中期阶段，北京市、天津市和浙江省处于工业化后期阶段，上海市已初步步入了发达经济初级阶段。因此，从经济发展阶段来看，东北三省处于产业开发阶段，以传统产业开发为主。此外，从东北地区当前区域开发现状来看，由于东北地区资源丰富，从清末开关到日本占据东北地区，再到新中国成立，东北地区一直以资源开发为主，并依据其固有的自然资源建设成为新中国的重工业基地。经过多年开发，东北地区的许多资源已经或濒临枯竭，从这一点来看，东北地区区域开发已无法以简单的资源开发为主。从东北地区高新技术发展现状来看，东北地区目前高新技术发展较薄弱，高新技术企业数量较少，技术创新能力较弱。例如，2007 年 1 ~ 8 月，辽宁、吉林、黑龙江三省高新技术产业利润总额累计分别为 15.51 亿元、21.19 亿元和 9.01 亿元，而同期广东省为 306.64 亿元、江苏省为 247.49 亿元、北京市为 107.45 亿元[①]，2005 年辽宁、黑龙江、吉林三省国内专利授权数占全国的比例分别为 3.9%、1.8% 和 1.3%，除辽宁省外，黑龙江省和吉林省均低于全国平均水平，这种发展状况也决定了东北地区目前尚不能以高新技术开发为主。由于东北地区是我国传统的重工业基地，工业基础较好，而调整产业结构、实现产业升级、发展新

---

① 国家发改委高技术产业司：《2007 年 1 ~ 8 月分地区高技术产业主要经济指标》，http：// gjss. ndrc. gov. cn。

兴产业是其当前的主要任务，因此，从区域开发方式来看，当前东北三省的区域开发处于以传统产业开发方式为主的阶段，以协调发展模式为主。

第三节　东北地区可持续区域开发的对策建议

一　东北地区可持续区域开发中的主要问题

近年来，在我国中央政府的大力倡导和督促下，东北地区区域开发与生态环境协调发展取得了较大的进展，但区域开发参与主体的环境保护动力、保证区域开发与生态环境协调发展的机制以及模式仍然存在一定的问题。

（一）区域开发行为主体的环境保护动力不足

从东北地区地方政府部门来看，生态环境指标未能在制度上和组织上得到应有的重视，尚未形成与地方政府部门领导干部政绩直接挂钩，且占据相当比重的环境责任长效机制，从而导致地方政府部门未能形成长效的环境保护动力。当中央政府环保目的明确、态度强硬、工作力度加大时，地方政府的环保动力就会相应增强，一旦中央的工作重心转移，极有可能因地方保护主义而导致生态环境的继续恶化。东北地方政府对破坏生态环境行为的纵容并非个案，如被国家林业局列为"天保二号行动"重点挂牌督办的 8 起破坏森林资源案件之一的吉林省吉林市丰满区王占平等人特大滥伐林木案，办案单位在案件侦办过程中，就受到吉林省有关部门的多次干预，使案件无法正常审查起诉①。

从东北地区生产企业来看，由于企业规模限制以及对环境违法的处罚力度不够等原因，对于很多企业而言，环境违法成本低于环境守法成本。企业尚未形成环境保护的内在动力，导致环保设备"晒太阳"现象和偷排废水、废气现象屡见不鲜，环境违法行为依然屡禁不止。

从东北地区社会公众来看，一方面，公众对于生活质量的追求尚处于

---

① 《国家林业局公布了"天保二号行动"中重点挂牌督办的 8 起破坏森林资源案件查处进展情况》，燕赵环保网，2004 年 11 月 1 日。

较低水平；另一方面，传统的"多一事不如少一事"的中庸思想，使得社会公众生态环境保护方面的"搭便车"心理较强，公众的生态环境保护参与意识、监督意识和实践意识相对较弱。

下面这一事例可以充分反映东北区域开发行为主体的环境保护动力不足问题。据 2008 年 2 月中旬的有关报纸报道，经政府投巨资治理的长春市伊通河，又出现了"如同墨汁一般"的排污口向伊通河排放污水，排污口直径有一人多高，而且这个排污口从 2007 年夏天就一直向外排污，却一直未被查处[①]。近年来，国家以各种方式宣传生态环境保护，并采取种种措施督促环境法律法规的落实，东北各地方政府的环境执法力度与以前相比也大大增强，已对相当数量的环境违法企业进行查处。但在这种情况下，这种违法排污问题却长时间无人问津，这固然反映了企业的环境守法意识弱，但也反映了政府相关部门的执法力度和社会公众的环境参与意识均存在较大的问题。

（二）可持续区域开发的机制尚不完善

从法律法规机制来看，我国近年来已颁布了大量的环境法律法规，东北地区各级政府也颁布了一系列的环境制度、规章。但从调查情况来看，一方面，存在着法律法规内容笼统等问题，操作性差，难落实，在关停企业的时候缺乏断水断电、吊销执照、拆除销毁设备等法律规定，不利于环境执法；另一方面，违法处罚较轻，无法真正起到威慑作用，而且在一次行政处罚后，通常有一整改期，在这期间，企业即使违法排污，环境执法部门也无权干涉。

从行政管理机制来看，主要存在执法不严、多头管理、政府部门联动性差、政府部门服务意识差等问题。环境监察涉及多个政府部门，需要各部门协同配合才能取得良好效果，而目前东北各地区政府部门尚未形成联动的长效机制，各部门行政分割的现状则导致环境违法事件长期拖延得不到解决。如长春市发生的一个单纯的 KTV 噪音超标扰民事件，居民多次向相关部门投诉，却长期未得到解决。该 KTV 设立在一个居民小区内，于

---

① 刘士超：《污水如墨汁注入伊通河》，《城市晚报》2008 年 2 月 18 日。

2007 年初开业。然而早在 2006 年,《娱乐场所管理条例》以及文化部的相关文件中已经明确规定,"新批准的娱乐场所不得设立在居民住宅楼内(含商住两用楼)或居民住宅区内"①。该 KTV 明显违反规定,却得以顺利开业,充分反映了政府相关部门执法不严。后经群众多次投诉,环保部门测量噪音超标,2008 年 2 月 6 日工商部门才责令其停业。但之后音响照开,扰民情况依然存在,最后在媒体上披露后,由市长公开电话办公室督办,公安局出面干预,才于半个月后停止制造噪音。政府相关部门环境执法不严、办事拖沓问题通过这一简单的环境违法案例可见一斑。

从经济机制来看,目前东北地区使用的促进区域开发与生态环境协调发展的经济手段主要是征收排污费和"绿色信贷"制度,尚未形成不同区域的环境经济补偿机制,也未建立有效的奖励机制,环保做得好的企业甚至会出现"守法成本高"、竞争力下降的怪现象,不利于提高企业环保的积极性。

(三) 区域开发的模式有待创新

总的来看,东北地区目前处于产业开发阶段,长期以重工业为主的发展方向形成了东北地区以传统的重化工业为主的产业结构,高耗能、高污染产业比重较大,资源利用率低,高新技术产业比重较小,经济增长对生态环境影响较大。与发达省份相比,东北地区的企业存在规模小、技术设备落后、创新能力弱等问题,资本投入是经济增长的主要拉动力量,虽然早已提出建设"生态省"和发展循环经济的目标,但尚处于起步阶段,经济增长方式尚未发生根本性转变。

二 东北地区可持续区域开发的对策建议

1. 完善政府部门领导干部考评指标体系,实行环境问责制,增强政府部门的环境保护动力

自环保责任落实到主要行政领导个人并列入干部考评体系后,各级政府部门的环境保护动力大大增强。政府部门的环境保护动力增强固然是件

---

① 文化部:《关于娱乐场所管理条例贯彻执行中若干问题的意见》,2006 年 11 月 20 日。

好事，但也从另外一个角度印证了政绩考核评价指标和环境责任对于政府官员行为的重要影响和我国长期以来实行的干部考核评价指标的缺陷。我国中央政府对环境保护的重视由来已久，但一直未将其真正列入领导干部考核评价体系，而且与经济增长率相比所占比重太小。政绩作为决定政府官员升迁去留的主要因素之一，政绩考核评价指标对政府官员的行为有着重要影响。传统的以 GDP 为核心的考核体系决定了政府部门重经济、轻生态环境的行为特征，在区域开发过程中，单纯追求经济增长速度，忽视生态环境。虽然东北地区的吉林省和黑龙江省已于 2000 年率先成为生态省建设试点，辽宁省也是我国第一个循环经济试点省份，但东北三省地方党政领导干部考核依据的是中共中央组织部下发的《体现科学发展观要求的地方党政领导班子和领导干部综合考核评价试行办法》。其中，虽然在地方党政领导班子实绩的数据分析内容里列示了"资源消耗与安全生产""耕地等资源保护"和"环境保护"项目，但并未规定各项目的具体权重；而且数据分析内容的大部分依然是反映地方经济增长的"人均地方生产总值及增长""人均地方财政收入及增长""城乡居民收入及增长""城镇就业"及依赖地方财政投入的"科技投入与创新""基础教育""社会保障"等项目。各省均未形成较为完善的、充分体现生态建设指标的干部考核评价体系。

为此，就要做到以下两点。首先，应尽快调整和完善干部考核评价指标体系，制定涵盖生态环境等社会发展指标的相对完整、符合实际的评价指标，并给予各项指标以适当权重，真正突出生态环境保护在干部政绩考核中的重要地位；其次，形成责任到人的环境问责长效机制，不能使环境保护成为一种短期行为，上级推一推下级就动一动，上级不推下级就不动，真正使环境保护深入人心，成为发展理念，明确各级领导的环境责任，对政府及各有关职能部门实行资源环境目标责任制和行政责任追究制，借鉴有些地区实行的"环境一票否决"制，使之在决策过程中自觉地把环境与发展有机地协调起来。

2. 完善可持续区域开发机制，增强企业的生态环境保护动力

首先要细化和完善地方环境法规规章。为保证地方政府更好地管理本地区事务，2000 年施行的《中华人民共和国立法法》第六十三条明确规定

了我国地方政府具有制定地方性法规的权力，"省、自治区、直辖市的人民代表大会及其常务委员会根据本行政区域的具体情况和实际需要，在不同宪法、法律、行政法规相抵触的前提下，可以制定地方性法规"，"较大的市的人民代表大会及其常务委员会根据本市的具体情况和实际需要，在不同宪法、法律、行政法规和本省、自治区的地方性法规相抵触的前提下，可以制定地方性法规，报省、自治区的人民代表大会常务委员会批准后施行"。针对我国当前制定的环境法律和行政法规规定比较笼统、可操作性差等问题，东北地区各地方政府可以在国家规定的权限内，根据本地区的实际情况，制定有利于增强本地区企业保护生态环境动力的地方性法规和规章，促进东北区域开发与生态环境的协调发展。当然，各地方政府制定的地方性法规和规章不能与国家相关法律和行政法规相抵触。

其次要严格环境执法。严格环境执法是使企业具有环境保护动力的前提条件和根本措施。从短期看，企业更新设备、增加环保设施等环境保护行为必然会增加其生产成本，因此，如果没有相应的环境法律法规约束或者执法部门不能严格执法，出于逐利目的，企业自然不可能主动地采取环境保护措施。为此，必须严格环境执法，真正做到有法必依、执法必严、违法必究，逐步实现由"人治"向"法治"的转变，避免相关法律法规成为一纸空文的现象发生，充分发挥法律法规对于企业实施生态环境保护行为的制约作用，增强企业的生态环境保护动力。

最后要建立排污权交易市场，完善激励机制。从经济手段来看，目前东北地区主要通过排污收费制度和"绿色信贷"两项措施促使企业加强生态环境保护，尚未形成有效的激励机制。从发达国家的实践来看，建立排污权交易市场是激励企业实施生态环境保护行为的有效措施，排污权交易在发达国家取得了良好的应用效果。2001年4月，中国国家环保总局与美国环保协会签署了《推动中国二氧化硫排放总量控制及排放权交易政策实施的研究》合作项目，此后在山东、山西、江苏、河南、上海、天津、广西柳州七省市以及中国华能集团公司开展了二氧化硫排污权交易研究试点。东北地区也应积极进行排污权交易探索，建立企业环保行为的积极激励机制，增强企业生态环境保护动力。

3. 加大宣传力度，健全参与机制，增强社会公众环境意识和参与动力

生态环境保护涉及范围广泛，工作量极大，仅靠政府部门有限的人力去监管肯定力不从心。社会公众是生态环境保护的基础力量，生态环境的根本好转有赖于公众环保意识及参与积极性的提高。在我国，公众环境意识差，被认为是造成环境问题的最重要原因。联合国驻华系统协调代表兼联合国开发计划署驻华代表马和励也曾指出，决策者及公众环境意识的匮乏是导致当前中国环境污染问题日益严重的一个重要原因。当前的环境保护工作不仅仅是要提升公众对日益紧迫的环境问题的认知度，更重要的是要将这方面的意识转化为环保的行动和实践。

第一，广泛深入地开展环保宣传。相关研究显示，公民的受教育程度与其环境意识密切相关，受教育程度越高，环境知识水平越高，环境意识也越强。东北地区有 10817 万人口，受教育程度参差不齐，应充分发挥电视、报纸、广播等媒体宣传覆盖面广的优势，广泛深入地开展环保宣传，并通过组织各种环保活动，让人们亲近自然，体验到自然的美和环境破坏的严重性，培养和提高公众环境意识。

第二，充分发挥教育部门作用，加强对学生尤其是青少年的环境意识教育。生态环境保护是一项长期任务，现在的学生是未来建设的主力军。我国实行九年制义务教育，绝大多数儿童都会接受至少九年的学校教育。而这一时期正是思想观念和意识形态逐渐形成的过程，加强对学生尤其是青少年的环境意识教育是逐步提高我国公民环保意识和环保素质的重要举措。

第三，实行环境报告和举报制度，公开环境信息。了解环境状况是实行环境保护行为的前提，政府相关部门一方面应定期公开本地区的空气、水质等生态环境信息，使公众充分了解环境问题的紧迫性；另一方面应至少确立一种公众环境举报途径并及时公布环境问题的处理情况，使公众能够便利地参与环境违法监督和对政府的环境行为进行监督。

第四，健全和完善公众参与机制，发挥公众参与作用。对于重要建设项目，以听证和座谈等多种形式，发动社会团体和公众参与到环境影响评价和"三同时"管理过程中，使公众成为影响环境决策的一支基本力量，以弥补政府监管的不足，提高决策的科学性。

第五，促进民间环保组织发展，推动公众参与环保实践。各类民间的环保组织是保护环境资源、防止环境污染和环境破坏的重要力量。通过民间环保组织，可以将社会公众集中起来，以组织的力量面对各种环境问题和环境决策，改变单个人的弱势地位。目前东北地区的民间环保组织的数量还不多，主要存在于哈尔滨、长春、吉林、沈阳等中心城市的大学校园，如黑龙江省在民政部注册的 12 个环保组织中，有 6 个存在于大学校园，而且很多注册组织仅仅是个宣传网站，活动范围比较窄，发挥的作用和影响也比较小。有必要制定鼓励民间环保组织发展的政策，吸引各层次市民加入，使之成为政府和社会沟通的纽带，推动公众参与环保实践。

4. 立足实际，实现可持续区域开发的模式创新

其一，根据主体功能区划分原则，合理确定区域开发的方向和强度。改革开放以来，我国在经济快速发展、综合国力不断增强的同时，也存在区域差距不断扩大、资源对经济发展的制约作用日益明显、生态环境不断恶化等问题。为促进区域协调发展，遏制生态环境恶化的趋势，科学开发利用国土空间，我国"十一五"规划纲要中提出，要"根据资源环境承载能力、现有开发密度和发展潜力，统筹考虑未来我国人口分布、经济布局、国土利用和城镇化格局，将国土空间划分为优化开发、重点开发、限制开发和禁止开发四类主体功能区"。这是全面贯彻落实科学发展观，统筹城乡发展、统筹区域发展、促进区域开发与生态环境协调发展的重大举措，关系到我国经济社会的长远发展。东北地区应根据本地区的实际情况，合理划分主体功能区，确定不同地区的开发方向和开发强度，确保区域开发与生态环境的协调发展。对于开发密度已经较高、资源环境承载能力开始减弱的区域，实行优化开发，一般认为珠三角地区和长三角地区处于这一阶段（魏后凯，2007），目前东北地区尚没有达到优化开发阶段；对于资源环境承载能力较强、经济和人口集聚条件较好的区域进行重点开发，制定合理的区域开发规划，加快基础设施建设，加快推进工业化和城镇化进程；限制开发资源环境承载能力较弱、大规模集聚经济和人口条件不够好并关系全国或较大区域范围生态安全的区域，坚持保护优先、适度开发原则，充分挖掘资源潜力，有重点地选择污染少、资源环境可承载的特色优势产业，实行集约开发；对于依法设立的各类自然保护区，实行强

制性保护，禁止开发，严禁不符合主体功能区功能定位要求的一切开发活动。

其二，大力发展生态农业，促进农业可持续发展。东北地区是我国重要的农业区域，耕地面积为 2152.62 万公顷，占全国耕地总面积的 16.55%；2006 年三省农林牧渔业总产值为 4384.5 亿元，占全国总产值的 10.34%；粮食总产量为 7791.4 万吨，占全国总产量的 15.67%，其中玉米产量占全国总产量的 29.87%，是我国最大的玉米产区。农业也是东北地区重要的经济来源，农业产值在其地区总产值中占有相当比重，是一个重要的区域经济增长点。然而，多年以来，只种地不养地和大量施用化学肥料，导致土壤有机质含量不断降低，肥力不断下降。森林、草地等植被破坏，导致水土流失严重，黑土层厚度不断下降。同时，粗放式的种养方式也导致农业产值不高、效率低下。盲目扩大种植面积的土地资源开发只能导致水土流失更为严重、生态环境进一步恶劣，依靠化肥和农药的大量投入提高产量不仅导致地力进一步衰退，最终使农业丧失持续发展的能力，而且危及人们的食品安全，这两种发展方向均不可取。自 1970 年美国土壤学家 W. Albreche 提出"生态农业"（Ecological Agriculture）一词以来，生态农业得到了广泛的重视和响应，我国也对此进行了研究和试验，至今已形成较为完善的理论体系和多种发展模式。以维护生态平衡、提高资源利用效率为核心的生态农业，是东北农业未来的发展方向，这与黑龙江省和吉林省建设生态省的目标相一致。第一，应坚决杜绝毁林、毁草开荒行为，涵养水源、防风固沙，防止农业生态环境的进一步恶化；第二，在提高土壤肥力方面，增加农家肥的施用量，实行作物轮种，注重氮、磷、钾等养分还田，逐渐提高地力，减少农药使用量，生产绿色产品，提高产品品质；第三，实行农业产业化经营，建立种植业、养殖业、加工业、农民生活相结合的资源循环利用模式，提高资源利用效率；第四，加大农业科技投入，培育适合本地区特点的高产、优质农作物品种，提高技术对农业的支撑作用，通过技术进步提高农业产值。

其三，更新技术装备，提高资源利用效率。东北地区是我国的老工业基地，工业企业技术装备老化问题极其严重。"六五"以来，沈阳市只有 1/10 的大中型企业得到不同程度的改造，全市主要工业企业生产设备属国际先进水平的仅占 13.4%，属国内先进水平的仅占 19.2%，20 世纪 60 年代以前的老设备中仍有 70% 还在运转。哈尔滨市工业企业设备役龄在 20 年以上的约占 23.8%，30 年以上的占 9.2%，全市还有 1/4 以上的企业仍然沿用 20 世纪 60 年代陈旧落后的装备。长春市工业设备的平均役龄在 20 年以上的约占 60%，在 2.4 万多台机床中，20 世纪 80 年代水平的约占 17.0%，20 世纪 70 年代水平的占 47.2%，20 世纪 60 年代水平的占 19.7%，20 世纪 50 年代水平的占 15.4%[①]。技术装备落后直接导致资源利用率低、工业污染严重，不利于区域开发与生态环境的协调发展。政府一方面应淘汰和关闭浪费资源、污染环境的落后工艺、设备和企业；另一方面应通过宏观经济政策，对企业技术设备更新给予财政、金融支持，鼓励企业积极进行技术设备改造，从而达到提高资源利用效率、减少资源消耗和浪费、缓解资源对经济发展约束、减轻区域开发造成的环境压力的目的。以鞍钢为例，自 2003 年开始，鞍钢实施了工艺装备改造，2005 年底建成了东北地区首座干熄焦装置。干法熄焦是全封闭生产、无废水、废气外排的节能、环保工艺，用干熄法可回收 80% 的红焦显热，利用回收余热进行蒸汽发电可大量补充生产用电。按现有干熄焦处理规模，鞍钢每年可以减少 8 万~10 万吨动力煤燃烧带来的大气污染。经干法熄焦处理的焦炭机械强度有较大的提高，用此焦炭炼铁，入炉焦比可降低 2%~3%，从而提高高炉生产能力 1%~1.5%[②]。工程投产后，不仅能较好地满足大型高炉强化冶炼的要求，而且可以节约企业成本，降低生产消耗，有效地减少粉尘、污水的排放。

其四，调整产业结构和产品结构，降低高耗能、高污染产业比重。产业结构具有较大的刚性和相对的稳定性，良好的产业结构对生态环境的保护起着促进作用。从产业结构上看，东北地区产业结构不合理，经过 20 多年的改造调整，对环境影响较大的重工业比重仍居高不下，东北三省重工业均占绝大比重。2006 年黑龙江省按当年价格计算的规模以上工业总产值中，重工业占 82.7%，轻工业仅占 17.3%；工业增加值中，重工业占

① 隋舵等主编《2004 中国区域发展报告：东北老工业基地复兴研究》，红旗出版社，2004，第 85 页。
② 《采用节能新技术——东北最大干熄焦装置在鞍钢投产》，http://www.sasac.gov.cn。

88.7%，轻工业仅占 11.3%。2005 年辽宁省按当年价格计算的规模以上工业总产值中，重工业占 83.5%，轻工业仅占 16.5%；工业增加值中，重工业占 82.9%，轻工业仅占 17.1%。2005 年吉林省按当年价格计算的规模以上工业总产值中，重工业占 79.3%，轻工业仅占 20.7%；工业增加值中，重工业占 76.6%，轻工业仅占 23.4%（见表 8-5）。从三省的优势产业来看，优势产业主要集中于石油天然气开采、黑色金属采选、电力、木材加工等资源消耗量大的传统产业，具有广阔市场前景和增长潜力的高新技术产业则总值规模小、比重低，缺乏对经济增长的整体带动作用。从产品结构看，产品以复杂产品制造与初级产品加工并重、最终产品少、中间产品多为主要特点，新型产品、高新技术产品少，且产品附加值低。资源消耗量大的传统产业比重过大，一方面导致产生的废弃物增多，环境压力增大；另一方面导致资源需求强度增大，使不可再生资源的枯竭速度加快，使某些可再生资源，如水、森林等的自身循环被破坏，从而导致严重的环境问题。产品附加值低，则单位产值资源消耗量相对较大，在资源约束日益增强的条件下，同样不利于经济的可持续发展。

表 8-5　东北三省规模以上工业企业轻重工业结构

单位：%

省　份	工业总产值（当年价格）		工业增加值（当年价格）	
	轻工业	重工业	轻工业	重工业
黑龙江省（2006 年）	17.3	82.7	11.3	88.7
辽宁省（2005 年）	16.5	83.5	17.1	82.9
吉林省（2005 年）	20.7	79.3	23.4	76.6

从三大产业对环境的影响来看，工业对环境的影响最大，其中的重工业是重中之重，资源消耗量最大，产生的环境污染也最为严重。由于资源枯竭和价格上涨，东北三省以大量消耗资源为特征的经济增长方式已难以为继，应及时调整产业结构和产品结构。发挥地区人口素质较高的优势，大力发展高新技术产业，提高产品附加值，大力发展轻工业和服务业，尤其是生产性服务业，降低高耗能、高污染的产业比重。同时，发展环保产业，积极开发推广资源节约、替代和循环利用技术和产品，推进产业结构

优化升级。

其五，扩大企业规模，鼓励科技创新。有调查显示，小企业是工业污染的重要制造者，也是污染治理的难点。对东北地区葫芦岛市的调查显示，2005年小企业的产值约占全市的30%，污染负荷却占70%①。从整体上看，东北地区工业企业规模偏小，大中型企业数量偏少。2006年，全国有32930个大中型工业企业，其中辽宁省有1085个，黑龙江省有454个，吉林省有404个，除辽宁省大中型工业企业数量高于全国平均数1062个以外，黑龙江省和吉林省的大中型工业企业数量均低于全国平均水平，分别处于全国的第23位和第24位。企业规模小，有决策迅速、经营灵活的优势，但从生态环境保护方面来看也存在着劣势。第一，不利于环境监管。从企业逐利的本性来看，如果没有制度约束，企业的最优选择是排污。这是产生企业安置了污染处理设备，但只在检查时才运转该设备现象的根本原因。政府环境监管则是提高企业守法概率的保障。由于政府环境监管人员有限，在企业规模小、分布过于分散的情况下，监管人员执行环境监督、监管的成本较高，而环境收益相对较小，因此政府部门实地监管频率较低，导致企业遵守环境法规的概率相应较低。第二，不利于科技创新。科技创新是提高资源利用效率、改变粗放式经济增长方式的技术支撑。小企业的科技投入通常较低。以吉林省为例，2005年吉林省全部国有和年产品销售收入500万元以上的非国有工业企业中，大型企业为36个，中型企业为331个，小型企业为2407个。从参与科技活动来看，大中型企业中有科技活动的单位数为119个，占大中型企业总数的32.4%；规模以上小型企业中有科技活动的单位数为175个，仅占全部小型企业总数的7.3%。从科技活动经费支出来看，2005年大中型企业的科技活动支出总数为521590万元，占其当年产品销售收入总数的1.75%；规模以上小型企业的科技活动支出总额为30075万元，仅占其当年产品销售收入总额的0.46%。从企业从事科技活动的人员来看，2005年大中型企业从事科技活动的人员总数为27093人，占全部从业人员年平均人数的4.04%；规模以

① 曹凤中等：《"整大促小"是解决东北老工业基地经济与环境双赢的重要措施》，《黑龙江环境通报》2006年第3期。

上小型企业从事科技活动的人员总数为 3950 人，仅占全部从业人员年平均人数的 0.05％。各级政府部门应充分发挥宏观调控作用，提供条件和政策，促进小企业资源、人员和技术整合。辽宁省对小企业进行整合取得了较好的经济效益。2003 年，朝阳县全面进行了钢铁市场整顿，整合小轧钢企业 129 户。企业经重新整合，逐步建成了辽阳钢铁有限公司、辽阳新钢股份有限公司、鞍辽选矿厂、辽阳铜业集团等一批冶金龙头企业，形成了一定的产业规模，拥有了一批骨干企业和名牌产品。2004 年整合小企业后，全县地区生产总值实现 66.8 亿元，比 2003 年增长 18.9％；工业总产值实现 139 亿元，增长 24.1％；规模以上工业总产值实现 75.5 亿元，增长 34.8％；财政一般预算收入完成 1.53 亿元，增长 26.4％[①]。与此同时，环境质量进一步改善，二氧化硫与总悬浮微粒等指标都有所下降。在整合小企业的基础上，充分发挥东北地区人口总体素质较高的优势，鼓励企业技术创新，增强产品开发能力，加大应用新技术改造传统工业的力度，提升国民经济各行业的效率，保证东北振兴与生态环境的协调发展。

其六，发展循环经济，促进经济增长方式转变。长期以来，东北地区的经济增长主要是靠大量消耗资源来实现的，形成了以资源消耗为主要特征的粗放式的经济增长模式。由于高耗能产业比重较大、耗能装备技术水平较低，因而能耗水平较高。国家统计局、国家发改委等单位联合发布的《2005 年各省、自治区、直辖市单位 GDP 能耗等指标公报》显示，2005 年，我国平均单位 GDP 能耗为 1.22 吨标准煤/万元，而辽宁、吉林和黑龙江三省该项指标值则分别为 1.83 吨标准煤/万元、1.65 吨标准煤/万元和 1.46 吨标准煤/万元，均高于全国平均水平；我国平均单位工业增加值能耗为 2.59 吨标准煤/万元，而辽宁、吉林和黑龙江三省该项指标值则分别为 3.11 吨标准煤/万元、3.25 吨标准煤/万元和 2.34 吨标准煤/万元，辽宁、吉林两省的单位工业增加值能耗也高于全国平均水平。东北地区粗放式经济增长模式还表现在资源利用效率低下方面。工业废弃物是造成环境污染的主要原因之一。东北地区废弃物回收产业发展相对滞后，工业废弃

---

① 曹凤中等：《"整大促小"是解决东北老工业基地经济与环境双赢的重要措施》，《黑龙江环境通报》2006 年第 3 期。

物回收利用率低，使得一些原本可以回收利用的原材料变成"三废"被处理或排放掉，原本可以资源化的污染物难以回收利用，这不仅使资源不能有效利用，无法解决日益严重的资源短缺和资源枯竭问题，而且造成了严重的环境污染。转变经济增长方式是降低资源消耗、保护生态环境的根本途径。通过发展循环经济，可以加强资源的综合利用，最终形成低投入、低消耗、低排放和高效率的节约型增长方式，实现区域开发与生态环境的协调发展。循环经济作为提高资源利用效率、缓解生态环境压力的有效途径，已得到中央政府的高度重视，作为我国第一个循环经济试点，辽宁省的循环经济发展已经启动。截至 2005 年，辽宁省已经建设的 25 座污水处理厂中，有 10 座建设了中水回用系统，实际日处理中水 40 多万吨，可以用于解决部分工业、城市河道景观和绿化用水；沈阳市斥资 1.2 亿元修建的东北地区首个垃圾发电厂，建成后将不仅可以解决 10 万户沈阳居民家庭的用电问题，而且可以极大地缓解沈阳市每天产生的 4000 吨城市垃圾对环境的影响①。从企业层面看，通钢集团通过回收焦化煤气余热和高炉渣余热而产生的余热水，利用集中供热系统给居民冬季取暖，取暖面积达 140万余立方米；通过对废渣进行提炼、磁选、球磨再磁选，选出的含铁料占 46%，返回到工艺生产中，作为烧结矿添加料，仅此可年创效益 1400 万元②。各级政府应充分发挥其组织协调作用，以企业为点、以产业为线、以区域为面，多层次、多模式发展循环经济，建立起相互关联、相互促进、共同发展的产业体系。

总之，当前东北三省处于工业化中期阶段，以产业开发为主，针对东北地区资源和产业发展现状，应加强政府宏观调控，以严格政府部门环境执法和提高公众环境保护意识为基础，以促进经济增长方式转变、促进产业结构和产品结构优化为核心，以技术创新为支撑，提高资源利用效率，减轻环境压力，达到促进区域开发与生态环境协调发展的目的。

---

① 《循环经济推动东北老工业基地走向"绿色振兴"》，东北新闻网，http://www.nen.com.cn，2005 年 7 月 18 日。
② 隋胜伟：《通钢技改工程昨竣工投产》，《长春晚报》2007 年 10 月 31 日。

第九章

21 世纪我国可持续区域开发战略优选

　　十七届五中全会通过的《中共中央关于制定国民经济和社会发展第十二个五年规划的建议》中明确指出，以科学发展为主题，是时代的要求，关系改革开放和现代化建设全局。我国是拥有 13 亿人口的发展中大国，仍处于并将长期处于社会主义初级阶段，发展仍是解决我国所有问题的关键。在当代中国，坚持发展是硬道理的本质要求，就是坚持科学发展，更加注重以人为本，更加注重全面协调可持续发展，更加注重统筹兼顾，更加注重保障和改善民生，促进社会公平正义。以加快转变经济发展方式为主线，是推动科学发展的必由之路，符合我国基本国情和发展阶段性新特征。加快转变经济发展方式是我国经济社会领域的一场深刻变革，必须贯穿经济社会发展全过程和各领域，提高发展的全面性、协调性、可持续性，坚持在发展中促转变、在转变中谋发展，实现经济社会又好又快发展。建议我国未来的发展要坚持把经济结构战略性调整作为加快转变经济发展方式的主攻方向，坚持把科技进步和创新作为加快转变经济发展方式的重要支撑，坚持把保障和改善民生作为加快转变经济发展方式的根本出发点和落脚点，坚持把建设资源节约型、环境友好型社会作为加快转变经济发展方式的重要着力点。深入贯彻节约资源和保护环境基本国策，节约能源，降低温室气体排放强度，发展循环经济，推广低碳技术，积极应对气候变化，促进经济社会发展与人口资源环境相协调，走可持续发展之路。因此，今后我国的区域开发将受到主体功能区规划的硬性控制，各地区在制定区域开发规划的时候，首先应该了解本地区属于哪一类功能区。按照形成主体功能区的要求，东南沿海的大部分地区都已经被列入优化开发地区。因此，产业集群和产业升级成为东部区域开发的新趋势。科学发展观要求区域开发必须统筹城乡发展，县域经济和农村城市化将成为区域开发的重点领域。为了统筹城乡发展，过去以大城市为中心的区域开发空间布局将向中小城市乃至农村地区扩展，农村城市化将成为区域开发的新热点。在区域开发规划中，将会更加重视农村和农民的权益，在土地征用、农村环保方面将实行更加严格的控制，防止开发过程中城乡矛盾的激化。科学发展观要求区域开发必须走创新之路，科技创新将成为区域开发的新动力。发达国家已经进入信息社会或知识经济时代。知识本身具有非磨损性、可共享性、无限增值的特征，使以知识为基础的经济形态减轻了对自然资源的依赖，从根本上与科学发展观的要求相吻合。科技发展不断拓展人类的生存空间，开发出新的可供利用的资源，提高现有自然资源的利用效率和能源转化率，并大大提高人类治理环境问题的能力。科技创新赋予经济发展以新的动力，促进产业结构的提升，推动经济增长方式从粗放型向集约型转变，从而提高经济发展的可持续性。科学发展观要求区域开发必须重视环境保护，生态开发将成为时代潮流。近年来，国际上兴起了一股绿色浪潮。绿色产品市场需求旺盛，一些国家和国际组织制定了一系列有关环保的法规、管理标准等，绿色壁垒已经成为 WTO 机制下影响国际贸易的主要因素。区域开发必须顺应这股绿色潮流，在开发模式上进行创新。把经济系统纳入生态系统的生态开发，将成为最具有时代特征的新兴开发模式。发展循环经济、低碳经济、绿色产业、清洁生产等，将成为区域开发的创新形式。

在我国的区域开发实践中，往往以区域资源禀赋为依据，以经济增长为目标，出现了很多短期行为的破坏性开发活动，不仅造成了日益严重的资源破坏和环境污染问题，而且影响了区域经济的可持续发展。可持续区域开发理论将为我国制定区域开发战略提供新思路，为区域开发过程中落实科学发展观，实现区域经济可持续发展提供理论支撑。把可持续发展理论引入区域经济研究中，用以改造传统的区域经济学理论，建立适应科学发展观要求的区域开发理论体系，从而实现区域开发理论的创新。

可持续区域开发理论的现实启示如下。①区域开发是个永无止境的可持续发展进程。不仅落后地区要开发，发达地区也要不断开发。即使是率先改革开放的特区，也不能停滞不前，同样需要不断深化开发。开发精神永不过时。②区域开发是一个由低级向高级不断演进的过程。区域开发要适应经济发展的要求，与时俱进，提升开发的水平，使区域经济永远保持活力。③我国区域差异较大，各地在开发实践中，要根据本地实际情况，探索合适的开发模式。特区在开发过程中更要勇于创新。可持续区域开发理论为 21 世纪我国的区域开发战略提供新的视角和新的模式选择。落实科学发展观，走可持续区域开发之路，需要根据各地的具体区情选择合适的开发战略。

第一节 产业集群的集约化开发战略

改革开放以来，特别是近年来，产业集群已成为我国区域经济发展的重要产业组织形式和载体。随着国家统筹区域发展战略的实施和区域经济结构调整步伐的加快，目前，东部沿海省市产业集群已占到本区域工业增加值的 50％以上，中西部地区产业集群发展迅速，东北地区装备制造业集群优势日益显现。同时，产业集群覆盖了纺织、服装、皮革、五金制品、工艺美术等大部分传统行业，在信息技术、生物工程、新材料以及文化创意产业等高新技术领域加速发展，并涌现了一批龙头骨干企业和区域品牌[1]。发展产业集群有利于统筹城乡和区域发展，加快工业化和城镇化进程，对于实现全面建设小康社会目标和社会主义和谐社会建设具有十分重要的意义，是促进我国区域可持续开发的必然选择。

一 产业集群是一种集约高效的区域开发方式

产业集群是指在特定区域中，具有竞争与合作关系，且在地理上集中，有交互关联性的企业、专业化供应商、服务供应商、金融机构、相关产业的厂商及其他相关机构等组成的群体。区域产业最初形成少数产业或企业的"扎堆"经营，在市场机制的自组织作用下，相近的产业及其辅助

---

[1] 《国家发展改革委关于促进产业集群发展的若干意见》，中华人民共和国国家发展和改革委员会，2007 年 11 月 13 日。

产业形成地理空间上的集聚，即形成产业集群现象，系统状态逐渐从无序走向有序。产业集群出现后，区域产业系统继续演化，通过区域产业创新和结构调整实现产业集群的升级，从而使区域产业竞争力得以不断延续和提升。

产业集群是区域开发的集约方式。企业在地理空间的高密度集聚，节省了土地资源，提高了土地的利用效率和效益。企业经济活动在一个区域内密集完成，不仅使企业节约了运营成本，而且节省了交通、运输等社会经济资源，使整个区域能耗降低，提高了能源利用效率。企业在一个区域集中，可以建设企业共同利用的环保设施，节省环保成本，提高环保设施的效率和效益。同类企业的高度集中，可以产生充分的竞争，促使企业不断进行技术创新，以降低能耗，提高效率，使区域经济更加趋向于集约化，增强可持续发展能力。

二 地方政府积极培育产业集群的措施

首先，政府要科学制定本地产业集群发展规划。产业规划，即确立集群发展的主导及辅助产业类型，对其产业网络的构建及升级步骤进行规划；发展空间规划，即主要考虑集群企业的空间布局、基础设施建设以及企业生产可能造成的生态环境影响及其治理问题；支持体系规划，即集群成长既需要自身的努力，同时也需要有良好的外部支持，因此在集群规划中需要对支持体系的构建做出较为全面的部署。

其次，政府要为产业集群的发展创造环境条件。①营造良好的政策环境。地方政府要通过积极有效的区域政策打造有利的产业集聚环境，引导分散的投资项目向产业集聚区发展，推动产业关联配套，促进产业集群的萌芽与发展。②营造坚实和谐的发展环境。一是直接承载产业集群成长的实体空间环境，包括公共与基础设施及自然生态系统等。二是与产业集群所具有的社会网络特征相联系的本地人文环境。③营造诚信的市场环境。政府还必须努力提供一个安全、法制、公平和诚信的区域创业环境、就业环境和市场竞争环境。产业集群的发展会给集群内企业带来品牌利益，集群内企业有时可能采取不顾集群整体利益的短期行为而使集群利益受到损害，这时就需要政府出面严格控制，保证公平的竞争环境。

最后，建立健全的产业集群服务体系。目前，我国各区域都非常重视产业集群的发展，并且也都取得了很大成效，但是，在实际运作过程中，对产业集群的服务还存在严重的缺失，针对产业集群的区域服务体系还不完善，已严重影响到了产业集群的发展进程。必须完善产业集群的服务体系，确保产业集群内要素运行的效率，并有效地解决产业集群运行过程中出现的资金、物流、技术和人才等问题。①科技服务。提供包括从事集群知识创造、技术服务、信息服务和管理支持的服务机构，如研究机构、政府实验室、生产力中心、企业联合中心、技术孵化器等。②培训服务。有关部门和相关组织应根据区域产业特点，建立起既有利于企业加强员工的职业培训和职业教育，又有利于技术人员流动的良性互动机制。还应注意区域间的合作，实现产学研结合，培养适合区域产业集群发展的各种专业人才。③物流服务。现代物流已发展成能将运输、仓储、装卸、加工、整理、配送、信息等方面进行有机结合，形成完整的供应链，并为用户提供多功能、一体化的综合性服务。④金融服务。包括区域金融机构体系和信贷制度、风险投资制度、资本市场制度等方面的比较完备的金融体系建设。

三　打造区域产业集群品牌

区域品牌包含两层意思：区域性，指品牌存在于某一特定区域内，以所在区域为载体，对其他区域具有排他性；品牌效应，就是指在某一特定产业集群区域内形成的，具有相当规模、较强生产能力、较大市场占有率和影响力等优势的产业产品，并且该产业产品具有较高知名度和美誉度，从而形成以区域著称的集体品牌或综合品牌。如温州打火机、大唐袜业等。区域品牌的出现表明区域的产业集群已发展到较高水平。

政府是区域品牌形成的最主要的推动者。好的制度和交易环境是区域品牌形成的保证，而政府以其独特的地位在制度建设方面具有自身优势。首先，地方政府应该在产业集群培育过程中，将区域品牌建设列入区域经济发展的总体规划，根据区域优势和产业集群的发展特点，确定区域品牌建设的重点。其次，地方政府应该加强对区域品牌资源的管理和监控。区域品牌属于公共物品，区域内有些企业可能利用区域品牌形象进行损害区域品牌的短期行为，需要政府制定有效的政策加以管理。再次，加大政府对区域品牌建设资金的投入力度。企业没有能力或不愿意自己投入太多的营销费用而使区域内其他企业坐享其成，因此，政府应加大这方面的投入力度，协助企业共同建设区域品牌。最后，政府还应积极宣传区域品牌。地方政府要发现自己区域内产业集群的优势，准确定位，通过政府网站等各种媒体宣传区域的产业集群，通过举办相关公益活动等形式，塑造区域内产业集群良好的整体形象。

总之，区域政府和企业应通力打造区域品牌，发挥区域企业团队规模、资源、市场优势，使企业由自身单打独斗变为集团行动，在激烈的市场竞争中协同作战、开拓市场，促进区域经济的发展。

第二节　区域创新的高科技开发战略

一　区域创新是区域开发的新动力

区域创新是区域创新体系中各行为主体在区域创新环境及区域外环境中通过相互作用表现出来的创新活动。构成区域创新系统的要素主要有主体要素、功能要素和环境要素。创新的主体要素，即创新活动的行为主体，包括企业、高校、科研机构、各类中介组织和地方政府。创新的功能要素，即创新主体之间的联系与运行机制，包括制度创新、技术创新、管理创新的机制和能力。创新的环境要素，即创新环境，包括硬环境和软环境。

据此，可以把区域创新体系描绘成如图9-1所示的网状结构。

高新技术产业开发的主要动力来源于创新。我国区域经济的发展正在由投资驱动向创新驱动转型。因此，党的十七大报告提出了"提高自主创新能力，建设创新型国家"的发展战略，并且把这一战略定位为"国家发展战略的核心，是提高综合国力的关键"。

根据各国经济的发展经验，以消耗资源为代价而换来的经济增长，对区域经济可持续发展极为不利。随着发达国家产业调整和向外转移传统制造业过程逐步完成，靠引进国外先进技术和新产品而迅速崛起的中国制造业正面临发展瓶颈，关键的核心技术日益受制于人。只有实施创新战略，

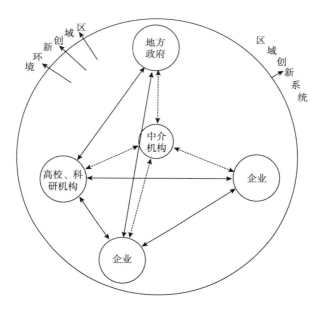

图 9 - 1　区域创新体系

才是我国从"中国制造"到"中国品牌"、从"世界工厂"到"中国研发"的根本出路，也是我国 21 世纪可持续区域开发的主要动力来源。

二　区域创新体系的基本功能

1. 整合区域科技创新资源

促进科技成果转化，建设区域创新体系，就是要在遵循市场经济运行规律的前提下，重塑各种创新主体的关系，构建有利于创新的相关系统，建立基于市场机制的"官、产、学、研"的良性互动模式，通过各个系统的互动作用，整合区域科技资源，促进人力、物力、信息等资源的合理配置，使实体性资源有效流动和合理重组，从而大幅度提升区域的竞争力。

2. 培养核心竞争力，形成竞争优势

核心竞争力培养的关键在于形成比较优势。区域创新体系是建立在地区差异基础上的，由于各地区的经济发展各具特色，其创新活动必然会有不同的起点、内容和途径，从而形成具有不同特色的创新体系，带动资源集聚，形成区域主导产业和支柱产业，扩大市场效应，从而能够创造区域

的比较优势，提升区域竞争力。

3. 推动体制创新和机制创新

区域创新体系建设是一项社会系统工程，从宏观层面讲，它要求进一步完善有利于创新的地方性法规，保护创新者的合法权益。在执法和行政方面要求对政府科技管理部门的职能重新定位，建立各职能部门的协调机制。在投入上要求逐步形成民间资本投入为主的多元化投入机制和政府的政策性投入相结合的社会化投资机制，从而推动宏观层面的体制创新。从微观层面看，区域创新体系建设为企业、高校、科研机构的管理体制创新提供了公共平台，在区域创新体系框架下，要求各创新主体按照有利于创新互动的方向完善自身的结构和功能，创新各微观主体的体制和机制，协调各微观主体之间的关系。宏观层面体制创新为微观层面体制创新提供了保障，而微观层面体制创新又对宏观层面管理创新创造了市场拉动，二者互为依托，互相促进，有效地推动了区域创新体系的形成和发展。

4. 促进区域经济的跨越式发展

不同区域的经济、文化、资源等发展水平不同，必然导致不同区域之间区域创新能力和创新效率的不同。因此，技术上落后的区域不仅要重视自主的研究与开发，而且更要重视技术的引进和对引进技术的消化、吸收与再创新。区域创新体系可以从地区经济的现状和发展要求出发，开展有针对性的创新活动，使后进区域最大限度地吸收率先者的经验教训，通过技术引进，节省创新的时间和资金投入，从而能够在短时间内缩短技术差距，有效地促进经济的跨越式发展。

三　依靠创新推进区域可持续开发

改革开放 30 多年来，我国区域各产业发展良莠不齐。从总体上看，产业竞争力水平低下主要表现在以下方面：产业结构性矛盾突出、技术创新能力不足、产业组织效率低下、国内市场秩序不规范等。这些矛盾和问题的存在，制约了产业结构的优化和产业升级，减慢了我国融入国际竞争大舞台的步伐。因此，在区域创新体系建设中，应着重在以下三个方面进行创新。

1. 技术创新

技术创新是产业竞争力提高的源泉和取得长期竞争优势的根本保证。但是，目前我国科技创新机制不健全，技术创新能力不足，核心技术匮乏，技术进步贡献率低，阻碍了产业结构升级和竞争力的提高，因此，应加快产业技术创新体系建设。

第一，在产业全球化的背景下，掌握国际先进技术的发展方向，加强对先进技术的引进、消化和吸收，努力研发自己的核心技术。同时，注重高新技术在传统产业中的应用，提高传统产业的技术含量和附加值，延长传统产业的生命周期。

第二，发挥企业在技术创新中的主体地位。只有企业最了解自己，知道自己的创新需求，所以，各种机构都要培养企业的"造血"功能，增强其在创新活动中的自立性。

第三，发挥高校和科研机构的作用，实现产、学、研相结合，并与其他主体相互作用，共同构筑区域技术创新体系。从创新技术的获得过程可以看出，技术创新是多个主体联动作用的结果（见图 9 – 2）。

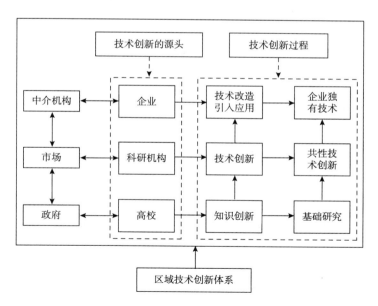

图 9 – 2　区域创新技术的获得过程

高校是区域创新的源头，高校提供知识创新，从事探索性的基础研究。科研机构主要进行创新过程的共性创新，而具体的企业主要是对前两个阶段的创新成果进行改造和在实践中应用并结合企业的实际情况发展成为每个企业独有的技术及单个企业的核心技术，从而使得该企业具有竞争力。

在整个创新过程中，虽然企业是创新结果的最主要主体，但是其创新的成果是以高校和科研机构的创新为基础的，所以，企业与高校和科研机构的关系是密不可分的，没有高校和科研机构的技术创新作基础，企业的技术创新就是空中楼阁。在三者联动实现技术创新的过程中，各中介机构、市场以及政府的作用是必不可少的。政府在创新体系中起引导作用，其主要任务是制定有关技术创新的政策法规，投资于基础研究及公共服务平台，以及相关基础设施的建设等，为创新活动提供保障；中介机构是联系企业和创新成果的重要部门，它们提供创新扩散的服务，在促进政府、各类创新主体与市场之间的知识流动和技术转移方面发挥着重要作用，能够有效降低创新成本、化解创新风险、提高整体创新功效，实现企业与科研、教育机构的产学研相结合。

企业之间的协作对于技术创新也非常重要。因为有效创新的实现是一个从研发、生产、销售的产品创新的完整过程，不是某一个生产环节或零配件的孤立创新，需要产品链上各企业、部门间的有机合作。对于技术创新的实现而言，专业化分工的深化将导致企业之间合作创新的必要性大大增强，同时各企业知识与技术的外溢、传播、吸收及合作更加重要。通过上下游企业之间的互动与协作，以及知识与技术的流动与传播，使得为完成某一面向消费者最终产品的有效创新得以实现。此时的创新成功，不再是某一个企业的单独行为，而是通过企业之间的合作创新完成的，各个单独的成果在不同生产阶段的各个分工协作企业间的传播与完善，提高了参与分工企业的效率及整体创新效率。

2. 制度创新

从社会发展来看，经济和社会发展不平衡是一种客观规律，对于其原因，学者们从不同的研究领域给出了不同的解释，为区域发展提供了理论依据。

传统经济学强调土地、劳动、资本的重要性，没有看到制度的重要作用，而新制度经济学认为，制度是经济发展的内生变量，土地、劳动和资本这些要素，有了制度才能得以发挥作用。区域发展差距的根本不在于科技水平、教育程度、资源状况等方面，而在于区域制度的先进与落后。在经济全球化的时代，各种生产要素都具有很大的流动性，因此，区域的自然资源、智力资源等的状况并不是制约区域经济发展的决定因素，唯有区域制度是不可生搬硬套、不可移植的，区域制度会由于区域的不同而呈现明显的区域特征，从而成为区域发展水平的决定因素。我国著名的经济学家吴敬琏认为：制度安排的作用重于技术演进自身①。制度在经济发展中发挥了重要作用。进行区域制度创新应从以下几方面进行。

首先是区域产业制度创新。实现产业结构高度化，是区域经济发展的重要指标，也是经济结构调整中制度创新过程中的重要阶段。目前区域创新体系中普遍存在信息化水平低、没有自己的核心技术、没有完善的激励创新机制等问题，为此，我们需要建立一套与区域创新体系内的产业发展相适应的制度创新体系。政府更要采取灵活的产业政策引导产业发展，促进产业结构升级。

其次是风险投资制度创新。风险投资制度创新是指为大力推动风险投资的发展，政府作为区域创新体系的宏观调控者，要努力创造有利于风险投资发展的政策法规环境，特别是加强风险投资的立法工作，建立和完善风险投资的风险补偿机制，建立风险投资的支持体系，还要采取适度宽松的政策来大力鼓励民间风险投资。

最后是激励制度创新。一方面要从技术创新模式的角度分析企业技术创新的外在压力，从影响企业技术创新因素的角度来分析市场的作用；另一方面也可以在需求理论和竞争理论的基础上，引入交易成本分析法，从需求创新、市场结构、专利竞赛等角度，对技术创新的市场激励进行分析。企业是技术创新的主体，理想的企业制度激励体系包括产权激励、组织激励和管理激励三个方面。

---

① 吴敬琏：《发展中国高技术产业：制度重于技术》，中国发展出版社，2002，第1页。

3. 组织创新

产业竞争力水平的提高归根结底取决于产业组织水平。目前，我国产业组织结构不合理，市场集中度处于较低水平，专业化分工与协作水平不高，规模经济效益差；市场秩序比较混乱，市场进入和退出的非经济壁垒仍较严重，产业的规范竞争程度还不高，有序、公平的竞争环境还没有形成，生产要素不能形成合理流动。因此，应加快产业组织创新步伐。

首先，完善法律环境，规范市场竞争秩序，消除各种妨碍公平竞争的弊端，形成有序竞争的市场结构。一方面，与国际接轨，加快法律法规建设步伐，形成有利于市场竞争的公平有序的法律体系，引入竞争机制，防止产业垄断；另一方面，加大执法力度，优化产业竞争环境。

其次，应加快建立起企业间分工协作、有效竞争、共同发展的组织格局。在经济全球化的背景下，每个企业都有适合自己的市场空间，因此，政府应实行大、中、小各型企业共同发展的产业组织政策，既鼓励企业通过跨国合作等方式做大做强，也鼓励中小企业发展，为每一个产业主体的发展创造环境。

第三节　城乡统筹的城市化开发战略

一　城乡统筹是可持续城市化开发的必然途径

十七届五中全会通过的《中共中央关于制定国民经济和社会发展第十二个五年规划的建议》中明确指出：在工业化、城镇化深入发展中同步推进农业现代化，是"十二五"时期的一项重大任务，必须坚持把解决好农业、农村、农民问题作为全党工作的重中之重，统筹城乡发展，坚持工业反哺农业、城市支持农村和多予少取放活的方针，加大强农惠农力度，夯实农业农村发展基础，提高农业现代化水平和农民生活水平，建设农民幸福生活的美好家园。该建议还指出：要按照推进城乡经济社会发展一体化的要求，搞好社会主义新农村建设规划，加快改善农村生产生活条件。

统筹城乡发展，是经济社会发展的客观规律。世界城乡发展历史表明：在工业化初期阶段，农业支持工业、农村支援城市；在工业化中后期阶段，工业反哺农业、城市支援农村。目前，我国已经进入工业化中期阶段，统筹城乡协调发展已经是经济社会发展的必然趋势。在充分认识城乡经济社会发展客观规律的基础上，党的十六大提出了全面建设小康社会的宏伟目标。21 世纪的头 20 年，是中国全面建设小康社会的关键时期。在全面建设小康社会进程中，要突出解决"三农"问题。从中国革命、建设和改革开放的实践看，农业、农村和农民问题始终是中国最大的问题。没有农业的现代化就没有中国的现代化，没有农村的繁荣就没有社会的全面进步，没有农民的小康就没有全国的小康。党的十六大站在全面建设小康社会战略高度，做出了统筹城乡发展的重大决策。党的十六届三中全会又进一步做出了"统筹城乡发展、统筹区域发展、统筹经济社会发展、统筹人与自然和谐发展、统筹国内发展和对外开放"五个重要方面的要求。党的十七届三中全会通过的《中共中央关于推进农村改革和发展的若干重大问题》，再次提出统筹城乡发展、协调推进城乡一体化问题。2010 年中央农村工作会议更进一步要求加大统筹城乡力度。这些都说明党中央在 21 世纪着眼于全面建设小康社会战略目标，更加重视城乡统筹协调发展问题。

发达国家从 20 世纪初期或中期开始，逐步走上工业反哺农业、城乡协调发展的道路。到 20 世纪 70 ~ 80 年代，发达国家人均 GDP 都超过了 1 万美元，城市化水平均在 70% 以上，基本上实现了城乡融合。19 世纪中叶，美国农村城市化步伐开始加快，到 1930 年前后，传统的农村在美国基本消失，美国基本上实现了农村城市化。到 20 世纪末，美国乡村和城市的生活方式正在融合，经济上的差别正在变得越来越不重要。法国政府则修建了众多深入到农村和落后地区的公路和铁路，拨巨款用以建设乡村的公用设施。由于这些政策的实施，城乡差距大大缩小。在亚洲，1961 年，日本制定了《农业基本法》，把缩减工农之间收入差距作为该基本法的目标之一。1967 年，日本政府又制订了《经济社会发展计划》，出台谋求解决产业均衡发展和区域均衡发展、适应国际化解决发展趋势、缩小城乡差距、消除环境污染等一整套政策措施，努力实现城乡统筹发展等目标。进入 20 世纪 70 年代，日本提出在农村实现城市化、工业化和生活现代化。政府在农村大兴土木，扩建交通网，组织水电供应；在新开发的小城镇兴建住宅、医院和各种文化设施。现在，日本农民的平均生活水平不低于城市劳动者，农村的基础设施也同城市没有太大的区别。而韩国政府则通过新农村建设活动来改善农民的生产和生活环境，重点加强了农村经济社会的方方面面。新乡村建设的效果明显，农村家庭很快就普及了家电，如电话、电视、冰箱等家电产品的拥有率也有了大幅度提高。新村运动，在较短时间内迅速扭转了当时拉大的城乡差距、工农差距，成功地促进了韩国农业的转型和农村的现代化。目前韩国城乡在物质文明和精神文明上差别不大。此外，英国、德国、意大利、加拿大等国也经历了类似的城乡一体化过程。

统筹城乡为可持续城市化开发提供了广阔的空间。同城市日新月异的发展相比，我国农村还存在着较大的差距，特别是近年来，我国国民经济持续增长，工业化、城市化步伐加快，但城乡之间的发展差距也在扩大。主要表现在以下几方面。一是城乡建设的差距。农业和农村基础设施薄弱，农村公共服务体系不健全，农村整体村容村貌落后。二是突出表现为城乡居民收入的差距。农民增收困难，农民贫困问题凸显，农村富余劳动力难以安排。三是城乡居民国民待遇的差距。农村教育、卫生、科技、文化等社会事业发展滞后，农民看病难、吃药难、受教育难、上学难、社会保障难、文化享受难，农民素质参差不齐，农村旧习俗还普遍存在，等等。这些都反映了农村社会事业的发展水平与城市之间的较大差距。还有，在政治建设、文化建设、和谐社会建设方面也显著存在着与城市的差距。解决城乡二元关系问题，是中国现代化之路的重大问题。我国苏南地区在 1983 年最先使用城乡一体化这一概念，当时是出于这样的一个发展背景：乡镇工业产值超过农业产值，城乡之间的科技、文化、社会交往日益频繁；城乡人民生活水平和生活方式的差距在缩小。随后，上海、天津、江苏、辽宁等经济发展相对超前的地区开始了对中心城市与周边乡村地区的发展通盘考虑的城乡一体化发展战略。党的十六大以来，已进入工业化中后期发展阶段的长三角地区和珠三角地区率先进行了城乡一体化的实践。长三角地区围绕大力发展乡镇企业、推进农村工业化进程、积极发展县域经济、增强区域经济发展实力、加快小城镇建设、提高土地利用集约水平、构筑发达的交通网络、推进城乡一体化进程等主要方面，把统筹城乡发展、推进城乡一体化作为以工促农、以城带乡的一项战略举措来抓，取得了显著的效果。珠三角地区则呈现城乡一体化的新特点。拓宽了个体私营经济在农村领域发展的空间，个体私营经济发展迅速；以外向型经济带动城乡经济的发展，城乡外向型经济特征显著；加强农村劳动力培训，提升城乡人口素质；推动公共财政向农村倾斜，公共服务向农村延伸，促进城乡融合。2007 年 6 月 7 日，国务院批准重庆成为全国统筹城乡综合配套改革试验区。作为统筹城乡发展综合配套试验区，重庆市积极推进改革试验的重点任务：加快形成市域主体功能区布局，构建城乡统筹公共财政框架，建立城乡经济互动发展机制，构建统筹城乡行政管理体系，健全城乡就业创业培训机制，建立城乡社会保障体系，均衡城乡基本公共服务，等等，城乡一体化也取得了明显的成绩，农村土地流转取得了明显成效。大力发展农村工业，推进农村工业的集约化和集群化发展，突出发展特色生态高效农业，做大绿色产业，发展休闲产业，培育一批龙头企业，争创一批特色品牌。

城乡统筹极大地拓展了城市化的发展空间。以前就城市论城市，城市发展画地为牢，受到限制。城乡统筹则把广大农村地区纳入城市化发展的新空间。城乡统筹极大地丰富了城市化的发展内涵。以前主要从产业转移的角度考虑农村工业化问题，而现在则从农村生活方式现代化的角度思考农村城市化问题。城乡统筹极大地提升了城市化的发展品质。以前的城市化是导致城乡差异扩大的畸形发展，而现在的城市化则是城乡一体化的和谐发展。

二　城乡统筹的城市化开发推进路径

1. 运用工业思维解决农业问题，大力推进农业产业化

我国大部分农村经济以土地为优势资源，以农业为主体。因此，必须根据比较优势的原则，实行农业产业化战略，把资源优势转化成产业优势，在产业优势基础上形成区域极化优势，使农业产业化成为带动农村经济发展的发动机。在工业化中期阶段，农业的发展离不开工业的支撑。农业的根本出路在于农业的现代化，而农业现代化又取决于工业化进程。农产品的生产和流通要像工业品那样标准化、优质化。统一生产标准，统一产品质量，统一存储、包装。而且，工业收入是农民收入的重要来源。以农产品和畜产品为生产原料的工业企业带动农村第二、第三产业的发展，

把农业产业链与工业产业链紧密连接起来，使农民尽可能分享工业利润。因此，在统筹城乡发展新形势下，要用工业化的理念指导农业生产，着眼于实现农业由弱势产业变为优势产业的战略目标，在农业产业化建设中强化工业思维，走出一条优势资源开发形成特色经济→特色经济产业化形成产业优势→产业集聚形成区域竞争力的农业产业化之路。

首先，利用优势资源培育特色经济。由于农村自然条件、资源禀赋、历史背景、经济基础、发展水平等各有特点，这些特点汇集起来显示出与其他地方的差异性，而这些差异性就是这个特定农村的比较优势资源。资源优势的发掘关键在于转变旧的资源价值观。一方面，要突破传统的劳动创造价值的传统马克思主义经济理论的局限性；另一方面，要突破西方经济学有关商品价值是由稀缺性决定的旧观念。当有些地区某些资源过于丰富的时候，人们往往会忽视这些资源的价值，形成所谓的资源陷阱现象，即资源不仅没有成为区域发展的优势，反而成为区域经济发展的障碍性因素。因此，我们要突破狭隘的资源观，拓宽资源的视野，因地制宜培育特色经济。

其次，特色经济产业化培育区域主导产业。通过资源的发掘，发展特色经济，这只是农村经济起飞的开端。但是，仅仅停留在利用资源优势发展经济的阶段，只是一种粗放型的资源依赖型经济，还无法形成产业的带动作用。仅仅通过资源优势发展特色经济也难以形成核心竞争力，极易被其他竞争对手学习和模仿，难以形成可持续发展的能力。因此，农村经济的发展还必须将资源优势转化为产业优势。通过特色经济的产业化，围绕特色产业做强做大，形成完整的产业链条，才能保持农村经济发展的势头和持久力。只有形成区域主导产业，才能促进区域产业结构的优化，形成大规模专业化生产，形成区域产业竞争优势。

最后，产业集聚形成经济极化优势。随着产业优势的不断显现，区域主导产业不断扩张，就会在农村经济发展中积累巨大优势，形成规模经济和集聚经济，产生对周边地区的集聚效应，形成局部地区的增长极，使产业优势转化成区位优势。农村经济围绕优势产业部门集聚了高端技术、雄厚资金和创新人才，而且在人口集聚作用下向大城市方向迈进，形成区域性经济中心。极化优势有利于经济活动的集聚，促进各种产业活动之间的协作配合及产业规模的扩大，从而带来各种费用的节约，产生集聚效益和规模效益，大大增强区域经济的竞争力。例如，近年来，山东省寿光市按照"大规模、高起点、外向型、强带动"的发展思路，大力发展农产品加工的龙头企业。目前，全市已兴办以蔬菜加工为主、规模较大的农副产品加工企业 44 家，年加工能力达 80 万吨。寿光市通过打造极化优势形成区域集聚效应。据统计，寿光蔬菜博览会共吸引全国 30 个省、区、市和世界上 50 多个国家或地区，参观人数达 71.6 万人。这种市场信息的大量集聚，使寿光蔬菜成为一个著名的区域品牌。寿光市先后投入 2 亿多元，对蔬菜批发场地进行了 9 次扩建，建成了"买全国、卖全国"的蔬菜批发市场。目前这个市场已成为全国性蔬菜集散中心、信息交流中心和价格形成中心，吸引了 20 多个省、区、市的蔬菜在此交易，年交易量达 15 亿公斤，成交额 28 亿元。

2. 运用城市思维解决农村问题，切实推进农村城市化

要在建设社会主义新农村思想指导下，沿着发展县域中心城市→完善区域城镇体系→实现农村城市化的路径，最终达到消除城乡差别，实现农村城市化的战略目标。要贯彻这个战略思路，需要分三步走。

第一步是发展和壮大县域中心城市。所谓县域中心城市，是指在城市化进程中，按照区域经济和城镇建设合理布局原则确定的，并在实际发展中形成的那些具有一定区位优势和较大经济规模，能够对周边乡镇起辐射带动作用的中小型城市，我国已经把很多这样的县城改为建制市。这些县域中心城市不仅是行政辖区的行政中心，而且也是该地域单元的经济中心，具有组织本区域生产、流通和生活的综合职能，具有较完备的社会服务设施。在县域经济发展过程中，县域中心城市的发展是县域经济区形成的关键要件。县域中心城市具有"城市之末、乡村之首"的特点，是城乡联系的纽带。县域中心城市具有一定的极化作用，是县域产业链条的龙头，是县域物流和信息中心。县域中心城市具有一定的辐射作用，在县域经济发展过程中能够发挥"极化"作用。县域中心城市能够发挥整合作用，能够整合城镇经济与农村经济，有效配置资源，增强县域经济的自我发展能力。县域中心城市的规模由腹地的空间范围决定。100万人以上的大县，县城在未来 20～30 年内可能建成 20 万～30 万人的中等城市；50 万 ~ 100 万人的中等县，县城可以发展到 15 万 ~ 20 万人；50 万人以下的小县，县城也完全可能达到 10 万 ~ 15 万人。

第二步是建立完善的区域城镇体系。按照区域经济发展的规律，县域中心城市的形成和发展有赖于腹地和交通网络的建设。城市发展只有建立比较完善的区域城镇体系，才能推进区域城市化进程。实施体系化城镇发展战略，就是在加强县域中心城市建设的同时，也要壮大周边乡镇的实力。在进行"乡财县管"改革的过程中，要采取一些配套措施，避免乡镇丧失自身发展的动力。通过一乡一品、一镇一业等方式，发展一批具有一定经济实力和竞争力的乡镇企业，带动乡镇经济的发展。例如，山东省不断推进城镇体系建设，以城带镇，促进城乡协调发展。荣成市鼓励新建工业项目向中心镇集中，农村建房向镇驻地集中，6 个中心镇的经济总量和税收占全市的 2/3 以上。2000 年，荣成市石岛、成山、人和 3 个镇经省政府批准为省级中心镇，宁津镇被威海市政府评为市级中心镇。2004 年 3 月，荣成市石岛镇被国家 6 部委列为全国重点镇。吉林省 2009 年开始实施"百镇"建设工程，是完善区域城镇体系、促进县域经济发展和新农村建设的重要举措。

第三步是推行农村就地城市化。所谓"就地城市化"，就是农村自身生产生活方式的城市化。农村城市化，是城市化的最后阶段——也即城乡差别消除阶段。党中央及时把握了我国经济社会发展的新情况，在 2005 年 12 月 31 日发布了《中共中央国务院关于推进社会主义新农村建设的若干意见》，提出了建设社会主义新农村的重大历史任务。根据笔者对这份重要文件的解读，建设社会主义新农村实质上就是中央推进农村城市化的战略决策。从新农村建设的目标来看，"生产发展、生活宽裕、乡风文明、村容整洁、管理民主"的新农村，就是完成了城市化的新农村。从新农村建设的内容来看，推进现代农业建设，就是构建农村城市化的产业支撑；促进农民持续增收，就是夯实农村城市化的经济基础；加强农村基础设施建设，就是把城市设施推广到农村地区；加快发展农村社会事业，就是在农村地区普及城市的社会化公共服务体系；全面深化农村改革，加强农村民主政治建设，也是从统筹城乡的角度，建立适应农村城市化的管理体制和治理机制。

3. 运用市民思维解决农民问题，推进城乡一体化进程

十七届三中全会决定指出，我国总体上已"进入着力破除城乡二元结构、形成城乡经济社会发展一体化新格局的重要时期"。党中央明确把城乡一体化列为新时期农村改革发展的目标任务和根本要求，要求尽快在城乡规划、产业布局、基础设施建设、公共服务一体化等方面取得突破，促进公共资源在城乡之间均衡配置、生产要素在城乡之间自由流动，推动城乡经济社会发展的全面融合。因此，在今后的区域开发中，必须积极统筹城乡基础设施建设和公共服务，全面提高财政保障农村公共事业水平，加快建立城乡统一的公共服务体系，逐步消除市民和农民在公共服务方面的差异，这样才能切实推进城乡一体化进程。近年来我国部分地区进行的户籍制度改革的试验，改革的目标取向就是逐步消除"农民"与"市民"的鸿沟，取消对农民的各种歧视政策，把市民权利推及农民。运用市民的思维解决农民问题，就是在制度上和思想上消除对农民的歧视，以城乡一体化为突破口，实现解决"三农"问题的终极目标。运用市民思维推进城乡一体化的基本路径就是在经济上扶助农民成为合格的市场主体，在制度上给农民以市民待遇，在教育上提高农民的公民素质。

首先，在经济上扶助农民成为合格的市场主体。城乡一体化的经济基础是建立城乡一体的社会主义市场经济体系。只有农民成为合格的市场主体，才能保障农民以平等的身份融入市场经济体系中。农民要成为市场主体，首先就要明晰农民对土地的权利。改革开放以来，我国在土地资本化方面已经逐步推进。联产承包责任制把土地使用权交给农民，极大地激发了农民的生产积极性。取消农业税，又把土地收益权从国家手中转移到农民手中，又一次刺激了农业的大发展。要从根本上解决农民的经济地位问题，必须使土地从生产资料转化成为资本。土地的资本化将是我国存量改革的最大举措，必然激发出巨大的财富能量，这个战略举措将成为使我国的国民收入从1500美元跃升到3000美元的关键措施。因此，我们应该在尊重物权的基础上让中国农民将土地使用权资本化，成为进城创业或投资的资本。而只有土地使用权实现市场化，能够自由抵押或流转，土地财富才能被"激活"，变为以钱生钱的资本。2007年，成都和重庆被批准为统筹城乡综合配套改革试验区。2008年10月13日，成都成立中国首个综合性的农村产权交易市场。目前，崇州等区县各级政府也相继建起了农村产权交易机构，免费为农民提供土地流转服务。成都市有 206 个乡镇参加了农村产权制度改革试点，涉及农户共 58 万多户，估计两年内全市可完成产权颁证工作。到 2008 年 8 月底，成都已实现农村产权流转 10917 宗，激活资金总额达 1.3 亿元。

其次，在制度上给农民以市民待遇。城乡一体化的主要障碍来自城乡分隔的制度安排。因此，必须深化户籍制度改革，建立城乡统一的户籍登记管理制度，剥离附加在户口上的一些社会管理功能，完善流动人口管理，破除城乡身份壁垒，让农民享有与市民同等的社会保障、公共服务和公共权利。加快建立全国统一的社会保障体系，努力扩大社会保障覆盖面，逐步将农村居民纳入保障体系。

最后，提高农民素质，消除农民和市民在教育水平和文化素质等方面的差异。其一，要解决教育公平问题。国家应该加大对农村教育投入的力度，把农村教育完全纳入国民教育体系。其二，要深化农村教育的改革，尤其要改革应试教育模式，从基于城乡差别的精英选拔教育向基于公民平等的素质教育转变，使农村教育能够适应农村经济社会发展的需要。其三，要在农村发展全民教育。教育是公民应该拥有的权利，城市有老干部大学、图书馆、文化馆、博物馆等公共设施，而农村则缺乏这些教育和文化公共设施，政府应该在农村公共设施建设方面加大投入。通过提高农民教育水平和文化素质，才能从根本上解决城乡差异问题，实现城乡一体化的战略目标。

第四节　建设生态文明的生态开发战略

一　生态文明建设是区域开发新思路

温家宝同志在 2010 年 10 月 15 日做了《中共中央关于制定国民经济和社会发展第十二个五年规划建议》（以下简称《建议》）的说明，指出："加快建设资源节约型、环境友好型社会，提高生态文明水平。节约资源和保护环境是我们的基本国策。面对日趋强化的资源环境约束，必须增强危机意识，加快构建资源节约、环境友好的生产方式和消费模式，增强可持续发展能力。《建议》从五个方面进行了全面部署，包括积极应对气候变化、大力发展循环经济、加强资源节约和管理、加大环境保护力度、加强生态环境保护和防灾减灾体系建设。这里，我就两个问题做点说明。一是积极应对气候变化。气候变化是人类社会面临的重大挑战，需要国际社会合作应对。加大应对气候变化工作力度，是推动科学发展的必然要求。去年，中央提出了我国控制温室气体排放的行动目标，并决定作为约束性指标纳入国民经济和社会发展中长期规划。实现这一目标需要我们付出艰苦的努力。《建议》提出十二五规划纲要把大幅度降低能源消耗强度和二氧化碳排放强度作为约束性指标，并就应对气候变化工作做出了一系列部署。这些都是根据我国国情采取的主动行动。我们要在共同但有区别的责任原则下积极开展应对气候变化国际合作。二是加强生态保护和防灾减灾体系建设。建设生态文明是实现可持续发展的重要条件，也是提高人民群众生活质量的重要保证。近几年我国重、特大自然灾害频发，给人民生命财产和经济社会发展造成重大损失。这使我们更加清醒地认识到，生态环境恶化不仅影响发展，而且威胁到人类生存。我们必须加强生态环境保护，坚持保护优先和自然恢复为主，从源头上扭转生态环境恶化趋势。《建议》明确提出了以防洪和防治地质灾害为重点的防灾减灾体系建设的主要任务，要求推进大江大河支流、湖泊和中小河流治理，推进小型病险水库除险加固。我们必须以高度的紧迫感和责任感做好这些工作。"

温家宝同志的说明为 21 世纪的可持续区域开发提供了一个新的战略思路。首先，区域开发要有新理念。应该重新界定人在自然界中的地位，人不应该是自然的主宰者，而应该是自然生态系统的一个组成部分。应该把人类社会的民主观念推广到自然界，民主的最高境界是人和物在自然生态系统内的平等相处。人和物民主，才有和谐。因此，区域开发必须尊重自然、敬畏自然。其次，区域开发要有新标准。生态文明是对工业文明的超越，是在工业文明的基础上建设更加进步的文明。生态文明的重点不是生态，而是文明，而文明必须在较发达的经济基础上才能开发、建设起来。再次，区域开发要有新方式。要在尊重自然、不破坏生态的前提下搞开发建设，需要依赖先进的科学技术来解决经济系统与生态系统的和谐发展问题，走科技含量高、资源消耗低的生态集约型的开发之路。最后，区域开发要有新内涵。生态环境将由区域开发的外在条件变为内在要素，生态文明本身也将成为区域开发的重要内容，甚至环境保护和环境建设将由公益事业发展成为新兴的产业部门。

二 生态开发的概念和内容

生态开发是指运用生态理论和技术手段，进行以改进人类生态环境为目的，对区域资源、产业和生态环境进行合理开发利用，以实现区域经济、社会和生态环境协调发展战略目标的新兴开发方式。

生态开发是人类开发活动的最高形式，是人类走向可持续发展的必然选择。它使人类由生态环境的破坏者变成生态环境的建设者，由被动的生态环境保护转变为主动的生态环境建设，区域开发与生态环境的关系由对立走向协调统一。

生态开发具有丰富的内涵。城市的生态开发是指建设适合人类居住和进行经济活动的生态城市。农村的生态开发是指建设生态农业和生态农村。产业的生态开发是指发展循环经济和生态产业。产品的生态开发是指开发环保产品和绿色产品。技术的生态开发是指开发生态技术并广泛应用推广。

三 加强环保技术开发，发展环境产业

在一些发达国家，环境产业经过几十年的发展，已成为一个技术成熟稳定的工业行业。发达国家环境产业的产值已占到了国内生产总值的 10%～20%，介于风头正劲的制药业和信息业之间，高于其中的计算机行业，并且它还以高于 GNP 增长率 1～2 倍的速度发展着。世界上普遍将环境产业视为高新技术产业之一。而我国在这方面起步较晚，环境产业技术水平偏低。在环境产品生产、环境技术开发等领域，常规技术占主导地位。能自己解决投资、自己完成技术开发并占领市场者，仅有 20%。因此，在区域开发过程中，政府应积极采取措施，按照投资社会化、运行市场化的原则，引导资金流向环境产业，增加环境产业投资，促进有利于资源节约、替代和循环利用的技术和产品的开发与推广，促进我国环境产业的迅速发展。

四　大力发展低碳经济和循环经济

低碳经济是在可持续发展理念指导下，通过技术创新、制度创新、产业转型、新能源开发等多种手段，尽可能地减少煤炭、石油等高碳能源消耗，减少温室气体排放，达到经济社会发展与生态环境保护双赢的一种经济发展形态。发展低碳经济，既有利于保护环境，也有利于调整经济结构，提高能源利用效益，建设生态文明。发展低碳经济对我国具有更大的战略意义。我国传统的高碳经济模式已带来一系列能源供需与安全问题。

循环经济是一种新型经济发展模式，强调生产过程中资源的减量化、再利用和资源化以及对环境影响最小，实现经济发展、环境保护和可持续发展。发展循环经济，一要建立保证循环经济正常运行的宏观调控系统，广泛进行循环经济的宣传与教育，增强人们的资源意识、节约意识和环保意识以及循环经济理念。二要制定和完善保证循环经济发展的政策与法律法规。三要推动资源节约科技的研究和开发，加快科技成果转化。发展循环经济，应根据企业间联系，创建工业园区，发展企业集群，实现同一园区产业链条的封闭循环，从而达到资源、能源利用的最大化和污染的最小化。

综上所述，产业集群是区域开发的新模式，解决了经济增长方式的可持续发展问题；区域创新是区域开发的新动力，解决了生产方式的可持续发展问题；城乡统筹的城市化是区域开发的新空间，解决了社会发展的可持续性问题；生态文明建设是区域开发的最高境界，解决了文明的提升和文明的可持续发展问题。总之，只有实行上述可持续区域开发战略，才能在区域经济发展中更好地践行科学发展观，实现区域经济社会和生态环境的协调发展和可持续发展。

参考文献

[1] 曹凤中等：《"整大促小"是解决东北老工业基地经济与环境双赢的重要措施》，《黑龙江环境通报》2006 年第 3 期。

[2] 陈栋生主编《区域经济学》，河南人民出版社，1993。

[3] 陈建梁：《评人民币汇率调整的理论依据——兼评实际汇率分析法》，《经济研究》2000 年第 1 期。

[4] 陈诗一：《能源消耗、二氧化碳排放与中国工业的可持续发展》，《经济研究》2009 年第 4 期。

[5] 陈英姿、王宪恩：《东北地区生态环境建设研究》，《环境科学动态》2005 年第 3 期。

[6] 程娜等：《论循环经济与生态环境建设》，《国土与自然资源研究》2007 年第 4 期。

[7] 戴伯勋、沈宏达主编《现代产业经济学》，经济管理出版社，2001。

[8] 戴长征：《国家权威碎裂化：成因、影响及对策分析》，《中国行政管理》2004 年第 6 期。

[9] 〔德〕魏茨察克：《四倍跃进》，北京大学环境工程研究所译，中华工商出版社，2001。

[10] 丁溪编《知识经济》，哈尔滨工业大学出版社，2004。

[11] 董岁明等：《陕北能源开发对环境生态及经济可持续发展的影响》，《西安文理学院学报》（自然科学版）2007 年第 1 期。

[12] 窦祥胜等：《人民币均衡汇率估计——不同方法的比较》，《数量经济技术经济研究》2004 年第 4 期。

[13] 葛少芸：《中国西部地区矿产资源开发与生态环境重建的思考》，《社

科纵横》2007 年第 11 期。

［14］ 郭大鹏：《资源税"小动"还是"大动"》，《中国企业家》2005 年第 7 期。

［15］ 国家发展和改革委员会：《关于对河北省新增钢铁产能进行清理推动钢铁工业结构调整步伐的通知》，2006 年 11 月 15 日。

［16］ 国家统计局编《中国统计年鉴》，中国统计出版社，2004～2010 年各版。

［17］ 韩麟凤：《东北的林业》，中国林业出版社，1982。

［18］ 黑龙江省环境保护局：《2005 年黑龙江省环境状况公报》，中国环境保护网，http：//chinaenvironment. cn。

［19］ 黑龙江省统计局编《黑龙江五十年（1949～1999）》，中国统计出版社，1999。

［20］ 黑龙江省统计局编《黑龙江统计年鉴》，中国统计出版社，2004～2010 年各版。

［21］《胡锦涛在中央人口资源环境工作座谈会上的讲话》，《光明日报》2004 年 4 月 5 日。

［22］ 胡均民：《对购买力平价理论在人民币均衡汇率测算中的批判性分析》，《广西大学学报》（哲学社会科学版）2005 年第 3 期。

［23］ 吉林省环境保护局：《吉林省"十五"期间环境统计数据公报》，吉林省环境信息网，http：// hbj. jl. gov. cn。

［24］ 吉林省统计局编《吉林统计年鉴》，中国统计出版社，2004～2010 年各版。

［25］ 姜颖：《清洁生产、生态工业和循环经济》，《科技信息》2007 年第 36 期。

［26］ 冷淑莲：《关于建立生态环境补偿机制的思考》，《价格月刊》2007 年第 2 期。

［27］ 李娟文、王启仿：《区域经济发展阶段与我国区域经济发展阶段现状分析》，《经济地理》2000 年第 4 期。

［28］ 李军杰：《地方政府经济行为短期化的体制性根源》，《宏观经济研究》2005 年第 10 期。

［29］ 李小建：《外商直接投资对中国沿海地区经济发展的影响》，《地理学

报》1999 年第 5 期。

[30] 李振泉主编《中国经济地理》（第四版），华东师范大学出版社,1999。

[31] 联合国：《21 世纪议程》，中国环境科学出版社，1993。

[32] 联合国开发计划署等编《世界资源报告 2000～2001：人与生态系统——正在破碎的生命之网》，中国环境出版社，2002。

[33] 梁龙男：《论中国区域开发战略与人口、资源及环境的协调发展》，《中国人口·资源与环境》1998 年第 2 期。

[34] 廖红：《建立和完善生态补偿机制 推动可持续发展战略实施》，《中国发展》2003 年第 3 期。

[35] 刘巍、吕亚泉：《中国黑土地退化成因及生态修复学研究》，《东北水利水电》2006 年第 1 期。

[36] 辽宁省环境保护局：《2006 年辽宁省环境状况公报》，东北新闻网，http：//www. nen. com. cn。

[37] 辽宁省统计局编《历史的跨越——辽宁 50 年回眸》，中国统计出版社，1999。

[38] 辽宁省统计局编《辽宁经济年鉴》，中国统计出版社，2004～2010 年各版。

[39] 《列宁全集》（第 1 卷），人民出版社，1984。

[40] 柳思维、李陈华：《"绿色经济"中环保产品市场正外部性失灵问题及对策分析》，《消费经济》2002 年第 1 期。

[41] 刘文新等：《东北地区生态环境态势及其可持续发展对策》，《生态环境》2007 年第 2 期。

[42] 陆大道：《区位论及区域研究方法》，科学出版社，1988。

[43] 陆大道：《区域发展及其空间结构》，科学出版社，1995。

[44] 陆满平：《绿色产品价格》，《价格月刊》1999 年第 9 期。

[45] 吕拉昌：《地理学人地关系的新探讨》，《云南教育学院学报》1994 年第 2 期。

[46] 《马克思恩格斯全集》（第 2 卷），人民出版社，1972。

[47] 马中主编《环境与自然资源经济学概论》，高等教育出版社，2006。

[48] 毛显强等：《生态补偿的理论探讨》，《中国人口·资源与环境》2002 年

第 4 期。

［49］ 美国世界资源研究所等编《世界资源报告：1998～1999》，中国环境
出版社，1999。

［50］〔美〕罗伯特·M. 索洛等：《经济增长因素分析》，史清琪译，商务
印书馆，1991。

［51］〔美〕罗斯托：《经济增长的阶段：非共产党宣言》，郭熙保、王松
茂译，中国社会科学出版社，2001。

［52］〔美〕H. 钱纳里等：《工业化和经济增长的比较研究》，吴奇等译，
上海三联书店，1989。

［53］〔美〕皮特·纽曼主编《新帕尔格雷夫法经济学大辞典》，许明月等译，
法律出版社，2003。

［54］ 欧阳惠：《完善石油资源开发的资源和生态环境经济补偿体系建议》，
《经济研究参考》2007 年第 17 期。

［55］ 潘岳：《战略环评与可持续发展》，《国家行政学院学报》2007 年第
12 期。

［56］ 彭澎：《政府角色论》，中国社会科学出版社，2002。

［57］ 任启平、王静：《区域经济发展阶段判定方法研究》，《山东理工大学
学报》2004 年第 3 期。

［58］ 单豪杰：《中国资本存量 K 的再估算：1952～2006 年》，《数量经济
技术经济研究》2008 年第 10 期。

［59］ 世界银行编《2006 年世界发展指标》，中国财政经济出版社，2006。

［60］ 隋舵等主编《2004 中国区域发展报告：东北老工业基地复兴研究》，
红旗出版社，2004。

［61］ 孙久文、叶裕民主编《区域经济学教程》，中国人民大学出版社，2003。

［62］ 孙玉华等：《"95·7"辽河流域特大暴雨洪水分析》，《水文》1998
年第 5 期。

［63］ 宋玉祥：《东北地区生态环境保育与绿色社区建设》，《地理科学》
2002 年第 6 期。

［64］ 唐春安：《东北矿区资源开采诱发的工程地质灾害与环境损伤特征》，
《地球科学进展》2004 年第 3 期。

[65] 唐虹、王恒涛：《环保重心应作战略调整》，《瞭望》2006 年第 42 期。

[66] 唐启宇编《中国农史稿》，农业出版社，1985。

[67] 唐沈：《克林顿政府对环境技术空前重视——介绍白宫报告"面向可持续发展的未来的技术"》，《全球科技经济瞭望》1995 年第 3 期。

[68] 涂正革：《环境、资源与工业增长的协调性》，《经济研究》2008 年第 2 期。

[69] 王好芳等：《区域水资源可持续开发指标体系的建立及其评价》，《水电能源科学》2003 年第 9 期。

[70] 王家枢：《水资源与国家安全》，地震出版社，2002。

[71] 王淑莹、高春娣等编《环境导论》，中国建筑工业出版社，2004。

[72] 王小瑞等：《能源开发地区环境损失的经济分析》，《学习与实践》2007 年第 5 期。

[73] 汪宇明：《新世纪广西的区域开发与可持续发展》，《热带地理》2001 年第 4 期。

[74] 王志强等：《人民币汇率购买力平价的界限检验》，《数量经济技术经济研究》2004 年第 2 期。

[75] 魏后凯：《中国市场转型中的区域经济差距：社会影响与政策调整》，《开发研究》2007 年第 4 期。

[76] 韦龙明等：《广西矿产资源开发的环境问题与对策建议》，《矿产与地质》2002 年第 6 期。

[77] 吴承业等：《论政府在中小企业环境保护中的主导作用——泉州市中小企业环境保护问题思考》，《华侨大学学报》（哲学社会科学版）1998 年第 2 期。

[78] 吴海鹰：《中国西部经济与地区可持续发展》，中国经济出版社，2006。

[79] 奚旦立主编《环境与可持续发展》，高等教育出版社，1999。

[80] 谢地主编《政府规制经济学》，高等教育出版社，2003。

[81] 徐国泉、刘则渊：《1998～2005 年中国八大经济区域全要素能源效率——基于省际面板数据的分析》，《中国科技论坛》2007 年第 7 期。

［82］ 徐建华、段舜山主编《区域开发理论与研究方法》，甘肃科学技术出版社，1995。

［83］ 闫育梅：《战略环境评价——环境影响评价的新方向》，《环境保护》2000 年第 11 期。

［84］ 杨伟民：《未来经济和产业布局的战略构想》，《西部论丛》2005 年第 4 期。

［85］ 姚建主编《环境经济学》，西南财经大学出版社，2001。

［86］ 叶裕民：《中国区域开发论》，中国轻工业出版社，2000。

［87］ 衣保中等：《区域开发与可持续发展》，吉林大学出版社，2004。

［88］ 易纲、范敏：《人民币汇率的决定因素及走势分析》，《经济研究》1997 年第 10 期。

［89］ 〔英〕朱迪·丽丝：《自然资源：分配、经济学与政策》，蔡运龙等译，商务印书馆，2002。

［90］ 俞乔：《购买力平价、实际汇率与国际竞争力——关于测算我国加权实际汇率指数的理论方法》，《金融研究》2000 年第 1 期。

［91］ 袁晓玲等：《基于环境污染的中国全要素能源效率研究》，《中国工业经济》2009 年第 2 期。

［92］ 翟金良等：《东北地区城市水资源环境问题及其对策》，《城市环境与城市生态》2003 年第 3 期。

［93］ 张敦富主编《区域经济开发研究》，中国轻工业出版社，1998。

［94］ 张帆主编《环境与自然资源经济学》，上海人民出版社，1998。

［95］ 张静：《基层政权——乡村制度诸问题》，浙江人民出版社，2000。

［96］ 张军等：《中国省际物质资本存量估算：1952～2000》，《经济研究》2004 年第 10 期。

［97］ 张维迎：《博弈论与信息经济学》，上海人民出版社、上海三联书店，1996。

［98］ 张紫宜、孙笑征：《浅析环境知情权》，《行政与法》2004 年第 10 期。

［99］ 赵登峰：《人民币汇率与中美购买力平价的计量分析》，《财经论丛》2004 年第 5 期。

［100］ 振兴东北老工业基地战略环评课题组：《环境危机让"振兴东北"

有了新任务》,《环境经济》2006 年第 3 期。

[101] 郑照宁等:《区域可持续开发的自适应决策研究》,《中国管理科学》2000 年第 S1 期。

[102] 《中国共产党第十六届中央委员会第三次全体会议公报》,2003 年 10 月 14 日中国共产党第十六届中央委员会第三次全体会议通过。

[103] 中国价格协会联合课题组:《关于深化能源价格改革的若干重要问题研究》,《价格理论与实践》2005 年第 10 期。

[104] 中共吉林省委党史研究室编《百年回首——写进历史的吉林》,中央文献出版社,2001。

[105] 中国社会科学院环境与发展研究中心编《中国环境与发展评论》(第二卷),社会科学文献出版社,2004。

[106] 《中华人民共和国国民经济和社会发展第十一个五年规划纲要》。

[107] 中华人民共和国国务院新闻办公室:《中国的环境保护(1996 ~ 2005)》白皮书,2006 年 6 月。

[108] 朱玉杰:《国际贸易中的"绿色警戒线"》,《清华大学学报》(哲学社会科学版)1997 年第 2 期。

[109] Amon O. Okpala, "Resources, Environment and Economic Development in Nigeria", *Journal of Developing Societies*, 11, 1995.

[110] Chou, W. L. and Shih, Y. C., "The Equilibrium Exchange Rate of the Chinese Renminbi", *Journal of Comparative Economics*, 3, 1998.

[111] Frank Knight, "Some Fallacies in the Interpretation of Social Cost", *Quarterly Journal of Economics*, 38, 1924.

[112] Fremont E., Kast Jamese E., Rosenzwerg, *Organization and Management*, Megraw – Hill Book Company, New York, 1979.

[113] Gowdy J. M., "The Value of Biodiversity", *Land Economics*, 73, 1997.

[114] Howard S. Ellis, William Fellner, "External Economics and Diseconomics", *The American Economic Review*, 9, 1943.

[115] Rajni Kothari, "Environment and Alternative Development", *Alternatives*, 1, 1980.

[116] Ramanathan, "An Analysis of Energy Consumption and Carbon Dioxide

Emissions in Countries of the Middle East and North Africa", *Energy*, 30, 2005.

[117] Reid W. V. and Miller K. R. , *Keeping Options Alive: The Scientific Basis for Conserving Biodiversity*, World Resources Institute, Washington, D. C. , 1989.

[118] *Tennessee Valley Authority Act*, Current as of February 2001.

[119] The World Bank, *World Development Report 1997: The State in a Changing World*, Oxford University Press, New York, 1997.

[120] U. S. Department of Labor, "Consumer Price Index", http: www. dol. gov.

| 后 记 |

我从事区域经济研究多年，早在 1997 年就开始参与吉林大学区域经济学硕士学科点的创建工作，主持了吉林大学国家"211 工程"重点学科建设项目子课题"中国东北区域经济"的研究工作，牵头撰著了《中国东北区域经济》一书。1999 年以来主持并完成了国家社会科学研究基金课题"近代以来中国东北区域开发与生态环境变迁的研究"，运用可持续发展理论，对东北地区的资源指向型开发模式和资源依赖型工业化模式及其对区域生态环境的影响等问题进行了深入研究。2003 年成功申办了吉林大学区域经济学博士学科点后，我负责区域经济开发战略研究方向的博士生培养工作。近年来结合研究生教学需要撰著了一系列有关区域开发理论研究的论著，尤其是在把可持续发展理论引入区域开发研究方面有新的突破。在此基础上，可持续区域开发问题的研究被吉林大学列为 2005 年度哲学社会科学研究精品项目，得到了学校社会科学研究处的大力扶持。课题立项后，我组织以我的博士生和硕士生为主体的研究队伍，展开了大量的实地考察和调研工作，并就某些重点问题展开深入的专题研究，形成了一批学术论文和咨询报告等中间成果，本书就是在专题研究基础上形成的学术著作。

这部专著由我提出理论思路和研究框架，初稿由课题组成员分工完成。其中，邱桂杰承担了第一至五章和第八章的初稿撰写工作，张浩然承担了第六章的初稿撰写工作，王浩参与了第九章第一至二节的初稿撰写，孙晓霞参与了第七章第一节的初稿撰写，李慧慧参与了第七章第二节的初稿撰写，金真参与了第七章第三节的初稿撰写。初稿完成后，由我进行再加工，按照统一的体例修订、编排、定稿。

　　有关可持续区域开发问题的研究还处于探索阶段，虽然我们提出了初步的理论设想和理论框架，但由于可持续区域开发问题涉及区域经济、社会发展与生态环境等诸多内容，因而具有极强的综合性，涉及多个学科的知识。本书虽然已尽量吸收各学科的研究成果，但因课题组成员的知识结构、研究能力、知识积累等方面的限制，许多方面的分析不够深入，理论研究还有待充实。建立一个比较完善的理论体系是一个庞大的学术工程，"千里之行，始于足下"，我们愿意不断探索，努力取得更好的研究成果，为建立较完善的可持续区域开发理论体系而努力奋斗。

衣保中

吉林大学匡亚明楼

2012 年 8 月 22 日

图书在版编目（CIP）数据

可持续区域开发问题研究／衣保中等著．—北京：
社会科学文献出版社，2013.6
（吉林大学哲学社会科学学术文库）
ISBN 978 - 7 - 5097 - 4615 - 8

Ⅰ.①可…　Ⅱ.①衣…　Ⅲ.①区域开发 - 可持续性
发展 - 研究 - 中国　Ⅳ.①F127

中国版本图书馆 CIP 数据核字（2013）第 097935 号

·吉林大学哲学社会科学学术文库·
可持续区域开发问题研究

著　　者／衣保中　邱桂杰 等

出 版 人／谢寿光
出 版 者／社会科学文献出版社
地　　址／北京市西城区北三环中路甲 29 号院 3 号楼华龙大厦
邮政编码／100029

责任部门／经济与管理出版中心（010）59367226　　责任编辑／冯咏梅
电子信箱／caijingbu@ ssap. cn　　　　　　　　　　责任校对／曹艳浏　张利霞
项目统筹／恽　薇　林　尧　　　　　　　　　　　　责任印制／岳　阳
经　　销／社会科学文献出版社市场营销中心（010）59367081　59367089
读者服务／读者服务中心（010）59367028

印　　装／北京鹏润伟业印刷有限公司
开　　本／787mm×1092mm　1/16　　　　　　　　印　　张／18.5
版　　次／2013 年 6 月第 1 版　　　　　　　　　　字　　数／292 千字
印　　次／2013 年 6 月第 1 次印刷
书　　号／ISBN 978 - 7 - 5097 - 4615 - 8
定　　价／59.00 元